体育俱乐部系列丛书

篮　球

主　编　徐国富

副主编　江茹莉　刘晓嵩

西安电子科技大学出版社

内 容 简 介

本书从篮球理论入手,针对高校篮球俱乐部教学模式的课程组织形式和工作方法,从篮球运动技术和战术两个方面,详细阐述了篮球运动的动作要领和方法、篮球运动的健身理论与方法和篮球运动损伤与处理等内容。

本书非常适合非篮球运动专项的大学生使用,同时也适用于以篮球作为健身运动的广大篮球爱好者。

图书在版编目(CIP)数据

篮球/徐国富主编. —西安:西安电子科技大学出版社,2015.9(2021.8 重印)
ISBN 978 - 7 - 5606 - 3866 - 9

Ⅰ. ①篮… Ⅱ. ①徐… Ⅲ. ①篮球运动—基本知识 Ⅳ. ①G841

中国版本图书馆 CIP 数据核字(2015)第 227262 号

策划编辑 毛红兵
责任编辑 毛红兵 亢列梅
出版发行 西安电子科技大学出版社(西安市太白南路 2 号)
电   话 (029)88202421 88201467   邮   编 710071
网   址 www. xduph. com   电子邮箱 xdupfxb001@163.com
经   销 新华书店
印刷单位 陕西日报社
版   次 2015 年 9 月第 1 版 2021 年 8 月第 7 次印刷
开   本 787 毫米×1092 毫米 1/16 印张 12.5
字   数 292 千字
印   数 7201～9200 册
定   价 32.00 元
ISBN 978 - 7 - 5606 - 3866 - 9/G

XDUP 4158001 - 7

体育俱乐部系列丛书

教材编委会

━━前　　言━━

　　随着全国教育工作会议精神的不断推进和实践，我国体育教育改革不断深化，"阳光体育"和"终身体育"的思想逐渐深入到体育教育工作的方方面面。俱乐部制的高校体育教学模式，已经在很多高校中实施，并得到了广大师生的认可。本书作为高等院校体育俱乐部课程教学丛书之一，正是适应这种新的体育教育方式，为俱乐部模式的篮球教学量身打造的教材。本书的出版填补了目前此类教材的空缺。

　　本书从篮球理论入手，结合几位编委多年篮球教学训练的经验，重点介绍了针对高校篮球俱乐部教学模式的课程组织形式和工作方法，并从篮球技术和战术训练两个方面，详细阐述了动作要领和方法，在提供包括教学大纲、教学进度和教案的全部教学文件的同时，加入了一些全新的、有影响力的技术、战术研究成果。为了突出阳光体育的理念，本书着重介绍了篮球健身理论和相关的健身指导，并加入了常见运动伤害的预防和处理的内容，从理论、实践、健身等方面，全面指导篮球爱好者了解篮球理论，掌握篮球技能，并从篮球运动中获取快乐和健康。本书以俱乐部模式的篮球教学作为切入点，充分结合了篮球运动的特点，非常适合非篮球运动专项的大学生使用，同时也适用于以篮球作为健身运动的广大篮球爱好者。

　　本书由西安电子科技大学徐国富教授担任主编，西安电子科技大学江茹莉、培华学院刘晓嵩担任副主编，全书由徐国富、江茹莉统稿。

　　本书在编撰和出版过程中，得到了各方面的大力支持与帮助。在此，谨对西北工业大学苟定邦教授、西安外国语大学黄生勇教授的指导和帮助表示衷心的感谢！

　　篮球运动不仅是一项竞技、健身运动，同时也是一种健康文化。希望本书的出版，能为篮球运动的推广和文化建设贡献绵薄之力。

　　限于编者水平，书中难免有不足之处，敬请广大读者批评指正。

《篮球》编委会

2015 年 6 月

目　　录

第一章　篮球运动的历史与价值

第一节　篮球运动发展史

篮球运动是一项集体性、综合性，围绕高空展开立体型攻守对抗的活动性游戏。现代篮球运动已经逐步发展完善成为一项融科技、教育和技艺于一体的受大众欢迎的国际性竞技体育运动项目，其在愉悦身心、强健体质、培养品质等方面具有重要作用。篮球运动是一项创造性的活动，每个人、每个队都可以用自己的方式来诠释对篮球运动的理解。

一、篮球运动的起源

现代篮球运动由美国马萨诸塞州斯普林菲尔德市（春田市）基督教青年会训练学校（Springfield College）体育教师詹姆士·奈史密斯博士（James Naismith）于 1891 年发明。1890—1895 年奈史密斯博士在斯普林菲尔德市基督教青年会训练学校担任体育教师。由于美国东部地区入冬较早，天气寒冷，学校面临冬季体育课难以开展、冬天参加青年会活动的人明显减少的困难。为了提高学员们对体育课的兴趣，奈史密斯产生了发明一种适宜冬季在室内活动且趣味性强的体育活动的想法。他做了很多实验，尝试把各种室外运动项目搬进健身房内，但都因各有弊端而失败：

（1）橄榄球运动——体育馆内坚硬的场地难以实现橄榄球的猛烈旋转和变向。

（2）足球运动——足球会意外将许多窗户玻璃砸得粉碎，且造成不少队员受伤。

（3）曲棍球运动——场地的局限性使学生们经常围成一团用球棍互相击打。

最后，奈史密斯在剖析各种球类项目优缺点后，发现凡是小球类的运动项目，控制球都是用脚和器具间接控制，这使技术复杂化。而如果用手控制球就便于做出各种动作，因此他认为应该设计一种用手直接控制球的新型运动项目。他从工人和儿童用球向桃筐内做投准的游戏受到启发，再加上实验失败的教训，使他对新创的运动项目逐步有了一个清晰的轮廓，于是一项别有情趣的运动产生了。

最初，奈史密斯将两只桃筐分别钉在健身房内看台的栏杆上，桃筐上沿距离地面约10 英尺（约 3.05 m，即现用篮圈高度），用足球作比赛工具，向篮中投掷。投球入篮得 1分，按得分多少决定胜负。每次投球进篮后，要爬梯子将球取出再重新开始比赛。以后逐步将竹篮改为活底的铁篮，悬挂在两端墙壁的立柱支架上。为避免将球投掷到场外而影响观看者，曾在篮筐后部设立了大小不同的挡网，人们称这种游戏为"奈史密斯球"或"筐球"。很长一段时间之后，经过他与同事反复商量才定名为"篮球"。由于篮球运动具有较强的对抗性，人们制定了某些限制性规定，并且不断地改进比赛方式，从而使篮球游戏得到逐步完善并向现代篮球运动过渡。

二、篮球运动在全世界的发展和推广

篮球运动发明以后，很快传向世界各地，首先在北美洲和欧洲得到传播。最初的篮球比赛，对上场人数、场地大小、比赛时间均无严格限制。比赛开始，双方队员分别站在两端线外，裁判员鸣哨并将球掷向球场中间，双方跑向场内抢球，开始比赛。持球者可以抱着球跑向篮下投篮，首先达到预定分数者为胜。1904 年，美国青年会男子篮球队在第 3 届奥运会上进行了表演赛，从此，篮球运动逐步在各大洲开展起来。

现代篮球运动经历了构思设计——初始尝试——建章完善——推广宣传——立项入世——普及提高——创新发展几个阶段。

1892 年，奈史密斯制定了 13 条比赛规则，主要规则是：必须用手持球，不准有粗野动作如用肩撞、手拉、脚绊来对付另一方球员，不准用拳击球，否则即判犯规，连续 3 次犯规算对方命中一球，比赛时间规定为上、下半时，各 15 分钟；对场地大小也作了规定。上场比赛人数逐步缩减，1893 年定为每队上场 5 人。

1904 年在第 3 届奥林匹克运动会上第 1 次进行了篮球表演赛。1908 年美国制定了全国统一的篮球规则，并有多种文字版，发行于全世界，这样，篮球运动逐渐传遍美洲、欧洲和亚洲，成为一项世界性运动项目。

1952 年和 1956 年的第 15 届、第 16 届奥运会的篮球比赛中，出现了身高两米以上的运动员，国际业余篮球联合会曾两次扩大篮球场地的"限制区"（也叫"3 秒区"）；还规定一个队控制球后，必须在 30 秒内投篮出手。

20 世纪 60 年代初有关 10 秒和球回后场的规定，一度因 1960 年第 17 届奥运会后取消了中场线改画边线的中点而中止。1964 年第 18 届奥运会后，又恢复了中场线，这些规定又继续执行。1977 年增加了每队满 10 次犯规后，在防守犯规时罚球两次，防投篮时犯规 2 次罚球有 1 次不中再加罚 1 次的规定。1981 年又将 10 次犯规后罚球的规定缩减到 8 次。

1976 年，在第 21 届奥运会上女子篮球被列为正式比赛项目。

归纳起来，现代篮球运动的发展大体经过了以下五个时期。

1. 试行时期

19 世纪 90 年代，篮球运动无明确的竞赛规则，场地和人数都没有限制，仅在室内一块狭长的空地两端各放一个桃筐，竞赛时将参加者分成人数相等的两队，当竞赛主持者在边线中心点向场地中心区抛球时，两队便集体向球落点奔跑抢球，随即展开攻守对抗，球进筐者得一分，累计得分多者为胜。而每进一球都需要按开始时的程序重新比赛。1891 — 1920 年，由于篮球比赛的趣味性强，篮球运动在美国教会学校迅速得以推广，同时，通过基督教青年会组织、教师及留学生间的交往，篮球运动随着美国文化和宗教在全球广泛传播。

2. 推广时期

20 世纪 30 年代，篮球运动迅速向欧洲、亚洲、非洲、大洋洲的许多国家推广发展，技术水平不断提高，单兵作战的基本形式逐渐被掩护、协防等几个人的相互配合所充实。为了适应并推动世界各国篮球运动的普及与发展，1932 年 6 月 18 日，在瑞士的日内瓦由欧美 8 国的代表酝酿组织国际统一的 13 条竞赛规则。1936 年，在第 11 届奥运会上，篮球运动被列为男子正式竞赛项目，现代篮球运动从此登上国际竞技舞台。

20 世纪 40 年代，随着篮球技战术不断演进、发展，特别是运动水平的提高，高大队员开始涌现，人们为此对篮球规则进行了充分修改。

3. 发展时期

20 世纪五六十年代，篮球运动在世界各地广泛普及，特别是随着篮球运动技战术的创新发展，规则与技战术之间不断制约和相互促进，对篮球运动员身高的要求越来越高。

20 世纪 60 年代末，世界篮球运动开始形成以美国为代表的高度、速度与技巧结合的美国型打法，以苏联为代表的高度、力量和速度相结合的欧洲型打法，以韩国、中国为代表的矮、快、灵、准结合的亚洲型打法，篮球运动跨入普及与发展的新时期。

4. 提高时期

20 世纪 70 年代以后，篮球竞赛名副其实成了巨人们的空间游戏。两米以上的大个儿球员大量涌现，篮球竞赛空间争夺越发激烈，高度与速度的矛盾更加尖锐，占有高空优势就显示着实力。20 世纪 80 年代中期，人们对篮球竞赛规则中的进攻时间、犯规罚则又作了新的修正，规定了远投区，增加了 3 分球规定等，篮球运动向更高水平全面提高和发展。

5. 创新时期

20 世纪 90 年代，国际奥委会开始允许职业篮球队员参加奥运会比赛，给世界篮球运动开创了新的发展渠道和方向。现代篮球运动无论男子或者女子，都强调"智"、"高"、"快"、"全"、"准"、"狠"、"变"，风格和打法多样，形成高度技艺性、高度文化性、高度观赏性、高度商业性的新的发展趋势。

现代篮球竞技运动的形成是有阶段、有层次、从低级向高级逐步发展的，是由某一个国家的地方性游戏发展为区域性文化活动，再发展为竞技性项目，逐步成为世界范围的体育文化现象，是体育科学的一个分支门类。21 世纪世界篮球竞技运动水平和实力将形成起伏状的新格局，这是篮球运动在全球普及、发展、提高的好趋势。总体上美国仍将居先，欧、美地区一些国家在一个时期内仍将处于先进水平，但各国实力将接近，排名将反复出现更迭。亚洲和非洲一些国家将向先进强国冲击。

目前，现代篮球运动已经逐步发展完善成为一项融科技、教育和技艺为一体的受大众欢迎的国际性竞技体育运动项目，它可以通过电视观赏达到愉悦心灵的目的，也可以通过实践锻炼身体、增强体能，还可以培养一些使青少年终身受益的品质。

三、篮球运动在中国的推广发展

篮球运动是 1896 年前后由天津中华基督教青年会传入中国的，随后北京、上海基督教青年会也开展此项活动。此后全国各大城市的大、中学校的篮球活动逐渐开展起来，其中以天津、北京、上海开展得较好，水平也较高。

1895 年 12 月 8 日在天津中华基督教青年会成立仪式上进行了中国历史上第一次篮球表演，篮球运动正式传入中国。

1910 年 10 月在南京举行的"全国学校区分队第一届体育同盟会"（辛亥革命后追认为旧中国第一届运动会）上进行了篮球表演，国人开始渐渐了解篮球运动。

1913 年 2 月 1 日至 8 日在菲律宾马尼拉举行的第一届远东运动会上，中国第一次派队参加篮球比赛，是中国篮球史上参加国际性比赛的开端。

1914 年 5 月在中国第二届全运会上正式将篮球列为比赛项目，篮球运动在中国的发展进入新阶段。

1916 年上海青年会把美国篮球规则译成中文出售。

1921 年 5 月 30 日至 6 月 4 日在上海举行了第 5 届远东运动会，中国战胜日本队和菲律宾队取得冠军，这也是中国近代篮球运动第一次在国际比赛中取得冠军。

1924 年在上海组织了篮球联合会，同时举办了旧中国第一届篮球联赛。

1925 年中华体育协进会组织了上海"万国篮球赛"，同年天津也举办了"万国篮球赛"。

1930 年 4 月旧中国第四届全运会上，女子篮球被列为正式比赛项目。

1930 年 5 月，上海勤奋书局出版、彭文全文翻译《篮球裁判法》。

1932 年 11 月，上海勤奋书局出版宋君复编著《女子篮球训练法》。

1936 年，中国派队参加了第 11 届奥运会男子篮球项目。

1948 年第二次世界大战结束，奥运会得以恢复举办，中国派队参加了第 14 届奥运会篮球项目。

1949 年 8 月 14 日至 28 日，第十届世界大学生夏季运动会在匈牙利首都布达佩斯举行。中华人民共和国（还没有成立时于解放区）派出了第一支大学生男子篮球队参加了篮球比赛，决赛时得第六名。

1953 年 8 月 7 日至 13 日，第一届国际青年友谊运动会在罗马尼亚首都布加勒斯特举行，中国派出男子篮球队参加比赛，最后获得第五名。

1954 年，国内开始每年举办一次全国篮球联赛，直到 1957 年运动竞赛制度暂行规定颁布后，全国篮球联赛改为甲、乙、丙三级升级的联赛制度，取消全国锦标赛。

1957 年 1 月 7 日国家体委公布我国第一批国家级裁判员，包括董守义、舒鸿、牟作云等 18 人。

1958 年 8 月 19 日中国奥委会与国际奥委会断绝关系，中国也因此退出国际篮联。

1974 年中国恢复在国际篮联的会员资格。

第二节　篮球运动的特点与价值

一、篮球运动的特点

现代篮球运动是一项以高空球篮为目标，以篮球为工具，以投篮准确为目的，以个体与整体运用专门的技术、战术为手段，以两队立体型凶悍攻守对抗为基本形式的非周期性体育运动。因而对运动者的身体形态、个人素质等有特殊要求，而比赛规则的不断修订与补充，也都是围绕着如何激励活动者能将篮球更快、更准、更多地投进高空篮筐和干扰对手投进高空篮筐中来发展的。其特点主要有以下几个方面。

（一）对抗性

与其他球类运动相比，篮球运动具有紧张激烈的对抗性。篮球运动有其特殊的高空运动规律，即为了争夺球与空间的控制权，篮球比赛的双方运用不同战术阵型与技术手段开展立体型的进攻、防守，并不断进行攻守转换。由于当代篮球运动员的身高和身体素质都在不断地增长和提高，从而出现了在时间与空间、平面与立体上的争夺和较量，使篮球比赛的对抗性越来越激烈。

近年来发展了空间与地面全场紧贴对手、身体主动用力的个人防守技术，迫使对手难以施展技术特长和达到攻击目的。这种攻击性防守技术类似近身格斗，极具破坏力与杀伤力。在进攻上，也相应发展了贴身强攻技术，强行突破、强行投篮、篮下强攻技术，使篮球运动的时空立体对抗特点表现得淋漓尽致。因此在比赛过程中必须有强烈的时间观念和空间意识，运用各种形式、方法和手段去争夺时间，拼抢空间优势，从而取得主动，赢得胜利。

（二）集体性

篮球比赛是以两队成员相互协同攻守对抗的形式进行的竞赛过程，具有明显的集体性。运动员传球、接球、运球、投篮和移动、防守等动作均有目的性，都是在战术指导思想要求下，通过两人以上的协同配合而发挥作用的。它要求每个运动员在比赛中必须做到齐心协力，密切配合，互相帮助，发挥集体的力量，更好地争取比赛的胜利。因此参加者能够形成团结友爱的集体荣誉感、严格的组织纪律性、顽强的意志品质和积极拼搏的精神，并能够增进参加者的相互了解，形成友好的交往和长期的友谊。只有个人为集体，集体才能为个人技术的发挥创造机会。当代篮球比赛，出现了频繁换人的战略战术，所以，每个运动员都应在思想上、技术上、战术上做好准备，一旦出场应战，就要发扬集体战斗的精神，这样才能达到战胜对方的目的。

（三）集约多变性

篮球运动是由低级到高级，在去粗取精的动态中发展进化的，至今已成为一项集约、多变、综合性的竞技艺术。其在动态中发展演进，球场行动由个体到整体，技术、战术掌握与运用由低级至高级不断创新发展，从而使篮球比赛过程较其他球类复杂，技术动作繁多，战术阵形机动、多变，优秀运动队和明星队员运用篮球技术、战术配合已达到集约性、技巧化、艺术化的程度，促使篮球比赛的过程充满生气与活力。而围绕空间瞬时变化开展的争夺，反映出个体单兵作战与协同集约配合相结合，空间与时间相结合，空间攻守与地面攻守立体型对抗相结合，拼抗性与力量性、技艺性、计谋性相结合，由此综合显示出各世界强队主体型的、各种类别的集约多变性攻守风格形式和打法特点，在比赛千变万化的情况下以不变应万变，自主掌握变化的主动权去扰乱对手，从而使比赛更为精彩，更具独特的戏剧性与观赏性的特点。

（四）多元组合性

篮球运动以手控制球，并围绕着投篮得分展开攻守对抗为主要活动形式，其技术动作复杂多样。这些技术在比赛中的运用均是组合形式的，活动结构形式是多元化的。

篮球运动内容结构的多元性综合化，使它形成了自己独特的理论体系和技术、战术实践系统，已成为一门交叉的边缘性学科课程。篮球运动包含跑、跳、投等身体活动。从其涵盖的科学内容体系而言，它涉及社会学、军事学、生物学、管理学、体育学、竞技学、教育学等。同时，还有对教练员、运动员的智能潜力、特殊的运动意识、气质、身体形态条件、生理机能、心理修养、意志品质、道德作风、专项技术水平与战术配合意识及其实战能力等的研究。所以教师、教练员的教学、训练和组织管理指挥的才智水平就基于这个基础之上，并相互渗透形成整体，从而使篮球运动内容结构上更趋科学化、独特化，更具现代观念。只有把握这一特点，才能造就在篮球专项运动上具有现代科技、现代体能、现代技能、现代意识、现代文化、现代文明的高层次的篮球竞技人才。

（五）职业化与商业性

20世纪中期，欧美国家率先成立职业篮球俱乐部，随着竞技水平的提高以及赛制和规则的完善，现代篮球运动在全球蓬勃发展，运动员智能、体能和技、战术水平的不断提高，对推动篮球职业化进程起了新的催化作用。至20世纪八九十年代，职业篮球俱乐部如雨后春笋般在美、欧、澳、亚洲建立起来，特别是20世纪90年代，国际奥林匹克委员会允许职业篮球运动员参加奥运会篮球赛后，篮球运动在世界范围内的职业化和商业化进程进一步加速。尤其是在亚洲，中国、菲律宾、韩国、日本都相继成立或筹划成立职业篮球队或职业篮球俱乐部，这对亚洲和世界篮球运动的进一步发展和提高起到催化剂的作用。这种职业化和商业化的发展趋势已成为现代篮球运动的重要特点。

随着篮球运动职业化程度的逐步深入，在21世纪职业篮球比赛以及职业篮球运动员和运动队的运动技能水平与运动成绩逐渐商品化，篮球运动的组织体制、赛制和训练管理机制的商业化气息也越来越浓。由此，国内外重大篮球竞赛组织者借助电视传播、广告、授权产品、体育器材以及发放彩票、超国界转让队员和球队等各种形式开展营利性经营，这种商业化的发展趋势反映出新世纪篮球运动的又一重要特点。

二、篮球运动的价值

经常参加篮球运动有助于人们增进身体健康、愉悦身心，对锻炼人的全面发展起到积极的作用和影响。概括地说，篮球运动的价值主要表现在以下几方面。

（一）健身与强心价值

篮球运动是一种综合各种跑、跳、投等动作技能的非周期性集体运动项目。其趣味性和广泛性，吸引了众多的中年人和青少年参加。通过开展篮球运动，可以促使运动者的力量、速度、耐力、灵敏度等身体素质的全面发展。

现代篮球比赛在时间和空间上的争夺越来越激烈，通过篮球运动能提高各种感受器官的功能，提高广泛分配和集中注意力以及空间、时间和定向的能力。在比赛过程中由于经常变换动作，对提高中枢神经的灵活性、提高中枢神经协调支配各器官的能力，均起着良好的作用。同时，篮球运动又是一种特殊的社会文化，其活动过程充满着智慧，有利于对大学生情商的培养，尤其比赛对抗中充满着人文哲理，有助于人们增加知识、增长智慧。篮球运动通过身体的活动与锻炼可以减轻焦虑和抑郁，调节情绪，增进快乐，振奋精神。在这一过程中，无论生理、心理，还是智力都要承受各种复杂因素的影响，因此，科学地从事篮球运动，可以发展人的全面身体素质，提高人体内脏器官与感受器官的功能，提高中枢神经系统的支配能力，对增进健康、促进心理修养等都具有积极影响。

（二）文化与娱乐价值

篮球运动的思想与理念、技术与战术、竞赛与训练方法，都极大地丰富了体育文化，是对人类文化宝库的极大贡献，是体育文化的重要组成部分。对于参与者来说，篮球运动既有健身的功能，又有教育的功能。但对于观赏者来说，具有很大的娱乐功能。篮球比赛吸引了众多的观众，从欣赏运动员的精彩表演中，人们获得美的享受，得到了极大的满足。因此，篮球运动丰富了人们的文化生活，有助于精神文明的建设。

（三）启示与教育价值

由于篮球竞赛和各种篮球活动过程激烈紧张、千变万化，人们可以在活动中、竞赛中、观赏中潜移默化地从不同角度受到启示、鼓舞，因此，它已成为社会的特殊教育手段。篮球运动是一项集体性运动项目，通过极具激烈对抗性的训练与比赛，可以培养运动员齐心协力、团结协作的集体主义精神以及顽强的意志品质。竞技教育的发展与人文篮球观点被广泛地接受，还被广泛应用于篮球的训练和比赛，使运动员获得做人、做事的人文教育，以提升运动员的道德精神、人格修养，活跃社会生活内容，促进社会交往，增进国家与民族的自尊自强，发挥自身的社会综合素质教育价值。为此，世界各大洲每年都以不同形式组织各种重大的篮球竞赛活动，吸引亿万人参与，充分显示着它特殊的社会教育活力。

（四）经济价值

目前竞技篮球比赛已进入商业化阶段，起到了发展经济、繁荣市场、创造效益的产业化作用，大的经济效应驱动着篮球运动的发展。由于大众篮球活动不受参加者年龄、性别的限制，不仅提高了人的身心健康水平，提高了人们合作和学习的效率，同时又丰富和活跃了人们的业余文化生活，起到了振奋民族精神，促进社会主义精神文明建设和推动社会发展与进步的作用。篮球运动的普及和篮球文化的深入发展，使得篮球运动成为很有影响力的体育产业之一。

除此之外，篮球运动的发展已进入跨国界的时期，即从国外引进外籍球员到本国打球，同时输送本国球员到国外打球等，这些都表明通过篮球运动，不仅国内外球员相互之间切磋了球艺，而且加强了国际间的友好往来，加深了各国人民之间的相互了解，增进和强化了彼此间的友谊。

第三节　篮球运动的发展现状及趋势

一、篮球运动的发展现状

篮球运动已发展到一定的成熟阶段，现已成为一项普及性很广的运动。篮球运动的现状可用以下几个特点来概括。

（一）普及面很广

篮球运动是一项很受人们欢迎的运动项目，在世界各地参与和从事篮球运动的人很多。由于篮球运动是一项男女老少皆可参加的运动，目前在世界上篮球运动爱好者已有2500万人，其中1/3是妇女。篮球比赛聚集的观众大约有1600万，仅美国就有143万。篮球赛事也名目繁多，层次不一，足以看出篮球的普及程度。

（二）等级化很明显

目前世界篮球运动虽然很普及，但运动技术水平却高低不一，趋向于格局化，大体可以分为三种水平。以美国NBA职业篮球队为代表的是世界一流水平。他们高超的技术水平，无人能与之相比。就拿1992年巴塞罗那奥运会来说，由美国职业篮球巨星组成的"梦之队"，以绝对的优势战胜所有的对手，获得冠军。他们在比赛中表现出惊人的弹跳力、巧妙的传球、准确而多样的投篮、快速的攻防、积极的防守等，代表着当今世界篮球运动的最高水平。对"梦之队"来讲，篮球场不是身体、心理、技术、战术的较量场所，而是他们展示智慧、才华、高超技巧的舞台。除了美国NBA篮球队代表一流水平外，世界其他的强队代表着当今世界篮球运动的二流水平，如俄罗斯、南斯拉夫、西班牙等欧美一些世界男子强队。女子强队有俄罗斯、中国、巴西、韩国等，均是二流水平。这些强队的技术水平虽然没有 NBA 的水平那么高，但是，在世界锦标赛和一些洲际比赛中，他们却表现神勇，也可以称雄于世界，这些队里的一些主力队员有时也可能进入美国的 NBA 去打球。在世界十名以后的其他队，就可以称之为三流水平。这些队伍主要是在经济不发达的地区，如非洲各队和亚洲的一些男队。三流水平队伍在身体、技术、战术等方面与世界强队相比有很大的差距，在一些重大的国际比赛中往往只能排在后面，技术表现单一，身体不够强壮，战术简单。

（三）常用技术熟练，高难技术普及，技术运用简练、实效

常用的技术如投篮、传球和运球等技术，一般的情况下，篮球运动员均可熟练地掌握。熟练程度之高，也表现在命中率高。世界上许多强队控制球、支配球的能力很强，投篮多在移动中接球，利用跨步转身、假动作、时间差，或改变方向，或紧贴对手投篮，或结合运球的各种方法突然起跳投篮。方式多，变化多，命中率高达 50％ 左右。三分远投技术不仅小个队员掌握，大个队员也多掌握这门技术。

高难技术开始向普及化方向发展。过去很难做的技术，如空中扣篮、补篮，现在也可以达到普及化的程度，每场比赛屡见不鲜。各种高难的运球也可以达到运用自如的程度，并且可以在强对抗的情况下出现。运动员可根据防守情况熟练地运用体前运球、体后变方向运球、胯下运球、转身运球等。

篮球运动自身的规律告诉人们，技术在发展的过程中既向更高、更难的方向发展，也在向技术运用简练和实效的方向发展。技术运用时，需要考虑的问题不是技术的难度，而是如何有效，以战胜对手为主要目的。因此，运动员的技术更趋于实用。

（四）明星队员的作用更加大

人们越来越认识到明星的作用。美国 NBA 超级明星迈克尔·乔丹曾经带领公牛队四次获得 NBA 总决赛的冠军；他每场比赛可以得 40 分，在 NBA 里无人能及。在 1995 年迈克尔·乔丹曾退役。在他缺席的赛季里，公牛队战绩平平。后来公牛队又把他请回来，他再次披挂上阵，又一次夺回冠军。可以这样说，公牛队没有迈克尔·乔丹，就没有冠军。这些明星队员的作用被人们所看好，各大老板也竞相出高价，收拢这些明星，以作为队里的顶梁柱。

（五）战术综合化

随着进攻技术的日益全面熟练，个人单兵作战能力的加强，全队配合质量的提高，大大促进了防守技术、战术不断提高和发展。当代世界强队比赛中，无论是采用全场紧逼、区域紧逼，还是半场人盯人、联防或是其他形式的防守战术，其主要特点是把人盯人与联防两大防守战术体系的优点结合起来进行积极地、集体地综合防守。对持球队员进行紧逼，积极抢截、封堵，其他临近队员协防、夹击，保持集体纵深队形。当球打到内线时，外线队员快速收缩围守篮下。一旦球传至外线时，防守队员像弹簧一样，立即扩展出去防守外线队员。世界强队在运用各种防守战术时都有较强的针对性和策略性。

进攻战术以传切、掩护和突破相结合的移动进攻战术代替了过去的战术打法。这极大地改变了过去单一的、固定的进攻战术。这种战术移动频繁，随机性大，给防守造成很大的压力。这种战术也给队员的篮球意识和进攻技术以及身体素质提出了更高的要求。

(六) 高度与速度、身体与技术的统一

　　篮球是巨人的运动，因而，身高就成为人们重视的因素。普遍重视身高是在 20 世纪 50 年代，但由于队员高度的迅速增加，导致灵活性差、速度慢、技术单一，所以战术比较呆板，防守多以保护篮下为主，比赛节奏比较慢。1952 年、1957 年国际篮联两次修改规则，目的是要使运动员向快速、灵活的方向发展。到目前，世界篮球达到了高度、技术、速度相结合、相统一并持续发展，队员既有身高，又有速度，技术也全面。把高度、技术、速度、身体等因素融为一体，以达到高度与速度齐备，身体与技术的完美结合。

二、篮球运动的发展趋势

　　现代竞技篮球运动发展迅速，目前已成为一项技艺化的国际竞技体育运动，在统一的国际性组织——国际篮球业余联合会的指导下，有着其独特的比赛规则和竞赛方式，充分体现了更高、更快、更强的奥林匹克精神，而其竞赛过程中的对抗、竞争、拼搏则充分显示出人类生命的活力和时代发展的进步。

　　篮球运动总体发展都朝着智高谋深、凶悍顽强、身高体壮、机敏多变、积极快速和全面准确这一总趋势与不同流派风格以及多种多样打法的方向发展。篮球运动发展趋势主要体现在以下几个方面。

(一) 智高谋深

　　现代篮球运动发展成为一项科学的智慧性运动项目伴随着篮球运动的进一步社会化、科技化，篮球理论的系统化、科技化，以及篮球比赛的凶悍化、竞赛形式的商业化。所以教练员和运动员都要用智去练，用智去赛，用正确意识去斗，然而智的基础则是综合的文化科技知识储存的数量与质量。要想聪慧地在篮球场上驾驭篮球，成为篮球运动英才，就应该重视运动员文化知识的学习提高、知识结构的充实与更新，使他们深刻懂得用科学文化知识去掌握篮球运动的本质规律，才能聪慧地在篮球场上驾驭篮球，成为篮球运动英才。

(二) 凶悍顽强

　　攻守贴身对抗的技能和凶悍拼争的顽强作风是现代篮球比赛当代化的又一明显特征。而在 21 世纪大赛中，衡量运动队和运动员是否优秀的标准之一是：队伍是否具有健壮的体能、凶悍拼斗的整体和个体的精神气质，是否重视防守的凶悍意识和能力的提高。这是能否成为世界强队及在均势或劣势情况下取胜对手的最主要标志。由此可见，智慧、技巧、健壮体能与凶悍作风结合，既是现代篮球运动的特点，也是现代篮球运动的结晶。

(三) 身高体壮

　　21 世纪的现代篮球竞技比赛，无可非议将继续是巨人群体展开的大拼搏，要求以身高、体重、壮悍、力量和技巧去控制球，这是篮球运动特征所决定的，高度对篮球比赛起着重要的作用，这已是篮球比赛的客观事实。但是，篮球运动的"高"已被时代赋予了新的含义，"高"的内涵和外延均发生了新的变化。第一，高指身高，但在重视高大队员数量的同时，各国篮球界也开始重视不断提高高大队员的素质。第二，随着世界各队高大运动员的大量涌现，比赛中的高空争夺更为突出，能否占有制空优势，已成为衡量队伍水平的重要标志。

(四) 机敏多变

　　伴随着现代篮球技术、战术的发展和比赛规则的反复修订，迫使运动员在对抗中运用

技术能力不断提高，传统的阵形和前锋、后卫界限将日趋模糊，战术组织更注重速度和实效，攻守双方的争夺也更为激烈凶悍甚至微妙。因此，运动员在任何一次攻守回合中，只有富有创造性和应变力，才能创造出具有攻击性和杀伤力的机会。

机敏多变即要求战术阵势的应变多样化，战术的选择和组织都强调和本队的实际、世界篮球运动的发展趋势和时间观念、空间意识相结合，立足一个"变"字，在最短的时间、最快的速度下变化，组合最强的战斗力，取得最佳的效果。而"变"的基础是运动员的智慧与单兵作战的技能和整体配合的技艺水平，以及教练员的指挥谋略与综合才干。

（五）积极快速

篮球规则对进攻时间的限制不断缩短，世界篮球运动进一步强化"快"的意识，全面掀起了"快"的浪潮，这是因为篮球竞赛规则的进攻有时间限制，一次进攻必须在 24 秒内完成。这就给篮球运动提出了更快的速度要求，进一步形成各种快的技、战术方法。不断提高"快"的意识，全面强化"快"的训练，已成为争夺篮球强国所必须努力的奋斗目标。

（六）全面准确

随着世界篮球运动对抗强度进一步发展，各国普遍重视运动员个体与队伍整体素质、素养和技能综合化、多样化的全面提高。

现代篮球比赛的高比分，除了进攻速度加快、进攻次数增加以外，最大的特点是不同位置、不同方式、不同距离、不同强度对抗条件下投篮准确性提高。今后世界范围内篮球运动更将突出一个准字，既要求传得准、判断得准、时机抓得准，更要求投得准，"准"是篮球运动永恒的主题，而投得准是其核心、重点。

第二章　篮球规则和裁判法

　　篮球竞赛规则是指导篮球运动竞赛的法律性文件。其制定或修改是为了使该项运动永远具有吸引力和生命力，并在持续的发展中得到统一和规范，使比赛更加紧张、刺激，使观众在观看时享受到更大的乐趣。

　　裁判法是临场裁判工作时的原则和方法。裁判员要顺利公正地完成任务，不仅要精通篮球竞赛规则，还要熟练掌握基本的裁判方法和技巧。

第一节　篮球规则的发展历史

一、篮球规则的起源

　　1891年12月初，在美国马萨诸塞州斯普林菲尔德市基督教青年会国际训练学校，该校体育教师詹姆斯·奈史密斯博士发明篮球运动之初，就诞生了篮球规则，只不过当年的篮球规则只有13条。

　　篮球规则与篮球比赛同时产生，相辅相成，互相促进。在创造和设计篮球游戏的最初阶段，奈史密斯先生就提出了5条制定篮球比赛规则的原则：

　　（1）篮球运动是用手进行的运动，球是圆形的。

　　（2）手里拿着球走或跑是不允许的。

　　（3）只要不影响对方队员，运动员可以到场上的任何地方。

　　（4）队员之间不允许发生身体接触。

　　（5）篮筐安装在高处，应是水平的。

　　根据这5条原则，1892年1月，奈史密斯先生亲自制定出了最早的篮球竞赛规则13条，并于1月正式运用于比赛中。这13条规则的基本内容是：

　　（1）球员可以用单手或双手向任何方向扔球。

　　（2）球员可以用单手或双手向任何方向抢、打球，但绝对不能用拳击球。

　　（3）球员不能带球走。

　　（4）必须用手持球而不允许用头顶、用脚踢球。

　　（5）不允许球员用撞、拦、推、打、脚绊等方法来对付另一方的队员。任何队员违反此规则，第一次被认为是犯规，第二次再犯规，就要停止比赛，直到命中下一个球后才能重新上场参加比赛。如果有意伤害对方球员，就要取消他参加整个比赛的资格，而不允许再替补。

　　（6）用拳击球就是违犯第三条和第四条规则。

　　（7）如果任何一方连续犯规3次，就要算对方队命中一球。连续犯规的意思是指在一段时间里对方队员未发生犯规，而本方队员连续发生犯规。

（8）如果防守者没有触球或干扰球，当球投入篮内并停留在篮里就算中篮。如果球停留在篮筐上，而对方队员摇动了篮筐，这将算命中一球。

（9）当球出界，球将由第一个接触球者扔进场内，若有争议裁判员将球扔进场内。掷界外球允许 5 秒钟，如果超过 5 秒钟，球判给对方。

（10）主裁判是球员的裁判，他有权吹犯规。当某队连续 3 次犯规时，他将通知副裁判员。主裁判有权宣布取消某队员的比赛资格。

（11）副裁判员是球的裁判，他可以决定什么时候球在比赛中，在界内属于哪方，并要计时，他决定球的命中，并记录命中的球数以及通常裁判员应该完成的责任。主要规定是不准持球跑，不准有粗野动作，不准用拳击球，否则即判犯规；连续 3 次犯规判负 1 分；比赛时间规定为上、下半时，各 15 分钟；对场地大小也作了规定。上场比赛人数逐步缩减为每队 10 人、9 人、7 人，1893 年定为每队上场 5 人。

（12）比赛在两个 15 分钟内进行，中间休息 5 分钟。

（13）球命中最多的一边为胜，如果平局，则需通过双方队长的同意，比赛可延至再命中下一球为止。

"无规矩不能成方圆"，篮球运动自诞生之日起，规则就伴随着篮球运动的诞生而出现。原始的 13 条篮球竞赛规则虽然不系统，不完整，有些条文还不够明确，但对初期篮球运动的发展起着很大的推动作用。任何事物都有一个由简单到复杂，由低级到高级，由不完善到完善的过程，同样地，篮球规则从最原始 1891 年的 13 条，发展到 2014 年的 8 大类，50 条规则。这些规则都是篮球运动发展的产物，是篮球运动的法规。正是有了这样完善的规则，现代篮球运动才在一种有序的状态下稳步发展，散发出无限的活力和魅力。

二、篮球规则的发展进程

最初的篮球竞赛 13 条规则运用了 30 多年，1904 年在第 3 届奥林匹克运动会上首次完成篮球表演赛。1908 年美国制定了全国统一的篮球规则，并以多种文字出版，发行于全世界，此后篮球运动逐渐为人们所熟知，成为一项世界性的运动。一直到 1932 年，当时篮球运动在世界各国都已开展，但篮球竞赛规则很不统一，各国有各自的篮球竞赛规则。规则的混乱，也直接影响篮球运动的发展。

1932 年，国际业余篮球联合协会在瑞士日内瓦正式成立，当时只有八个会员国。国际业余篮球联合协会成立后的首要任务，就是研究如何统一篮球竞赛规则。1936 年第 11 届奥运会将男子篮球列为正式比赛项目，并统一了世界篮球竞赛规则，正式出版了一本国际统一的篮球竞赛规则（1936 — 1939 年）。此后，到 1948 年的 10 多年间，规则曾多次修改，与现行规则有关的重要变化是：将得分后的中圈跳球，改为失分队在后场端线外掷界外球继续比赛；进攻队必须在 10 秒钟内把球推进到前场；球进前场后不得再回后场；进攻队员不得在"限制区"内停留 3 秒钟；投篮队员被侵犯时，罚球 1 次，投不中再罚球 2 次等。

1952 年和 1956 年第 15、16 届奥运会的篮球比赛中，出现了多名两米以上的运动员，国际业余篮球联合会曾两次扩大篮球场地的"限制区"（也叫"3 秒区"）；还规定，一方控制球后，必须在 30 秒内投篮出手。1960 年第 17 届奥运会后取消了中场线改画边线的中点，20 世纪 60 年代初有关 10 秒和球回后场的规定也相继取消。1964 年第 18 届奥运会后，又恢复了中场线，这些规定又继续执行。1977 年增加了一项规则，即每队满 10 次犯规后，在防守犯规时罚球两次,防投篮时犯规两罚有 1 次不中再加罚 1 次。1981 年又将 10 次犯规后罚球的规定缩减到 8 次。很明显,运动员的变化,篮球技术的发展,战术的研究等因素引起了规则的改变,而规则的改变又促进了人员和技术、战术的进一步发展变化。特别是20 世纪 50 年代后期以来,规则的改变对篮球比赛的攻守速度和对运动员的身体素质等各方面不断提出新的更高的要求,促进了篮球技术水平的迅速提高。女子篮球比赛于 1976 年第 21 届奥运会上被列为正式比赛项目。

三、篮球规则在中国的发展

1896 年前后,天津中华基督教青年会将篮球运动传入中国,随后在北京、上海基督教青年会里也有了此项体育运动。1910 年,在中国第一届全运会上举行了男子篮球表演赛之后,全国各大城市的大、中学校的篮球活动逐渐开展起来,其中天津、北京、上海开展得较好,水平较高。当时的比赛规则很简单,在球场中间画一个直径约有 1 米的中圈,中锋队员跳球时一只手必须置于背后腰部,任何一足不得踏出圈外。技术也简单,中圈跳球后,接到球的队员自己运球,超过防守人就投篮。当时球员运球还只是直线前进,传球方法是单、双手胸前传球,跑动投篮是用单手低手上篮,立定投篮无论远近都是用双手腹前低手投篮。

1916 年上海青年会把美国篮球规则译成中文出售。

1925 年前后,进攻和防守的 5 名运动员,有了较明确的分工。具体如下:中锋对中锋,后卫对前锋,各自盯住自己的对手。但前锋的职责是只管进攻投篮,不管退守;后卫的职责是只管防守抢截球,不管投篮。前锋和后卫很少全场跑动,只有中锋要攻守兼顾。以后又逐渐改为两后卫 1 人助攻(活动后卫),1 人留守后场(固定后卫),两前锋也变为 1 人留在前场专管偷袭、快攻,1 人退守后场助防。此外,技术动作也有所发展。如立定投篮出现了双手胸前投篮,跑动投篮出现了单手、高手投篮,传球出现了单、双手击地传球,运球出现了两手交替运球躲闪防守和超越防守向前推进的技术。而比赛规则的变化主要表现在:规则中增加了罚球区和罚球线,队员犯规 4 次即被取消比赛资格,犯规罚球可由队长指定任何 1 个队员主罚。比赛时间分为上、下半时各 20 分钟,中间休息 10 分钟。每次投中或罚中后,都在中圈跳球,重新开始比赛。

中国篮球运动水平在 1926 年以后有了较大提高。外国称篮球裁判为"球证",每场比赛有正、副两个"球证"。建国前,中国称篮球裁判为"司令",每场篮球赛只有一个"司令"。建国后改称裁判员,每场球赛设正、副两个裁判员。

中国篮球协会于 1956 年 6 月在北京成立,简称"中国篮协";英文名称为"Chinese Basketball Association",缩写为"CBA"。中国篮球协会是全国性群众体育组织,是由各省、自治区、直辖市篮球协会、各行业篮球协会及解放军相应的运动组织为团体会员组成的、全国性、非营利性的联合组织,是中华全国体育总会的下属会员,是中国奥林匹克委员会承认的奥运项目组织,是代表中国参加国际篮球联合会和亚洲篮球联合会的唯一合法组织。

1957 年 1 月 7 日国家体委公布我国第一批国家级裁判员,包括董守义、舒鸿、牟作云等 18 人。中国现行篮球裁判分为五级:国际级、国家级、一级、二级、三级。

由于篮球比赛的速度、强度愈来愈大,为了更全面、准确地执行规则,美国等国家的职业联赛中,已开始试行每场比赛设立三个裁判员。

第二节　国际篮联(FIBA)规则

国际篮球联合会(Federation International de Basketball Amateur)，简称国际篮联(FIBA)，于1932年6月18日在瑞士的日内瓦成立。创办国为阿根廷、希腊、意大利、葡萄牙、罗马尼亚、瑞士、捷克斯洛伐克和拉脱维亚共8国。现有212个协会会员，分属国际篮联承认的非、亚、美、欧和大洋洲5个大洲篮球联合会。1936年，篮球运动首次进入奥运会赛场，国际篮联的任务是发展世界业余篮球运动，制定比赛规则，确定场地和器材规格，委派国际比赛的裁判员并对其工作进行监督，确定运动员协会间的转会。

FIBA正式篮球规则是指导篮球比赛的最重要的文件。2014年2月，国际篮联中央局在西班牙巴塞罗那举行的中央局会议通过了国际篮联技术委员会提交的2014年篮球规则。4月25日，国际篮联公布了2014年篮球规则最后一版草案。2014年篮球规则于2014年10月1日起施行，最终以国际篮联公布的正式规则为准。所有的中文翻译，最终以中国篮球协会出版的中文篮球规则为准。

国际篮联(FIBA)规则具有严格的时限，以下是2012年FIBA正式篮球规则的一些重要部分的官方解释，这些规则已经在2012年10月31日生效。

一、基本知识

(一)比赛

每场比赛由两个队参加，每队出场5名队员，在第4节或任意一个决胜期(如果需要)的比赛时间结束时得分较多的队，将是比赛的胜者。

(二)尺寸和器材

国际篮联的正式比赛场地尺寸为长28 m，宽15 m。从界线的内沿测量，如图2-1所示。(注意：界线属界外，掷界外球仅踩线并不违例。)

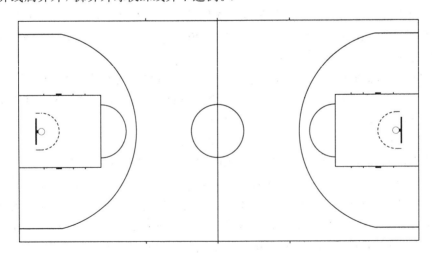

图2-1　正式篮球比赛场地图

篮圈的顶沿应水平，距地面3.05 m。球的周长不得小于74.9 cm，不得大于78 cm。重量不得少于567 g，不得多于650 g。

（三）球队

每个队不超过 12 名合格参赛的球员，包括一名队长。

每个队有一名教练员。需要时，可以有一名助理教练员。

比赛时间内，每队应有 5 名队员在场上，并可以被替换。

（四）比赛通则

比赛应由 4 节组成，每节 10 min。

在第 1 节和第 2 节之间，第 3 节和第 4 节之间以及每一决胜期之前，应有 2 min 的休息时间。两个半时（第 2、3 节）之间休息 15 min。

如果在第 4 节比赛时间终了时比分相等，为打破平局，需要一个或多个 5 分钟的决胜期来继续比赛。在所有的决胜期中，球队应朝向第 4 节中相同球篮继续比赛。

2003 年国际篮联引入的球权的交替拥有是：只在第 1、3 节或决胜期（如需要）进行跳球，在第 2、4 节比赛开始或比赛中发生跳球时以掷界外球开始比赛，掷界外球为第一次跳球时未获球权的队，下一次为对方队，相互交替球权拥有。

球队由于弃权应判比赛告负。如：在主裁判员通知后，拒绝比赛；其他的行为阻碍比赛继续进行；在预定的比赛开始后 15 min，某队不到场或不能使 5 名队员入场准备比赛。此时，应判给对方队获胜，且比分为 20:0。弃权队应在名次排列中得 0 分。

在比赛中，如果球队在球场上的队员人数少于 2 名，该球队由于缺少队员应判比赛告负。如获胜的球队领先，则在比赛停止时的比分应有效。如判获胜的队比分不领先，则最终比分应记录为 2:0，该球队获胜。此外，缺少队员的球队在名次的排列中应得 1 分。

（五）暂停与替换

1. 暂停

每队上半时（第 1、2 节）准予 2 次要登记的暂停，下半时（第 3、4 节）准予 3 次要登记的暂停，每一决胜期准予一次要登记的暂停，暂停时间为 1 min。即上下半时的 2 次或 3 次暂停可在任何一节（同一半时之间）使用。

暂停机会始于球成死球，并且比赛计时钟停止（违例、犯规、对方投篮得分），结束于裁判员持球进入圆圈执行跳球、掷界外球队员可处理球、裁判员持球或不持球进入罚球区执行罚球时。

暂停必须有教练员或助理教练员亲自到记录台，以通用的手势，明确地提出请求。

2. 替换

在一次替换机会中一个队可以替换队员，替换人数不限，替换机会开始于球成死球且计时钟停止（包括发生犯规，对方发生违例、对方有替换机会、跳球、暂停、在第 4 节或决胜期的最后 2 min，对方投中后，裁判中断比赛），结束于裁判员持球进入圆圈执行跳球、裁判员持球进入罚球区执行罚球、掷界外球队员可处理球时。

一位替补队员有权要求替换，他应亲自到记录台用手势请求替换，然后坐在换人的凳子上直到替换机会开始，替换应以最快的速度完成。

二、违例

违例是违犯规则，其罚则是将球判给对方队员在违例的就近地点从界外掷球入界，直接位于篮板后面的地方除外。

（一）队员出界和球出界

当队员身体的任何部分接触界线上、界线上方或界线外的除队员以外的地面或任何物体时，即是队员出界。

当球触及了在界线外的队员或任何其他人员，界线上、界线上方或界线外的地面或任何物体，篮板支撑架，篮板背面或篮板上方和或篮板后面的任何物体即为出界。

发生以上违例的罚则是球队失去球权，由对方在距违例地点最近的界线外，掷界外球。如双方同时使球出界，应由掷界外球开始比赛，掷界外球为第一次跳球时未获球权的队，下一次为对方队，相互交替球权拥有。

（二）带球走

当队员在球场上持着一个活球，其一脚或双脚超出本规则所述的限制向任意一个方向非法移动是带球走。

确定中枢脚的规则：

（1）双脚着地接住球的队员可以用任意一脚作为中枢脚。

（2）在移动或运球中接到球后，双脚同时着地，可用任何一脚作为中枢脚，两只脚分先后着地，则先着地的脚为中枢脚。

（3）队员在移动中或运球结束时，接球时脚着地，队员双脚同时着地，则两只脚都不是中枢脚。

注意：当一名队员持球跌倒在地面上或躺或坐在地面上获得控制球是合法的，如果该队员持着球滑动、滚动或试图站起来是违例。

带球走违例的罚则是球队失去球权，由对方在距违例地点最近的界线外掷界外球。

（三）非法运球

队员控制球后将球掷、拍或滚在地面上，并在球接触另一队员之前再次触及球为运球开始，队员运球后，用双手同时触球或使球在一手或两手中停留的瞬间运球即结束。

队员第一次运球结束后不得再次运球（除非他失去了对球的控制），再次运球即为非法运球，非法运球者将失去球权。

下列情况不是运球：连续投篮、漏接、拦截对方传球、拍击另一队员控制的球、在抢球中挑拨球。

（四）关于时间的违例

1. 3 秒违例

当某队在场上控制活球并且比赛计时钟正在运行时，该队队员不得停留在对方队的限制区内超过持续的 3 秒钟，限制区见图 2-2 的阴影部分。

2. 5 秒违例

（1）掷界外球队员可处理球时 5 秒之内未将球掷出。

（2）罚球队员可处理球时 5 秒之内未将球投出。

（3）一名被严密防守的队员在 5 秒钟之内未传、

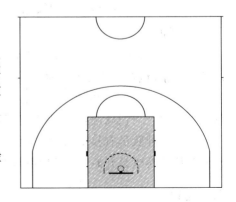

图 2-2　限制区示意图

投或运球。

发生上述情况即发生 5 秒违例。

3. 8 秒违例

一名队员在他的后场获得控制活球时，他所在队必须在 8 秒钟使球进入他的前场。某队前场包括对方的球篮、篮板的界内部分以及由对方球篮后面的端线、两条边线和距对方球篮最近的中线边沿所限定的球场部分。

注意：球场中线属于后场。

4. 24 秒违例

每当一名队员在场上获得控制一个活球时，他的队应在 24 秒钟内尝试投篮。

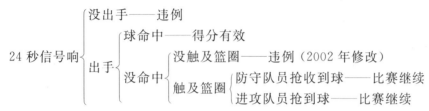

由以上可知，判断 24 秒违例与否应看 24 秒计时器响时，球是否出手，且出手后的球是否触及篮圈，满足这两个条件后无论是进攻队员还是防守队员抢到篮板球后比赛都继续开始。

发生时间上违例的罚则是球队失去球权，由对方在距违例地点最近的界线外掷界外球，或在边线相对罚球线处掷界外球。

（五）球回后场

某队在前场控制，不得使球回到后场，判断球回后场的条件如下：

（1）某队在前场控制活球。

（2）控制球队的队员在前场最后一个使球进入后场。

（3）控制球队的队员在后场第一个接触到球。

上述三个条件必须同时满足，方为球回后场违例。

发生球回到后场违例的罚则是球队失去球权，由对方在中场边线外掷界外球。

（六）干涉得分和对球干扰

当出现下列情况时，在投篮中就发生了干涉得分或对球干扰。

（1）当球在下落飞行并完全在篮圈水平面之上时防守队员触及球。

（2）当球碰击篮板并完全在篮圈水平面之上时防守队员触及球。

（3）当球与篮圈接触时防守队员触及球篮或篮板。

（4）防守队员从下方伸手穿过球篮并触及球。

（5）当球在球篮中时防守队员触及球或球篮。

（6）防守队员使得篮板或篮圈摇动，根据裁判员的判定，这种手段已妨碍球进入球篮。

干涉得分和对球干扰的罚则为：

（1）如果进攻方发生违例，不判得分，将球判给对方队员在罚球线的延长部分掷界外球。

（2）如果防守方发生违例，应判给进攻的队得 2 分或 3 分，再由防守方掷端线球比赛开始。

（3）如果双方球队的队员发生违例，则判跳球按球权交替拥有的原则开始比赛。

（七）罚球违例

罚球队员出现下列情况将判为违例：

（1）投篮球没命中且没触及篮圈。

（2）从可处理时 5 秒钟内没有出手。

（3）在投篮时或球触及篮圈前踩罚球线或限制区地面。

（4）做假动作罚球。

罚球队员违例，中篮无效。由对方队员在罚球线的延长线掷界外球。

非罚球队员出现下列情况视为违例：

（1）罚球队员球离手前进入限制区。

（2）干扰罚球队员。

罚球队员的同队员违例，中篮有效，不中由对方在罚球线延长线掷界外球；罚球队员的对方队员违犯，中篮有效，不中重发。双方违例，中篮有效，不中判跳球，按球权交替拥有原则进行比赛。

宣判违例程序：

举掌鸣哨→指违例性质→指出进攻方向

三、犯规

犯规是对规则的违犯，含有与对方队员的身体接触和违反体育道德的举止。

（一）处理身体接触的原则

（1）规则的精神和意图以及坚持比赛完整的需要。

（2）运用"有利/无利"概念中的一致性，裁判员不要企图靠不必要地打断比赛的流畅来处罚附带的身体接触，况且这种接触没有使有责任队员得利，也未置对方队员于不利。

（3）运用常识来执裁每场比赛的一致性，在比赛中要记住有关队员的能力以及他们的态度和行为。

（4）在比赛控制和比赛流畅之间保持平衡的一致性，要有一种"感觉"。

（5）垂直原则。队员合法占据场上位置后，对该位置及其上面的空间（圆柱体）拥有权力。这个圆柱体被限定在：前面为双掌，后面为臀部，两边为双臂和双腿外侧，这个原则保护队员所占据的地面空间和其上方的空间，或垂直跳起时其下方的空间。

队员离开他的垂直位置（圆柱体）斜向起跳与已经确定了垂直位置（圆柱体）的对方队员发生身体接触，则离开了垂直位置的队员要对此接触负责。

防守队员将手臂放在进攻队员上方，阻止他垂直起跳和投篮，发生接触，尽管守方队员似乎未动，也应由其负责。

（6）合法防守位置。防守队员面对对手，双脚以跨立姿势着地，两脚距离比肩略宽就是采取了合法的防守位置。

（7）防守控制球的队员。防守控制球的队员，时间和距离的因素可置之不顾。持球队员必须料到对方的防守，当防守队员瞬间在他前面占据了合法的防守位置时，他必须立即停止或改变方向，否则，发生接触应由持球队员负责。

运球队员过人时，头和肩部已越过对手，而后发生接触，应由防守队员负责。如果防守队员已占据合法的防守位置并保持静止、侧移、后撤或垂直起跳，然后发生躯干部位的身体接触，则是持球队员造成犯规。

（8）腾空队员。从场上某处跳起在空中的队员有权不受对方妨碍再落到原地点上。他也可落在场上另外地点，只要在起跳时该地点没有被对手占据和从起跳点到落地点之间的直通路径没有被对手占据。

移到一个腾空队员身下发生接触总是违反体育道德的犯规。造成恶劣后果，可能是取消比赛资格的犯规。从腾空队员身下钻过，即使没有接触，应予以警告或判技术犯规。如果起跳队员落地时，由于冲力使他碰撞了附近已占据合法防守位置的对手，起跳队员对接触负责，可判他犯规。

（9）防守不控制球的队员。不控制球的队员有权在场上自由移动并占据任何未被另外队员占据的位置。在抢占位置时，双方都必须考虑时间和距离的因素，不论防守队员或进攻方不控制球的队员都不能离对手太近，不能占据一个非常靠近并正在移动中对手的位置（此距离与对手的速度直接成正比，不得少于正常的 1 步，不多于 2 步），不能过快地插入移动中的对手的路径，使对手没有足够的时间或距离停步或改变方向。

队员在占位时忽视时间和距离的因素并与对方队员发生接触，他应对接触负有责任。一旦防守队员已占据合法的防守位置，可横移或侧移或后撤，以使自己保持在对手的路径上。但不得用臂、肩、臀或腿来阻止从他身旁路径通过的对方队员前进，如果发生身体接触，他对此应负责。

（10）掩护（合法的和非法的）。掩护发生在队员试图延误或阻止非控制球的对手到达希望到达的场上位置。合法的掩护在发生接触时是静立的，双脚着地并且要有距离，距离的大小由被掩护者的视野状态来决定。如果掩护建立在对手的视野之内（前面或侧面），则该队员可以按自己的愿望，在不发生接触的情况下尽量靠近对手。如果在移动中没有考虑时间和距离的因素并与对手发生接触则该掩护是非法掩护。

（11）阻挡。做掩护的队员在移动中与静立的或后退的对方队员发生接触，则构成阻挡犯规；队员不顾球，面对对方队员并随对方队员的移动而移动，除非涉及其他因素（被掩护的队员故意推人、撞人或拉人），否则该队员应对随后发生的任何接触负主要责任；队员在场上占据位置时伸展他的臂或肘是合法的，但是当对方队员试图从他身边通过时，臂或肘必须放下，否则发生接触就是阻挡或拉人犯规。

（12）用手触及对方队员。用手触及对方队员本身未必是犯规，如果限制了对方队员的移动自由或获得利益，这样的接触就是犯规。

（二）侵人犯规的种类与处罚罚则

1. 侵人犯规的种类

队员不准通过伸展手、臂、肘、肩、髋、膝或脚，或将自己的身体弯曲成"反常的"姿势（超出他的圆柱体）来拉、阻挡、推撞、绊对方队员以阻碍其行进；也不准放纵任何粗野或猛烈的动作。

（1）阻挡。阻止持球或不持球的对方队员行进和非法的身体接触。

（2）撞人。持球或不持球队员推动或移动到对方队员躯干上的身体接触。

（3）背后非法防守。防守队员从对方队员的背后与其发生的身体接触。

（4）拉人。干扰对方队员移动自由而发生的身体接触。

（5）推人。用身体的任何部位，强行移动或试图移动已经控制球或没有控制球的对方队员时，发生的身体接触。

（6）非法掩护。试图非法拖延或阻止非控制球的对方队员到达希望到达的场上位置。

（7）非法用手。发生在防守队员处于防守状态时，用手去接触对方队员阻碍其行进。

2．侵人犯规的处罚罚则

（1）如果对没有做投篮动作的队员发生犯规，由对方在距发生违犯的就近地点掷界外球或由于处于全队犯规处罚状态（全队犯规已达 4 次）则由被侵队员执行二次罚球。

（2）如果对做投篮动作的队员犯规，球中有效，再判给 1 次罚球，如球没中，则判给其 2 次或 3 次罚球。

（三）其他犯规种类及其罚则

在篮球比赛中，除了侵人犯规外，常见的其他犯规还有以下几种，如表 2—1 所示。

表 2－1　常见的其他犯规种类及罚则

名　　称	记 录 符 号	处 罚 罚 则
双方犯规	双方队员各登记 P	根据发生犯规时的情形：1.A 队进攻、继续进攻、24 秒累计；2.A 队进球，B 队掷球界外球；3.双方未控球，一方掷界外球开始（则跳球球权交替拥有）
技术犯规	教练员自身记录 C 随队人员记录为 B 场上队员记录为 T	对方罚球 2 次，中线掷界外球；方罚球 1 次，中线掷界外球
违反体育道德犯规	记录 U	对方罚球 2 次，中线掷界外球
取消比赛资格犯规	记录 D	对方罚球 2 次，中线掷界外球，犯规队员须离开体育馆或到观众席

宣判进攻犯规程序：

举拳鸣哨→指球权方向→报号码→指进攻方向→罚球或界外球

宣判一般犯规程序：

举拳鸣哨→指球权方向→报号码→犯规性质→罚球或界外球

宣判其他犯规程序：

鸣哨同时做其他犯规手势→报号码→犯规性质→罚球或界外球

第三节　国际篮联（FIBA）裁判法（两人制）要点

一、裁判名称

1．主裁判和副裁判

一般由赛会裁判长指定的对比赛有相应职责的裁判称呼，他（她）们在比赛中有同等的宣判权利。

2. 执行裁判和配合裁判

在比赛中执行罚则(罚球、掷界外球等)的裁判为执行裁判,另一个为配合裁判。

3. 前导裁判和追踪裁判

在进攻方向前方进行执法的裁判称为前导裁判,另一裁判为追踪裁判。

二、比赛开始时跳球的分工配合

主裁判员面向记录台,与裁判员联系。副裁判员与记录台联系,在得到记录台(记录员)已准备好的手势后,回复主裁判员。主裁判员应答后,持球进入中圈。当确认所有队员都已处于准备跳球状态时,在两名跳球队员之间垂直向上抛球,嘴里不含哨。抛球后先原地不动,待双方队员都离开圆圈附近后,衔哨移至正常位置,成为追踪裁判。

副裁判员应站在记录台前靠近边线中点附近的位置,观察并宣判所有队员的违例和犯规。当球被跳球队员合法拍击的瞬间,做开表手势,并向比赛进攻方向的前方移动,担任前导裁判在跳球时的跑位图如图2-3所示。

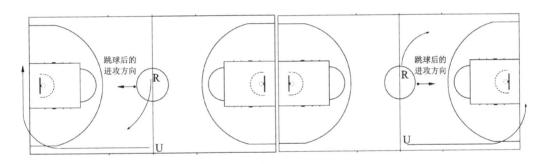

图2-3 裁判员在跳球时的跑位示意图

三、全场区域分工配合

为了使两名裁判员把球和10名队员都控制在视野范围之内,将全场划分成1~6号的长方形区域,如图2-4所示。

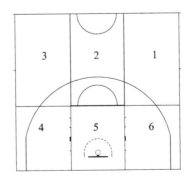

图2-4 裁判员分工区域图

当球在1、2、3区和5区的三分投篮区时,追踪裁判位于球的左侧后方3~5 m处,负责观察球周围的比赛，尤其要观察队员运球、投篮或传球及防守他们的队员们。当球在4、6区的两分投篮区时，追踪裁判主要负责无球区域，特别是弱侧的策应区，应注意可能发生的非法掩护。当球在5、6区时追踪裁判与前导裁判合作观察有球区域。追踪裁判在移动时应不越过连接两个球篮的假想线。追踪裁判还要观察球的飞行情况，判断是否中篮，有无干扰球发及球回后场违例，并负责做出得分手势。

前导裁判在端线后移动，一般向左不过3分线，向右不过限制区边缘。当球在1、2、3区时，前导裁判应负责观察无球区域，注意限制区附近为抢占位置而发生的身体接触。当球在4、5区时，前导裁判除对有球区负责观察外，还应注意附近的策应区的情况。当球在6区时，前导裁判首要任务是观察无球区，但当球在策应区域或进攻方向球篮突破时，要注意有球区域。

四、暂停与替换的分工配合

暂停时，由靠近记录台的裁判鸣哨，同时做出暂停的手势，然后骑跨中线站在距记录台6～8 m处，观察双方球队席区域的情况，负责与记录台联系，另一裁判位于比赛将要继续进行的地点。记录台发生替换的信号后，靠近的裁判员做出替换手势，招呼替补队员进场，并检查场上队员人数。另一裁判员持球位于比赛继续的地点，一旦得到替换完毕信号，立即恢复比赛。

五、犯规的宣判与分工配合

当一名裁判员鸣哨并做犯规停表手势后，移动到距记录台6～8 m处用规定手势向记录台报告：球中篮是否有效，犯规队员号码和犯规性质、罚则。另一裁判员先不要急于去拿球，应站在原地不动，必要时可稍作移动以监控队员的行动，并协助宣判的裁判员记住犯规队员的号码，是否需要罚球，投篮的球是否中篮，当场上情况正常后再去拿球。

当发生两名裁判员几乎同时鸣哨时，两裁判应立即建立目光联络以核实宣判。如果是同一起犯规，最靠近的裁判员或是比赛朝其运动的裁判员处理这一宣判，以避免两位裁判员做出相冲突的宣判。

六、罚球时的分工与配合

每次犯规时，两个裁判员应交换位置，新的追踪裁判员管理执行多次发球中的第一次罚球，他应让队员们正确地在罚球区站位。追踪裁判进入罚球区并做出罚球次数的手势，然后接同伴的反弹传球，用右手递交给罚球队员，后退并移至罚球队员后面一步并偏左的位置。注视罚球队员、计算罚球队员5秒钟、注视对面沿罚球区站位的队员、罚球成功确定有效。

前导裁判站在罚球区延长线的两侧，注视对面罚球区站位的队员。对随后的罚球，他负责拾球，并从篮下位置反弹球传给罚球队员。若执行仅有的一次罚球或最末一次罚球时当球离开罚球队员的手后，他应向左迈一步，以便占据观察抢篮板球动作的好位置。

当需要罚球时，只有多次罚球的第1次罚球由追踪裁判员递交球；多次罚球的第2次及以后的罚球或最后一次或仅有一次的罚球均由前导裁判来管理。

七、比赛结束时间

当比赛计时钟发出比赛结束信号，两位裁判员应移向记录台，除非情况不允许。

记录表由相关人员签字后，裁判员们联系比赛的其他管理人员。习惯做法是与记录台人员和技术代表握手，感谢他们的努力，因为他们也是裁判组整体的一部分。随后两位裁判员应该一起离开场地。

八、对重要问题的回顾

赛前准备会是绝对必要的。裁判员应做到：

（1）熟悉自己在场上的责任区，并避免与同伴都注视球和周围的队员们。

（2）当自己主要负责无球区时，要裁决离开球的比赛。

（3）同时鸣哨时，做出手势之前先与同伴建立目光接触。

记住：最靠近比赛或比赛正朝向其运动的裁判员，应负主要的责任。

（1）在球出界的情况下，只在同伴向自己寻求帮助时才给予帮助。养成建立目光接触的习惯。

（2）只在动作已影响了比赛时才鸣哨宣判犯规，附带的接触应被忽略。寻找需要宣判犯规的动作。

（3）绝不允许过分地用手。少许接触本身不是犯规，但任何非法阻止企图获得一个新位置的队员移动，则是犯规。

（4）早一点在比赛中建立自己的判罚尺度，比赛将易于控制。野蛮和过分粗野的比赛必须被判罚。队员们将依据判罚尺度调整比赛方式。

（5）警觉篮板球的情况。如果一个队员从不利的位置上获得不公正的利益，这是犯规。无意的接触和未影响比赛的，应被忽略。

（6）当比赛朝自己而来，要不停地移动，并努力在防守队员和进攻队员之间保持尽可能好的位置和广阔的视角。当作出宣判时，应正处于能看清比赛全貌的位置。

（7）当宣判3秒违例时确实知道球在哪里。确实看到进攻队员在限制区里之后，才开始计算3秒钟。

（8）由于与行为有关，警告队员或教练员时，不要停止比赛。如果警告是必要的，在比赛计时钟停止或球成死球时提出。如果有必要中断比赛，必须宣判技术犯规。

（9）不允许教练员以戏剧性的姿态和无休止的抱怨来形成注意的中心。不要宽容这种行为。裁判员必须尽早地加以制止。当教练员试图恐吓和骚扰你时，不要害怕宣判技术犯规。

（10）当报告犯规和操作全队犯规标志时，在指出罚则以前，应与记录员确认是该队第4次队员犯规还是第5次队员犯规。

（11）向记录员做手势时不妨慢点放下，特别是在报告队员号码时。

（12）与同伴在一起工作，好似一个整体，尽力做好合作。在把球递交给掷球入界的队员之前进行目光接触。

（13）与同伴一起到达场地。因此，不管什么时候，尽可能争取一起离开比赛场地。

（14）绝不停止移动，当球移动时调整位置。时刻记住自己也是一名运动员。

九、结论

裁判员是受托在规则的框架和指导原则之内监察比赛的。他们必须在一瞬间作出宣判。

篮球是竞争的，是充满激情的比赛，特别是比分接近时，情绪和摩擦会骤然上升。裁判员必须总是能保持住对比赛的控制。这意味着裁判员必须是坚定的、明确的和不动摇的。

执裁，就是在正确的地点、正确的时间作出正确的宣判。占位是关键因素。裁判员的落位和宣判的准确之间有着极大的关联。

一名裁判员最大的长处是一致性。重要的是努力做到以同样的尺度宣判同样的比赛，不管比赛进行到什么阶段，或者有什么压力。

篮球是充满激情的、错综复杂的和须遵守规定的比赛，要求裁判员对比赛要有感知。

当你成为一名裁判员时，你再不能像一些观众那样地看比赛。不过，它仍然是比赛，应当被每一个人所喜爱。

第四节　国际篮联(FIBA)裁判法(三人制)要点

一、裁判名称

（1）前导裁判。裁判员的位置在端线。

（2）中央裁判。无球位置内的外侧裁判，站在罚球线延长线朝球篮方向两步的地方，圈顶部的中路上。中央裁判可站在记录台同侧或对侧。

（3）追踪裁判：站在离中场线最近的外侧裁判，在28英尺线的附近。如果出现进攻转换，追踪裁判将成为新的前导裁判。追踪裁判可站在记录台的同侧或对侧。

二、篮球三人制裁判法术语

（1）28英尺线。从端线沿边线向中线量出28英尺(约8.5米)所得出的线，全场共有四条。

（2）轮转。在活球的情况下，球的位置决定前导裁判发动轮转，前导裁判向球侧的移动命令追踪裁判和中央裁判改变位置，当球换边时完成此轮转。

（3）交换。当一位裁判员宣判犯规或违例，球成死球时出现。

（4）球侧。从端线到端线，（以球篮为中心点）把球场划分为两部分，在进攻队的前场球所在的位置为球侧。

（5）强侧。前导裁判的位置决定强侧。

（6）弱侧。前导裁判的对侧。

（7）记录台一侧。记录台所在位置一侧。

（8）记录台对侧。记录台所在位置的对面。

三、篮球三人制裁判法的基本原则

（1）在任何情况下，三位裁判之间必须保持宽广的三角形，面向场内监控所有队员。

（2）宣判犯规的裁判员向记录台报告犯规后，他必须移动到记录台对面的位置上，因此，前导裁判员和靠近记录台的裁判员不宣判犯规不换位，如果宣判犯规要和记录台对面的裁判员换位；而记录台对面的裁判员宣判了犯规不换位，不宣判犯规则要和宣判犯规的裁判员换位。

（3）执行罚球的裁判必须面向记录台，他肯定是宣判犯规的裁判，也一定成为中央裁判。裁判员宣判了犯规，他只要跑出人群就可以向记录台报告，而要换位的裁判员则要慢慢地移向新的位置并捡球，另一裁判员则应选择一合适位置，监控所有队员直到向记录台作出报告的裁判员转身观察队员为止。

（4）掷前场时，前导裁判员应位于篮板与球之间；掷后场端线球时，追踪裁判则应位于边线与球之间。正常攻守转换时，三位裁判员的换位原则是：追踪 → 前导、中央 → 中央、前导→追踪。

（5）裁判员要始终知道：（1）球的位置；（2）其他裁判员的位置；（3）队员们的位置。

四、篮球三人制裁判法的裁判员的落位与移位

（1）前导裁判。应落于端线外 1～2 米处，保持一宽广的视角；一般情况下应在罚球线梯形线与端线的两交点之间（6 m）移动。为了找到更好的观察角度，在特殊情况下也可越出此范围；当球在罚球线以上，从强侧转移到弱侧时要快速移动到另一侧，以获取最佳的观察位置；一般情况下，他应与追踪裁判在同一侧；他应根据球的位置决定自己所处的位置，从而发动裁判员们的轮转；正常的攻守转换时，他成为新的追踪裁判。

（2）追踪裁判。一般情况下，他在有球一侧的 28 英尺线附近移动；通常与前导裁判在一侧；当中央裁判移动换位后，他移动到同侧中央裁判的位置上；正常的攻守转换时，他成为新的前导裁判。

（3）中央裁判员。通常在无球区；移动范围在罚球线延长线与罚球区弧顶之间；始终是罚球的执行者；正常攻守转换时仍为中央裁判。

第五节　篮球规则的创新

一、规则的创新和变革

从 1891 年开始，篮球运动的发展一直伴随着规则的不断发展和创新。从起初的 13 条，到今天的 50 条，经历了无数次的创新和变革。篮球规则总是随着篮球运动发展中出现的新情况和新问题而不断完善。新规则的创立既本着篮球初创时期提出来的基本宗旨、目的和精神，又着眼于现代和未来发展的设想和需要，做出及时的合理修改，不仅增强了比赛的精彩性也提高了篮球的吸引力。

大多数规则的创新和变革，都是随着篮球运动技术的演进逐步产生的。随着篮球运动员身高和技术能力的提升，内线的对抗、高空的争夺越发激烈。为了平衡对抗，就应运而生了"3 秒区"的规则，随着比赛对抗的进一步加强，三秒区也不断扩大。为了避免篮球运动完全成为内线高大队员的专项运动，促生了"3 分球"的规则，极大增加了外线队员的得分能力。

有些规则的创新影响力是非常巨大和深远的。例如，1984 年增加的"3 分球"规则，至

今已逾 30 年。期间曾经在特定的比赛中出现过投进第 4 个 3 分球时计 4 分的规定。此项规则的创新，使远投得分比重迅速增加。随后，远投技术得到重视。到今天，NBA 的全明星赛中，专门设立了三分球大赛，并进行从中场的"百万美元"超远投篮。同时，远投的战术也相继产生，极大地丰富了进攻技、战术的内容。同时，也对防守技、战术提出了更高的要求，如对付"3 分球"的半场扩大人盯人、攻击性防守、3 - 2 联防等防守战术也迅速得到了发展。

自 1936 年以后，国际篮联每隔四年即在每次奥运会前后，有组织有计划地对原有的篮球竞赛规则进行讨论、研究、修改和补充。篮球规则的创新成为一项持续性的研究工作。

二、规则创新的原则

篮球规则虽然一直在不断地创新和变革，但其内涵的文化精神是一直延续的，每次的修改都源于一些基本的原则：

（1）做到在公平合理的条件下（不同的年龄、男女、高矮、进攻和防守）进行比赛，防止取巧的行为。

（2）提高兴趣，丰富篮球运动的内容，限制不利于篮球运动发展的技术；限制只打高大运动员的单调战术，使篮球运动向更高阶段发展。

（3）加快比赛的速度，减少停顿次数和时间。

（4）限制并处罚一切不道德的行为，保证篮球运动正常、健康地发展。

（5）培养勇敢、顽强的意志品质和集体主义精神，增强体质。

（6）不断丰富充实篮球规则的内容，使规则更加合理、完善、科学。

三、规则创新试验

篮球规则目前还处于比较活跃的变革期。全球各种职业或业余的篮球组织和篮球学术机构，也一直在持续开展对篮球规则的研究和演进试验。

全球知名度最高的篮球职业联赛 NBA，在篮球规则方面的探索和研究也一直走在前沿。前面介绍的"3 分球"规则，也是首先应用在 NBA 联赛中。NBA 联盟篮球运营部主席索恩，曾在接受采访时透露，NBA 正在探讨论证引入"4 分球"的可能性，尽管随后联盟发言人弗兰克表示并没有就扩大场地以及增加 4 分线进行过任何严肃的谈话，但实际上这一话题几年前就已存在，NBA 方面的回答也一直是不置可否。篮球学界普遍认为，引进"4 分球"只是时间早晚问题。从近期的报道看，在 2014 年 NBA 联赛的赛季前训练赛中，已经展开了"4 分球"的相关试验和数据分析。

在国内，西安电子科技大学体育部的徐国富教授带领的研究团队，也一直在进行篮球规则创新的尝试和试验。徐教授提出：增设 4、6 分和 10 分投篮区，犯规罚球可以选择投篮区，如图 2 - 5 所示。增设 4、6、10 分投篮区的规则：在 3 分区投篮规则的基础上，增设 4、6、10 分投篮区的规则。具体为：以篮圈中心垂直投影点为圆心，分别以 8.75、10.55、12.35 m 为半径画弧与球场两条边线相交，形成了 4 分、6 分、10 分投篮区。自由选择罚球区域规则：对于所有犯规后要执行的罚球，无论是 1 次、2 次或 3 次罚球，罚球的运动员可按现规则规定的那样，在罚球线上进行罚球，但也可选择在 3、4、6、10 分罚篮区进行 1 次性罚球。

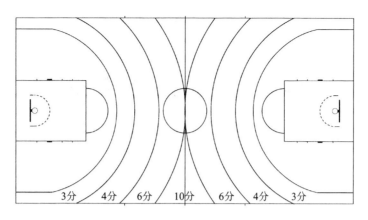

图 2-5　投篮得分规则创新示意图

　　经过徐教授带领的研究团队的努力，这一系列的篮球规则创新，在陕西西安的一些有影响力的业余联赛中进行了实验验证。同时，这一思路得到了国际篮联主管鲁波米尔？考特莱巴的高度认可，在 2010 年 7 月两次致信中表示非常感兴趣，并将把徐教授的规则创新建议提请 2011 年的国际篮联技术委员会讨论。此项规则创新，应用于业余联赛，也引起了国内电视、报纸和网络媒体的广泛讨论，并多次进行了连续的深入报道。

　　通过连续 5 年将这四项篮球规则创新应用于民间业余联赛的实验，积累了大量的一手数据记录，并影响了大量的创新规则的爱好者。经过详细的数据分析发现：4、6、10 分投篮区规则的设立，使攻防转换速度加快，攻防之间的对抗扩展到了篮球场的整个范围，这是对现代篮球最具对抗性的全场紧逼盯人战术的一种提高。超远距离投篮的技术对运动员的爆发力、协调性、稳定性、心理素质提出了更高的要求，促使篮球比赛避免成为"巨人游戏"，全场的争夺更需要动作灵活、反应快、技术动作全面的运动员，对培养运动员拼搏精神，提高身体素质和促进技术的全面发展都有着重要的促进作用。同时，自由选择罚球区域规则加大了犯规成本，从一定程度遏制了犯规的发生，提高了比赛的流畅性和观赏性。高分值的引入，加强了比赛的随机性。避免了比赛"垃圾"时段的出现，特别是在比赛临近终场时领先 10 分也不能成为最终胜利者之时，使比赛善始善终，让观众感受更加激烈、充满悬念的竞争场面。

　　总之，无论何种形式的规则创新，目的都是增强比赛的公平性、竞争性、参与性和观赏性，促进篮球技术的演进，使比赛更加扣人心弦。

第三章　高校篮球课教学理论与方法

第一节　高校篮球课教学的理论和内容

教学是由教师的教和学生的学共同组成的一种教育活动，是教师借助一定的教学条件，指导学生有目的、有计划地掌握系统的文化科学基础知识和基本技能，发展学生的智力和体力，形成科学世界观及培养学生思想品德和个性心理品质的过程。

体育是高校全面教育的重要组成部分，是高校各类专业人才培养的基础课程之一。篮球运动不仅具有较强的集体性、对抗性，还富有趣味性、娱乐性和观赏性，而且对人体有较高的锻炼价值。高校篮球运动是一项群众基础好、开展范围广、大学生非常喜爱的运动项目，对大学生的吸引力很大。目前，各高校以选修课、任选课等多种形式开设了篮球课程，满足了不同层次学生的需求。因此，篮球课的教学质量不仅直接影响学生对该项运动技术的掌握，而且为学生今后保持身体健康提供了有效的锻炼途径。

高校篮球教学是一个面向普通在校大学生的教学活动，是通过篮球教学让学生体味篮球文化，以此来激发学生参与篮球运动的兴趣，让学生在掌握篮球基本知识、基本技术、基本战术的基础上，掌握锻炼身体的方法和养成锻炼身体的习惯。

一、高校篮球教学的指导思想

（一）"健康第一"思想

1999 年颁布的《中共中央国务院关于深化教育改革全面推进素质教育的决定》明确指出："学校教育要树立健康第一的指导思想，切实加强体育工作，使学生掌握基本的运动技能，养成坚持锻炼身体的良好习惯。"2002 年 8 月教育部颁布的《全国普通高等学校体育课程教学指导纲要》明文规定："把健康第一的指导思想作为确定课程内容的基本出发点。"学校体育教学树立健康第一的指导思想，是人与社会协调发展的客观需要，是素质教育的基本要求，是学校体育目的之所在。体育学科的特点决定了体育教学理应为学生的健康问题承担更多的责任，健康应是学校体育教学所要考虑的首要问题，篮球教学自然也不能例外。因此，"健康第一"思想是高校篮球教学的主导思想，"健康第一"思想应贯彻于高校篮球教学的始终。

（二）"终身体育"思想

1995 年 6 月国务院颁布的《全民健身计划纲要》要求："要对学生进行终身体育的教育，培养学生体育锻炼的意识、技能与习惯。"1999 年 6 月颁布的《中共中央国务院关于深化教育改革全面推进素质教育的决定》明确指出：要使学生"养成坚持锻炼身体的良好习惯"。2002 年 8 月教育部颁布的《全国普通高等学校体育课程教学指导纲要》中规定的运动参与目标为："积极参与各种体育活动并基本形成自觉锻炼的习惯,基本形成终身体育的意识"。由此可见,在教学中不仅要着眼于当前课堂、单元、学期教学任务和学生的大学时期,还要放眼于学生的几年、几十年、直至终身,也就是所谓的"终身体育"。"终身体育"是指一个人终身进行身体锻炼和接受体育教育。高校篮球教学要充分贯彻"终身体育"的思想,使学生树立坚固的体育锻炼意识,掌握体育锻炼技能,养成体育锻炼习惯,从而促使其形成"终身体育"的思想。

二、高校篮球教学的基本特点

(一)普及性

高校篮球教学是一个面向普通在校大学生的教学活动,他们的年龄、性别、技术水平、战术水平和身体条件、兴趣、爱好等均与专业篮球运动队队员有所不同,他们的学习课时每周只有 2 学时,并且学生的篮球基础水平参差不齐。高校篮球教学不是以提高学生的篮球运动技战术水平为主,而是通过篮球教学,让学生体味篮球文化,以此来激发学生参与篮球活动的兴趣,让学生掌握锻炼身体的方法并养成锻炼身体的习惯。因此,高校篮球教学是一个普及性的篮球教学活动。

(二)娱乐性

高校篮球教学的对象是普通的在校大学生。篮球教学的主要目的不是提高篮球运动水平,而是增强体质、娱乐身心、增加同学之间的交往、改善人际关系。其完全是为了能在篮球游戏和比赛中体验到运动的快乐。

(三)实践性

高校篮球教学是一项实践性很强的工作。在篮球比赛中大多数技术都是在对抗的情况下完成的。对抗使得篮球运动魅力无穷,同样在篮球教学中有对抗活动才有乐趣。高校篮球教学是典型的实践教育,应按照学生的水平和需要,以学生为主体、学生实践活动为中心,注重学生的素质教育和能力培养。

三、高校篮球教学的认知规律

篮球教学是围绕着掌握与运用篮球技、战术而协同进行的"教"与"学"的双边活动。为了在这个既相互作用,又相互制约的教学过程中实现篮球教学的目的,收到良好的教学效果,教学环节的设计必须符合学生的认知规律。因此,分析与研究篮球教学赖以依存的认知规律有着重要的实践意义。

(一)对篮球技术动作的认知

篮球运动技术的学习、掌握、巩固和提高的过程是练习者对篮球技术动作名称、作用、动作方法、技术原理等知识认知的过程。

(二)对篮球技术运用规律的认知

篮球技术运用是学习、掌握篮球技术的重要认知内容。对篮球技术运用的认知依赖于练习者对攻防对抗基本规律的掌握程度。这种基本规律要通过对抗累积获得。

(三)对篮球战术运用规律的认知

篮球战术运用是学习和掌握篮球战术的主要认知内容。对篮球战术运用规律的认知有赖于练习者对基础战术配合基本规律的掌握程度。这种认知过程是练习者通过对情景的知觉，在已有的战术配合记忆中提取经验，并做出判断、决策和反应。决策的结果将更新记忆库，从而使经验更加丰富。

四、高校篮球教学的基本内容

体育课是学校体育的一个组成部分，学校体育又是教育和体育的组成部分。高校篮球教学的对象是大学生，他们篮球技术水平良莠不齐，个体差异比较大，既有初学者，也有技术水平较高的学生。教学大纲制定的内容都是从教授最基本的知识技能开始，对学生进行系统的篮球教学。篮球教学的内容很多，根据不同层次的教学对象和教学目标可选择不同的教学内容。教学又是训练的基础，在许多情况下教学与训练的过程交融在一起，成为一个统一的整体，所以教学内容与训练内容没有本质的区别，所不同的是教学侧重于掌握基本的动作概念、方法和技术规范，是由不会到会的过程，而训练则侧重于技术技能的熟练性和运用能力，是由会到提高的过程。

（一）篮球技术动作的教学

篮球技术动作的教学是初学阶段最主要的教学内容。技术动作的教学包括技术规格、技术动作方法要领和技术的运用方法等内容。教学要强调动作的规范性。掌握基本功是提高篮球技能的条件。

（二）篮球战术方法的教学

篮球战术方法是教学的重要内容。战术方法的教学包括两三个人的简单配合（又称基础配合）和全队配合等。在战术教学中要使学生了解战术配合的方法、要点和运用时机，培养学生的配合与协作意识，使学生能够在实战比赛中机动灵活地运用。

（三）篮球理论知识的教学

篮球运动的发展已经使其形成了比较完善的理论与知识体系，包括教学训练理论、战术实践理论、规则与裁判方法的理论和竞赛组织的理论等，是学习篮球运动必须掌握的教学内容。理论知识教学有助于技术和战术的学习，在正确的篮球理论指导下，才能正确地从事篮球运动的锻炼和比赛。

第二节　　高校篮球课教学的任务与原则

一、高校篮球教学的基本任务

篮球教学是由教师和学生共同参与的教与学相互作用的教育过程。篮球教学的基本任务是通过课堂教学的组织形式，使学生积极主动地掌握篮球运动的理论知识和技术技能。

具体任务有以下四点：

（一）贯彻素质教育，促进正确世界观的形成

篮球课程教学是一个培养人才的完整的教育过程。政治思想教育、道德素质教育和集体主义教育结合篮球运动的特征有利于培养学生顽强的意志和勇于斗争的作风以及力争胜利的精神。

（二）掌握与提高篮球理论知识、技术和战术

篮球课程的教学内容有理论、技术和战术三种主要形态。理论知识是掌握技术和战术

的依据，技术是战术的基础。这三方面的学习内容是相互作用和统一的整体，教学过程中必须给予同等的重视。

(三)发展学生的身体素质，增强体质

身体素质是从事各项体育运动的物质基础。篮球运动的学习可以活跃学生身心，促进身体正常发育，提高机能素质，增强体质。学生运动素质的提高，可以为顺利完成技术和战术的学习提供有力的保证。因此，发展学生身体的力量、速度、耐力和灵敏性等素质是篮球教学的重要任务。

(四)培养学生正确的思想意识和坚强的意志品质

由于篮球运动是集体对抗型项目，因此，篮球教学和竞赛过程，具有培养学生坚强意志品质的作用。养成团结、协作和热爱集体的良好思想作风是篮球教学的重要任务。

二、高校篮球教学的基本原则

(一)启发诱导参与原则

在高校篮球教学中，教师要充分调动学生的积极性，启发诱导学生的参与意识，让学生在学习中发现问题，发表见解，找到解决问题的办法。让学生参与教学，使达到教学相长，互相促进，创造一个平等融洽的氛围，促进教学水平的提高，帮助和教育学生认识到篮球技术和战术的重要性，使学生主动地学习篮球技术和战术，提高学生的运动技能、战术水平。

(二)因人施教原则

所谓因人施教就是根据学生的技术水平层次、性别差异以及学习需求的不同，进行篮球教学。做好调查研究，掌握学生的学习需求、技术基础、学习态度、兴趣爱好、身体素质状况、课余锻炼安排等，根据上述情况仔细分析研究，制订教学计划，按照计划实施教学。

(三)强调一定量生理负荷的教学原则

在篮球教学过程中，使学生承受一定的生理负荷强度，保持一段时间，达到相应的运动量，起到锻炼的作用。

(四)教学方式方法灵活多样原则

高校篮球教学的方法不能整齐划一，要做到因人、因时制宜。实践活动中，既可以集中教学，又可以分小组、分层次教学；既可以讲解，也可以示范；既可以进行对抗练习，也可以安排无对抗的练习；既可以进行理论讲解，也可以安排素质练习；既可以观摩录像，也可以把比赛实战与讲评技、战术相结合等多种方式方法灵活运用。

(五)强调在对抗中运用技、战术的教学原则

篮球比赛是攻守双方有直接身体接触的同场对抗比赛项目，主要表现为有球队员、无球队员的攻守及争夺篮板球的对抗。而这种对抗是在绝大部分的时间内，几乎所有的双方攻守队员都密集在靠端线的篮下 6~7 m 半圆的范围内。篮球比赛的对抗形式与区域的特点决定了技术运用必须具有强烈的对抗意识与对抗性。因此，在篮球教学过程中，必须注意单兵对抗、2 人和 3 人的局部对抗，乃至 5 人全场对抗的教学。

第三节 高校篮球课教学文件的制定

高校篮球课教学文件是指教学过程中的各种工作计划，是指导、实施和坚持教学工作

的重要依据。高校篮球课教学文件主要包括教材、教学大纲、教学进度和教案(课时计划)。

广义的篮球教材指课堂上和课堂外教师和学生使用的所有教学材料,如篮球课本、篮球竞赛规则等。篮球教学大纲是根据篮球课内容及其体系和教学计划的要求编写的篮球教学指导文件,它以纲要的形式规定了篮球课程的教学目的、任务,知识、技能的范围、深度与体系结构,及教学进度和教学法的基本要求。它是编写教材和进行教学工作的主要依据,也是检查学生成绩和评估教师教学质量的重要准则。篮球的教学大纲包括篮球课教学内容、目的要求、教学方法、教学重点、教学难点、教学过程和内容总结。

篮球教学进度就是篮球课程进行的程度,通俗地说就是所教的内容进行到哪里了。

篮球课教案也叫课时计划,就是每一次课具体实施的内容。编写教案是为了充分准备和全面安排一堂课的教学工作,以便有目的、有步骤、有系统地进行教学,做到心中有数,有的放矢,以利于提高教学效果。

一、教学大纲

(一)教学大纲的作用

篮球教学大纲是依据学校专业教学计划而制定的课程教学纲领性文件,它反映出篮球课程在学校专业教学培养计划中的地位,是篮球课程组织(教研室、组)和教师个人组织篮球课程教学工作的基本依据。在教学大纲中规定了课程教学的基本任务,体现了课程教学工作的主导思想,限定了教学的知识范围,确定了议程的考核标准和方法,是衡量教学任务完成情况的基本依据。科学合理地制定教学大纲可使本门课程的教学为学校的培养目标服务,同时教学大纲的建设也是课程建设的主要内容之一。

(二)教学大纲的结构与内容

(1)说明:主要阐述大纲制定的依据和课程的性质,扼要阐明编制大纲内容的主要原则,提出教学中确保大纲完成的措施等。

(2)教学目的要求:阐述本门课程在教育、教学及教养方面的具体任务。一般包括篮球课程专业知识技能方面的要求、发展学生身体素质方面的要求和思想品德教育等方面的要求。

(3)教学内容及时数分配:阐述课程中理论、技术、战术及规则裁判法和相关的基本能力培养等不同教学内容的时数划分比例,理论教学与实践教学的比例,理论教学的题目和课时等,通常以表格的形式表述。

(4)教学内容纲要:是教学大纲的主体部分。它通过知识点的形式把教材各章节的内容包括政治素质教育、体能素质教育、实际能力培养的内容详细罗列出来,并根据教学的要求,确定一般教材、重点教材和介绍教材等。

(5)考核方法:依据教学的目的确定课程考核方法与标准。

(6)教材和主要参考书:列出本门课程使用的教材和主要教学参考书。

(三)制定教学大纲的基本要求

(1)从实际出发,体现教学计划中规定的培养目标和要求,准确地提出篮球教学的总任务。

(2)根据教学任务合理地精选教材,要把主要的、基本的和先进的知识内容列入教学大纲,要主次分明,注意科学性、系统性和实用性。

（3）合理地分配教学的时数，注意理论教学与实践教学的适当比例，以确保教学任务的完成。

（4）重视考核的内容与方法，合理地确定理论知识与技术实践考核成绩在总成绩中所占的比例，使考核结果能够有效地衡量学生学习的水平。

二、教学进度

（一）教学进度的作用

教学进度是根据教学大纲规定的任务、内容和时数分配，把教材内容具体落实到每次课中的教学文件。它是依据篮球知识技能认知学习基本规律而确定的教学内容的逻辑序列，因此，它是教学方法和教学策略的反映。合理地制定教学进度对提高教学的质量与效果具有重要作用。

（二）教学进度的格式

教学实践课，通常采用的教学进度有两种格式：

（1）表格符号式。把教材内容按编号顺序逐个列入教学内容栏内，然后按出现的先后顺序在相应的课次栏内做"√"号，科学地排列组合，从而反映出每次课的教材安排和整个教材排列顺序及数量，如表 3-1 所示。

表 3-1　教学进度的表格符号式

编号	教学内容	时数	出现次数	课　　　　次									

（2）顺序名称式。按课次的顺序将各类教材名称填入表格的教学内容栏内，在课程类型内填写采用的组织方式，如理论讲授、实践教学和研讨等。其他事项填入备注栏，如表3-2所示。

表 3 – 2 教学进度的顺序名称式

课次	教学内容	课程类型	备 注

（三）制定教学进度的基本要求

（1）全面安排，突出重点。

（2）遵循逻辑关系，合理利用迁移的原理。

（3）理论与实践要密切结合。

（4）注意新旧教材相互搭配。

三、教案(课时计划)

（一）教案的作用

教案是教师上课的具体依据。

（二）编写教案和备课的关系

课前的充分准备，是上好课的重要前提。编写教案是备课过程的重要组成部分，也是备课的最后结果。编写教案要根据下列情况来写：

（1）了解教学对象的情况，包括学生的思想、纪律、体质、技术基础和人数等。

（2）按照教学计划所安排的教材，明确教材的性质、作用、技术重点和难点，及与其他教材的纵横关系。选配好辅助教材，安排好练习的顺序。

（3）根据课的任务、教材内容、学生特点和场地设备等条件，安排整堂课的教学顺序，每项内容的练习时间、次数和要求，练习的组织形式，场地设备的布置，以及安全措施等。

（4）在教法上，考虑如何进行讲解示范，如何进行分解练习和完整练习，如何组织教学比赛，如何运用"启发式"和个别对待，如何结合教材进行思想教育等。

（三）编写教案的几点要求

（1）课的任务要明确、具体。

（2）教材选择要恰当。

（3）教法可行，组织严密，教学步骤有条理。

（4）教育和安全措施要落实。

（5）要有个别对待(教材、教法如何因人而异，使课上人人有所收获)。

（6）要考虑讲解示范的时机、步骤、位置。

（7）要明确学生做练习的队形、次数、时间和场地设备等。最好用文字或图形反映在教案中，尤其是新参加教学工作的教员，教案写得周密一些较好，以免临场忙乱，影响教学效果。

（四）教案的内容

教案的开头，一般是写明课的任务。根据教材内容、课的性质和学生的具体情况，明确地提出教育任务、发展什么身体素质、掌握或提高哪种基本技术等。课程的任务力求提得明确、具体。

（1）开始部分：应写明上课整队集合的队形，布置课的任务，提出本课的要求及注意事项等。

（2）准备部分：为了提高学生上课的兴趣，要写明采用什么方法和练习形式及时间、要求；为了使学生的内脏器官和运动器官做好充分的准备，要写明一般性准备活动的内容、要求、时间、次数；如有必要，还应根据技术教学的主要内容，写明专项准备活动或专门练习的内容、要求、时间及次数。

（3）基本部分：基本部分是技术教学、传授知识、提高身体素质和进行思想教育的主要环节。要写清楚各项教材进行教学的步骤、方法、手段、运动量、密度，练习的组织形式、次数，讲解、示范的时机与要求易犯错误和纠正方法，思想教育的具体措施及安全措施等，并要作好时间分配。

（4）结束部分：小结本堂课完成各项任务的情况，表扬和指出存在的问题，布置作业。

编写教案是为了有计划地进行教学，便于检查教学效果，提高教学质量。

（五）教案的基本形式和结构

（1）表格式。课时计划的格式与写法多种多样，篮球教学的实践课通常采用表格式课时进度（表3-3）。表格式课时计划的特点是结构固定、简单，教学内容和组织教法一一对应。在课时进度的部分栏内，一般应注明课的结构，使准备部分、基本部分和结束部分的内容各有侧重。教学内容与组织教法要一一对应，前后之间要相互衔接。在时间栏内要注明每个组织环节所分配的时间。

（2）条文式结构。条文式课时计划一般多用于理论课的教学，除填写表格式课时计划规定的项目之外，以讲授提纲与组织教法的方式配合理论课讲稿共同使用。

表3-3 表格式课时进度

课次	第 次课	课题	
课的任务			
课的部分	教学内容		组织教法与要求
开始部分			
准备部分			
基本部分			
结束部分			
课后小结			

第四节 高校篮球课教学的组织模式与方法

篮球课程的教学通常有理论课和实践课两种组织模式。教学组织模式的选用与教师的教学思想和教学能力有关，它是教师为完成课的任务而确定的教学组织流程。

一、理论课的教学组织与方法

理论课教学的主要任务是让学生掌握教学大纲规定的篮球理论知识，通过理论课的教学使学生掌握篮球技术、战术基本理论，了解发展趋势，学会篮球教学、训练、裁判、组织竞赛等方法，达到理论联系实际和指导实践的目的。

理论课教学一般根据教学大纲所列出的题目，采用课堂教学的形式来完成。通常理论课以教师的讲授为主，配合适当的课堂讨论。教师首先以提问或讲述的方法引导学生回忆前次课教学的内容，为讲授新内容作好学习准备。然后重点讲授本次课的理论内容，在这个过程中对重点和难点部分进行反复论证。采用提问、作业等形式对新、旧内容进行强化，使学生当堂理解本次课的主要知识内容。在课的结束部分，教师要简明扼要地总结和归纳本堂课的知识点，布置课后作业，宣告下堂课的内容。

在理论课教学中大量采用幻灯、投影、录像等多媒体现代化教学手段，开展启发式的教学是当前篮球理论教学现代化的发展趋势。在多种媒体配合下，充分发挥学生学习的积极主动性，师生之间和学生之间展开热烈的讨论，对于培养学生分析问题和解决问题的能力具有非常显著的效果，是值得大力提倡的教学组织形式。

理论课的教学要求教师预先编写好教学用讲稿，设计好课堂讨论的题目，同时要准备必要的教学辅助器材，如挂图和模型等直观教具。

二、实践课的教学组织与方法

根据篮球教学活动的特点，实践课教学的组织模式，按照内容可分为技术课、战术课、综合课、教学比赛与裁判实习课、考核课等类型；按照形式可分为公共体育课、课外体育活动、体育运动竞赛、校篮球代表队训练等。无论采用哪种类型，都必须符合运动技能形成和运动中人体生理机能活动变化的科学规律，同时要遵循篮球教学的组织原则，发挥学生的主体作用和教师的主导作用，使教学活动在生动、活泼的气氛中进行。

(一)公共体育课

公共体育课组织结构通常分为准备、基本和结束三部分。

(1)准备部分。依据运动中人体生理机能活动变化的规律，准备部分的主要任务是通过一定的身体活动使机体由相对静止状态进入工作状态，为学习课程内容作好生理和心理上的准备。此阶段除进行课堂常规要求的内容外，还应采用与基本教学内容、任务相呼应的基本体操、走跑练习、控制球的专门练习和引导性、激励性、针对性的活动性游戏等方法进行身体活动，运动负荷应由低到高，逐步增加，达到活动身体的目的。为了提高时间的使用效率，也可采用简单技术统一的方法，达到既活动身体，又练习技术动作的目的。

准备部分的活动组织形式一般采用集体作业的形式，内容要简单易做。通常活动的时间为 15~20 min，也可根据课的任务、时间、学生身体训练程度和气候条件等略有增减。

（2）基本部分。基本部分是在准备活动之后进行的教学组织过程。此阶段的首要任务是根据教学进度的内容安排，组织一定数量的技术、战术教学和练习，发展学生的身体素质，使学生掌握和改进规定的篮球技术、战术。同时培养学生良好的心理品质和篮球意识。

基本部分要突出重点教学内容。根据课时计划的内容安排，结合学生的具体情况，选择相应的教学方法和手段，进行必要的作业练习。此阶段要充分利用讲解示范、练习和纠正错误等教学方法，使学生改进或巩固学过的内容，练习体会新内容。通常在基本部分教学中，先学习新教材内容，然后进行巩固和改进已学过的教材内容的学习，最后进行教学比赛和提高身体素质的练习。在这个部分的组织过程中，要合理分配教学的时间，充分利用场地和各种教学辅助设施，增加练习次数，提高练习的运动负荷量，使学生在精神和精力最佳阶段练习中掌握和改进篮球技能。但高潮在课的中后段较宜，选择练习方法要符合循序渐进的教学原则，由浅入深地进行。同时教师要时刻注意观察学生练习的情况，及时地调整练习方法进行信息反馈，使整个教学过程在有效的控制下进行。对于一堂 90 min 的课来说，基本部分的时间最长，通常为 50～70 min，占全课时间的 75% 左右。

（3）结束部分。结束部分的主要任务是使学生逐步恢复到相对安静的状态，通常采用集体活动形式进行。一般根据基本部分最后一个教学内容的性质、练习的强度与密度，选择一些降低运动负荷的练习，如慢跑、放松性质的练习、轻松的活动性游戏、一些较简单容易的投篮和罚篮练习等。放松整理活动结束之后，由教师对课堂学习情况进行简明扼要的总结，总结时要对教学任务完成情况作出恰当的评价。使全体学生看到已经取得的成绩，激励学习的热情，同时也要使学生意识到存在的不足，明确下一步努力学习的方向。最后布置课后作业，预告下一次课学习的主要内容。结束部分的时间通常为 5～10 min。

（二）课外体育活动

课外体育活动是学校课余生活的重要内容。学生在学校除了上公共体育课以外，还可以参加一些以篮球活动为内容的课外活动。课外体育活动的内容没有硬性规定，远远超出了体育教学大纲规定的范围，不受教学大纲的限制。从学生参加学校学生组织的篮球体育社团、自发性的游戏、篮球比赛等可以看出，凡是能用于身心锻炼与娱乐的篮球运动，都可以作为课外篮球活动的内容。课外活动中，学生活动的空间范围更为广阔，既可以在校园内，又可以在校园外；既可以在室外，也可以在室内；既可以在操场，也可以在教室；即可以在公共体育场所，也可以在大自然中。这种空间领域的广阔性，为学生提供了多样的教育环境和丰富的教育资源。

（三）篮球运动竞赛

体育竞赛是课外体育活动的一种重要形式。通过竞赛，学生的锻炼效果和运动才能可以在比赛中得以充分表现和发挥。

高校在组织篮球体育竞赛时应注意：

（1）把篮球竞赛活动制度化、多样化。把各项篮球竞赛活动合理分配在全年的各个时期，定期举行竞赛活动。可以组织班级对抗赛、年级对抗赛、挑战赛、三人篮球赛、四人篮球赛、四加一（四男一女）篮球赛等。

（2）把篮球竞赛过程规范化。组织课外篮球的目的竞赛，不仅是一个促进学生参与锻炼的过程，也是一个组织竞赛的示范教学过程。因此，要使竞赛过程规范化、科学化，让学生在参加活动的同时学到篮球竞赛的组织方法。

（3）以竞赛促提高。在课外体育竞赛中，学生需要了解和学习更多的有关竞赛组织与运动技、战术等运动常识。对此采用专题讲座和专项辅导的形式，在赛前对比赛项目的技、战术及有关知识进行专题讲解和辅导，并在竞赛过程中设立"体育运动知识咨询台"，由教师来解答有关问题，有效地普及体育知识，以促进课外体育活动水平的提高。

（4）可以建立活动质量评价体系，发挥导向激励效应。

① 确立篮球课外活动管理目标。根据课外活动的目的任务和管理评价的需要，建立一系列课外活动管理制度，如"篮球课外体育活动辅导制度"、"篮球达标实施制度"、"篮球运动竞赛制度"等。这些制度的贯彻实施，能激发学生积极参加课外锻炼。

② 实施篮球课外体育活动质量评价。根据课外活动的管理目标，对活动的过程和结果进行检查和考评，借以对活动进行调控，从而保证课外活动优质高效地开展。

③ 发挥表彰的激励效应。表彰与奖励对于学生积极参加锻炼有较强的激励效应。因此，每年都根据综合性评价的结果，评选出"体育锻炼先进班级"，并给予表彰、奖励；对在"达标"活动中，连续两年以上达到优秀标准者，或在学校组织的篮球比赛中取得好成绩的个人进行表彰、奖励；把学生的公共体育课成绩及参加各项体育活动总体情况与评比"三好学生"、优秀干部，评定奖学金及毕业分配等挂起钩来，评选"活动组织优秀奖"，对组织活动有新意、效果好的组织给予奖励。

（四）高校篮球代表队

学校体育运动代表队是学校体育工作的重要内容。校体育运动代表队的主要任务有两个：一是全面提高运动技术水平和竞赛能力，代表学校参加比赛，为校争光；二是贯彻普及与提高的体育方针，培养体育积极分子，在学校开展群众性课外体育活动中起带头作用。

高校篮球代表队是从普通大学生中挑选出来的，由在篮球方面有专长的学生组成的。它是学校体育工作的重要组成部分，是全面贯彻党的教育方针，延伸体育教学，实现学校体育教育的目标任务和全面推进素质教育规格化的重要手段和有效途径。

第五节　高校篮球课教学的步骤与方法

一、教学步骤

篮球教学步骤是教师为完成教学任务根据学生特点而采取的策略。根据篮球运动的特点，可以将篮球教学分为技术教学步骤和战术教学步骤。

（一）技术教学的步骤

1. 掌握技术动作方法，建立正确动力定型和初步的对抗意识

1）知识——表象的建立

采用各种直观手段使学生感知正确的技术动作方法，在头脑中建立初步的动作表象，然后进行模仿性练习。同时，教师通过讲解分析使学生了解技术的方法、要领和运用时机，从而使知识与动作表象之间产生直接的联系。

（1）形成初步的动力定型。学生在知识-表象的定向作用下继续体会练习，就会建立初步的动作概念，形成初步的动力定型。

（2）建立初步的对抗意识。在教学初期向学生灌输技术动作运用的对抗性质，为练习赋予实战意义，不仅能够增加练习的兴趣，还可使学生在一开始就在头脑中建立对抗的意识。

2）技术教学步骤举例

以体前变向换手运球突破为例：

（1）掌握技术动作，形成初步的动力定型。建立正确的技术动作表象和完整的动作概念。

① 做出完整规范的体前变向换手运球突破动作。

② 慢动作示范一次并讲解动作要领及动作方法，使学生清楚动作要领。

③ 简单条件下练习：原地体前变向换手运球练习，使学生体验并提高变向的手法。

④ 慢速行进间体前变向换手运球练习，使手脚协调配合，使学生初步体会体前变向换手运球突破技术动作。

⑤ 由慢到快的行进间体前变向换手运球练习，使学生改进和掌握体前变向换手运球突破的技术动作。

（2）掌握技术动作，形成正确的技术动力定型。

① 由简单条件过渡到稍微复杂条件下的练习：加立柱，有障碍的练习。通过加立柱的连续体前变向换手运球进行突破练习，更好地掌握连续变向的技术和变向时机。

② 稍复杂条件过渡到复杂条件下的练习：消极防守练习，体验对抗运球变向突破的时机和动作要领；积极防守练习，掌握和提高实际运用能力。

2. 学会组合技术，掌握初步运用的能力，建立对抗意识概念

组合技术学习是掌握篮球技能的必然步骤，它是根据实战中技术运用的组合规律，提炼出来的综合性练习单元。通过组合技术练习使动作之间合理衔接，体会技术运用的速度、节奏以及攻防意义，学会初步运用，在此阶段应使学生对抗的概念得到强化，在攻守对抗的情况下提高技术运用能力。

组合技术学习的原则：

（1）掌握动作组合之间的衔接。例如学习与急停跳投、传球、上篮等动作的衔接，慢速练习，形成正确的动作定型，然后逐渐加快完成动作的速度。

（2）提高完成组合动作技术的质量。在能够连贯地完成组合技术的基础上，在各种条件下配以积极的防守练习，进一步掌握组合技术的节奏、速度与动作的准确性。

（3）掌握假动作的组合，提高运用技术的应变能力。掌握假动作的组合来迷惑对手，使其重心移动，通过反复练习，不断提高运用的应变运用能力。

3. 在攻守对抗情况下，提高运用技术的能力

篮球教学中一切技术练习都是为了在实践中有效地运用，因此，对抗就成为篮球教学中最为重要的练习过程。对抗练习是在掌握技术动作和组合技术的基础上，在攻守对抗的条件下，学会根据对手的阻挠和制约而采取相应对策，准确而合理地运用技术方法，是学习与掌握篮球技术技能的必然途径。

在教学实践中，对抗性强度的处理应依据循序渐进的原则：

（1）在规定的对抗条件下练习，如在多人防守、紧逼、连续堵截等条件下反复练习，掌握运用运球突破技术的时机，做出及时、准确的动作。

（2）在消极对抗条件下练习，让队员学会观察判断，选择运用时机，提高运用能力。

（3）在积极攻守对抗条件下、在教学比赛条件下练习，进一步提高运用技术的能力。

（4）运用主变与应变动作，果断、合理、准确地运用各种技术，提高实际应变运用能力。

（二）战术教学的步骤

1. 建立战术概念，掌握战术方法

1）学习局部战术配合方法

篮球的全队战术是由局部基础配合构成的，因此，要从两三个人的基础配合学起。基础配合的教学应根据战术构成的逻辑规律确定学习的先后顺序，一般先教主要配合，后教次要配合。如：

（1）在固定无干扰的条件下练习配合的方法和路线。

（2）设置假设的对手或标志物，进行以简单对抗为背景的练习，建立队员之间的配合默契，同时改善配合性技术。

（3）在消极条件下的练习。

（4）在积极攻守对抗的条件下进行练习，提高新学战术的配合能力。

2）掌握全队战术方法

一般首先进行战术阵势教学，即运用时机和配合的路线等理论知识的教学，然后在消极攻守条件下进行配合练习，最后在积极攻守对抗的条件下进行实践练习。

2. 掌握攻守转换和战术综合运用能力

在学习掌握了基础战术和全队战术方法以后，应结合实战比赛进行攻守转化和各种战术组合的练习，培养队员的攻守转化意识和灵活运用战术的能力。

（1）攻守转化意识是现代篮球教学中强调的一点，是快速进攻和攻势防御的前提。

（2）战术的运用要根据实战比赛中双方的实际情况，采用不同的战术组合，以己之长攻彼之短，才能始终保持比赛的主动权，因此，要掌握多种战术组合运用的方法。

3. 在比赛中运用战术，提高应变能力

在比赛之前要提出比赛的具体战术要求，比赛之中要对战术运用的情况进行具体的指导，比赛结束之后要及时进行总结。

二、教学方法及其运用

在教学过程中，根据篮球课堂的实际情况，通过分析学生的层次和结构，在教学中灵活地运用各种教学方法，使高校的篮球课程成为践行素质教育的前沿阵地。

（一）板块式、分段教学

板块式、分段教学以基本技术和基础理论教学为核心，以能力培养为最终目标。全面拓展学生的学习空间与内容，在巩固、提高篮球技能及专业知识积累的基础上，集中力量，实施多层次、全方位的专项能力培养。

（二）对比法

对比法即运用纵向对比法、横向对比法、相似对比法、正误对比法、前后对比法和左右对比法等方法，提高篮球教学效率，促进技术的正向迁移，防止干扰。正确运用对比教学法对开发学生智力，启发学生参与教学，提高学生分析问题、解决问题的能力，都有良好的促进作用。

（三）想象训练

想象训练指让学生在练习篮球基本技术的过程中，通过心理训练，对各项技术进行自我想象，浮现每一个动作，使身体运动与大脑思维有机结合，达到强化动作的正确概念，更有效地完善动作技术的目的。运用想象训练，可以使学生想练结合，积极进行思维活动，对学习运动技能，缩短学习周期，提高动作质量是极为有利的，同时也有效地促进了教学质量的提高。

（四）比赛教学法

由于在日常的教学过程中，对某些特定技术项目的反复、强化练习往往会使学生觉得枯燥，导致学习积极性下降，而比赛教学法是在设定的特定比赛情景下，按照科学的比赛规则以特定的技术为强化对象的教学方法。这样，不论是从哪个方面来说，都会对教学有利，对学生学习有利。

（五）案例教学法

该方法通过对某一特定比赛特定场景的描述，通过对特定环节的背景、发展、结果的分析，使学生在分析的过程中，形成自己对事件的认识和态度，从而强化学习、培养学生的思维能力，提高参与率，增进互动。

（六）游戏教学法

在篮球教学的过程中，通过一系列特定的游戏，使学生掌握篮球技巧，提高兴趣的教学方法称为游戏教学法。常用的游戏主要有：传球接力赛、传球捉人、迎面运球赛、运球过障碍、运球追逐赛、运球投篮、拾放投篮接力、斗抢补篮、活动篮筐等。

（七）互动式教学法

该教学法指在教学的过程中突出强调互动的作用，一切的篮球教学活动都通过互动来实现的教学方法。具体包括师生间的互动、学生之间的互动。在这个过程中，老师起到主导作用，通过老师对学生的分组（按特质、层次进行划分），使得教学相长，学生间共同促进。

（八）示范教学法

该教学法指教师以具体动作为范例，通过具体的示范活动，使学生对所要掌握的技术的难度、结构、要领、心得进行了解，并定期进行总结纠正的教学方法。这一方法类似于传统的篮球教学方法，即主要还是通过示范活动来进行教学，但是又不同于传统的教学方法，这一方法更强调在教学过程中师生的沟通。

（九）自学指导式教学法

该教学法指通过老师对教学项目的传递，让学生通过分组进行自我学习，老师不间断地进行纠正指导的教学方法。在这种方法的指导下，依照事先的教学进度安排，学生边自学边练习，在自学中提高，在自学中巩固。这种教学方法能最大限度地提高学生学习的积极性，让学生通过主动自觉的方式来强化学习。只是会加重老师的教学负担，对于师生比严重失衡的课堂不太适合。

第四章　篮球运动技术的教学与训练

　　篮球技术是运动员在篮球比赛中为了达成一定的目的而采取的各种专门动作方法的总称，也是篮球运动攻守动作体系的总和。它们是篮球比赛的基础。

　　篮球技术可以分为进攻技术和防守技术两大部分。其中进攻技术有传接球、投篮、运球、持球突破等；防守技术中有防守对手、抢球、打球、断球、盖帽；进攻技术和防守技术中都有移动、抢篮板球，各类动作又有若干不同的动作方法和不同的完成方式。

　　篮球技术动作分类如图 4-1 所示。

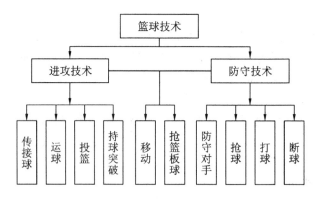

图 4-1　篮球技术动作分类

篮球运动基本站立姿势为：

　　站立时，两脚自然开立，脚跟稍提，屈膝降低重心，上体稍前倾，手臂自然放于体侧，肘微弯，两眼平视，随时准备向各个方向起动。

　　若原地持球，基本站立姿势应是保持上述姿势，持球于胸腹之间，随时做"传、运、投"的准备动作。

第一节　移动技术

　　移动是篮球比赛中队员为了改变位置、方向、速度和争取高度等所采用的各种脚步动作的通称，是篮球运动重要的基本技术之一。一切攻守技术或战术执行都要通过各种快速、突然的移动来完成。

　　在进攻中运用移动技术，是为了摆脱防守去完成选择有利位置、切入、接球或是迅速地、合理地完成传球、投篮、运球、突破等进攻技术。在防守中运用移动技术，是为了保持或抢占有利位置，防止对手摆脱或是及时地去抢球、打球、断球、抢篮板球。移动是篮球技术的基础，也是比赛中运用最多的一项基本动作，同时也是篮球技术教学的重要一环。

一、移动技术动作方法

（一）起动

所谓起动，是指队员在篮球场上由静止状态变为运动状态的一种起始动作。进攻队员快速起动，能迅速掌握进攻的主动，摆脱防守，抢占有利的进攻位置；防守队员突然起动，能及时占领有利防守位置阻止对方的进攻。篮球比赛中，移动速度主要表现在起动速度上。

动作方法：保持基本的站立姿势，起动时，身体重心向跑动方向移动（图 4-2、图 4-3），脚（向前起动）或异侧脚（向侧面起动）的前脚掌内侧突然用力蹬地，两臂积极配合摆动。迈步时，前两步要短促、快速，身体重心逐渐前移，上体逐渐抬起，在最短的时间里获得最大的速度。

动作关键：迅速蹬地转移重心，前两步小而快。

　　　　图 4-2　向前起动　　　　　　　　　　　　图 4-3　向侧面起动

（二）跑

跑，是指队员在篮球场上为改变位置、争取时间完成攻防任务的一种脚步移动方法。篮球场上常用的跑主要有侧身跑、变速跑、变向跑、后退跑等。

1. 侧身跑

跑动时，队员为观察场上情况而常用的跑动方法。比赛中，队员在跑动时为了抢占或接球经常采用侧身跑。

动作方法：侧身跑时，脚尖向前，头部和上体自然向有球方向扭转，以便观察场上情况。

动作关键：侧身跑动，脚尖向前。

2. 变速跑

变速跑，是队员在跑动中利用速度的变换，迷惑对手，争取攻防主动，来完成攻守任务的一种方法。

动作方法：跑动中，慢跑变快跑时，重心迅速前移，前脚掌迅速向后蹬地，前两步短促迅速，两臂快速摆动；由快跑变慢跑时，步幅加大，上体抬起，重心稍降低，可使用前脚掌抵地来抵消前进冲力。

动作关键：速度变化明显，掌握跑动的节奏。

3. 变向跑

变向跑是队员在跑动中突然改变方向，来摆脱防守或阻止对方进攻的一种跑动方法。突然性强是变向跑的显著特点。

动作方法：以从右向左变向跑为例，变向时，最后一步屈膝着地时，膝关节内收，右脚尖指向跑动方向,右脚前脚掌内侧用力蹬地,向左前侧方转体,移动重心,左脚迅速向左前方跨出一小步,用力蹬地,右脚迅速向左侧前方跨出一大步,继续加速跑动。向左变向时,方法相同,动作相反(图4-4)。

动作关键:左脚蹬地快而有力,重心转移快,右脚上步快。

(a) 向左侧变向跑　　　　　　　　　　　　　(b) 向右侧变向跑

图4-4　变向跑

4. 后退跑

后退跑,是指队员由进攻转防守时,为了观察场上的情况,而背对跑动方向的一种跑动方法。

动作方法:在后退跑时,脚跟提起,两脚前脚掌交替用力蹬地(用力方向与向前跑动相反),小腿及时后收向后摆动,两臂积极摆动,上体自然放松后仰,以维持身体平衡,眼睛注意观察场上情况。

动作关键:脚跟提起,小腿后收,前脚掌用力蹬地。

(三) 跳

跳,是指队员在球场上为争取高度、控制空间优势而采用的一种动作方法。在篮球比赛中,很多技术动作需要队员在空中完成,这就需要队员能及时在原地或移动中,运用单脚、双脚向不同方向起跳,能够在原地、跑动中和对抗条件下通过向不同方向跳、连续跑等完成技术动作,并且要求跳得高、跳得迅速突然,控制主动,完成攻防任务。

跳包括双脚跳和单脚跳两种类型。

1. 双脚起跳

双脚起跳常用于原地跳球、投篮、抢断球和抢篮板球等情况。行进间起跳时,常常与跨步、并步等动作结合运用。

动作方法:两脚开立,与肩同宽,屈膝降低重心。起跳时,两脚用力蹬地,两臂用力上摆,使身体腾起在空中,并保持平衡伸展。落地时,屈膝缓冲,控制身体重心,快速和其他动作衔接。

动作关键:起跳前屈膝降低重心,起跳时用力蹬地,摆臂、提腰等动作应协调配合。

2. 单脚起跳

单脚起跳多在跑动中进行,常用于投篮、抢断球、抢篮板球等情况。

动作方法:单脚起跳时,起跳腿迅速屈膝,同时脚跟积极着地,并迅速过渡到前脚掌用力蹬地,同时,腰胯用力上提,两臂用力上摆,另一腿屈膝上抬,加快起跳速度。当身体腾起到空中高点时,两腿自然伸直并拢,身体伸展。落地时双腿屈膝缓冲,以利于控制身体的平衡。

动作关键：起跳腿用力蹬伸，摆动腿、腰腹、两臂和上体要协调配合并向上用力。

(四) 急停

急停，是指队员在跑动或移动时，突然制动的一种方法，它也是各种脚步动作衔接和变化的过渡动作。急停在球场上更多的是和其他脚步动作结合在一起运用。

篮球比赛中，常用的急停动作主要包括跳步急停和跨步急停两种。

1. 跳步急停

跳步急停又称"一步急停"或"双脚急停"。

动作方法：队员在跑动中用双脚或单脚起跳（不宜高跳）时，上体稍后仰，两脚同时平行落地，控制好身体平衡。落地时，用全脚掌着地或脚跟向前脚掌过渡。落地后，双膝微屈，降低重心，两臂自然弯曲，保持身体平衡（图4-5）。

动作关键：控制好起跳的高度，双脚落地时，屈膝并降低重心，膝关节内收，脚内扣，控制身体平衡。

1　　　　　　2　　　　　　3

图4-5　跳步急停

2. 跨步急停

跨步急停又称"两步急停"或"单脚急停"。

动作方法：在快速跑动中突然急停时，先向前跨出一大步，全脚掌抵地的同时，迅速屈膝，降低重心，身体稍后仰，减缓前冲力；接着迅速跨出第二步，用前脚掌内侧着地，脚尖内扣，膝关节内收，身体侧转微前倾，重心在两腿间，两臂自然弯曲张开，以控制身体的平衡，跨步急停的动作如图4-6所示。

动作关键：着地制动、降低重心，第二步前脚掌用力抵地，体内收，转体。

1　　　　　　2　　　　　　3

图4-6　跨步急停

(五) 跨步

跨步，是指以一脚为中枢脚，另一脚向前方或侧前方跨出，但不改变身体方向的一种步法。常用于持球突破或作为过渡性动作或假动作，诱惑防守者重心转移或移位错误，从而摆脱防守。

跨步主要分为两种：同侧步和异侧步。

1. 同侧步(跨步)

同侧步指的是足同侧跨步，又称"顺步"，是指向移动脚同一方向跨步的一种步法。

动作方法：(以左脚为中枢脚为例)跨步时，两腿弯曲，以左脚为轴蹬地，右脚向右前方跨出，重心前移至右脚，脚尖向前，上体稍向右转。

动作关键：蹬地、跨步衔接紧凑。

2. 异侧步(跨步)

异侧步又称"交叉步"，是指移动脚向中枢脚的方向跨步的一种步法。

动作方法：(以左脚为中枢脚为例)跨步时，两腿弯曲，左脚为轴用力碾地，右脚用力蹬地向前侧前方跨出一步，落地时，脚尖向前，重心前移至左脚，上体稍左转，右肩前探，对准移动方向。

动作关键：跨步快，蹬地有力，重心转移快，控制好身体平衡，上体协调配合转动。

(六) 转身

所谓转身，是指队员以一脚蹬地向前或向后跨出的同时，另一脚做中枢脚进行旋转而改变身体方向的一种动作方法。进攻时，转身常常与急停和跨步结合运用，借以摆脱对方的防守或创造进攻的机会；防守时，运用转身堵截进攻路线，抢占防守位置，抢篮板球等。

转身技术主要分为两种：前转身和后转身。

1. 前转身

前转身，是指移动脚向中枢脚前的方向跨出，使身体位置和方向改变的一种动作方法。前转身常常在背对进攻方向或背对防守者或作为假动作与其他动作结合的情况下运用。

动作方法：(以左脚为中枢脚为例)转身时，移动脚向中枢脚前方跨出的同时，重心移至中枢脚，并以中枢脚前脚掌为轴用力碾地，肩部、腹部积极向转动方向扭转带动整个上体的转动。转身后，屈膝降重心，控制身体平衡(图4-7)。

动作关键：前脚掌碾地要快速有力，身体转动快，重心保持平稳。

图4-7　前转身

2. 后转身

后转身，是指移动脚向中枢脚脚后跟的方向撤步，改变身体位置和身体方向的一种转动动作。常在原地或行进间运球时，运用后转身或后转身运球摆脱防守。

动作方法：(以左脚为中枢脚为例)在准备转身时，移动脚向中枢脚后方撤步，重心移至中枢脚。并以中枢脚前脚掌为轴用力碾地，同时身体重心后移，上体和腹部向转身方向扭转，控制身体平衡(图4-8)。

动作关键：重心平稳，碾地迅速有力，撤步要快。

图4-8　后转身

(七) 滑步

在防守技术中，滑步是一种重要的移动步法。其特点表现为：移动速度快，重心转移快，易控制身体平衡，可向不同方向移动，堵截进攻或移动路线。

根据滑步时移动的方向，滑步大致分为三种：前滑步、侧(横)滑步和后滑步。

1. 前滑步

动作方法：两脚前后开立，向前滑步时，前脚向前迈步的同时，脚尖指向滑动方向，后脚内侧用力蹬地，跟随向前滑动。滑动时，上体稍前倾，前脚同侧臂前伸，异侧臂侧伸，保持前后开立的低重心姿势。前滑步的动作要领如图4-9所示。

动作关键：重心平稳，步法连贯，上体与两臂配合要协调。

(a) 向左侧上步的前滑步

(b) 向右侧上步的前滑步

图4-9　前滑步

2. 侧（横）滑步

动作方法：两脚左右开立略宽于肩，两腿弯曲，重心落于两脚之间，上体稍前倾，两臂侧伸，抬头注视对手。向左滑步时，左脚向右迈步的同时，右脚掌内侧用力蹬地，跟随左脚滑动。滑动时，重心平稳，身体不能上下起伏，两脚不并步、不交叉。向右侧滑步时，动作方法相同，唯方向相反，侧滑步的动作要领如图 4 - 10 所示。

动作关键：重心平稳，脚沿地面滑动，上体及手臂协调配合。

1　　　　　　2　　　　　　3　　　　　　4　　　　　　5

图 4 - 10　侧滑步

3. 后滑步

动作方法：与前滑步相同，只是用力方向相反。

（八）后撤步

后撤步是前脚变后脚的一种移动方法。常与滑步结合运用，对防守突破和切入比较有利。

动作方法：向后撤步时，前脚掌内侧用力蹬地，腹部和上体用力向后撤转，同时，前脚向侧后方回撤，后脚掌用力碾地（图 4 - 11）。

动作关键：重心平稳，前脚回撤快，腹部和上体要协调配合，后脚掌积极碾地。

1　　　　　　2　　　　　　3　　　　　　4

(a) 左腿后撤步

1　　　　　　2　　　　　　3　　　　　　4

(b) 右腿后撤步

图 4 - 11　后撤步

（九）攻击步

攻击步，是指防守时队员突然向前跨步，伺机抢断球或阻挠进攻的一种移动步法。

动作方法：做攻击步时，屈膝降低重心，后脚用力蹬地，前脚迅速向前跨步逼近对手，重心移至前脚，前脚同侧手臂前伸做干扰动作，后脚迅速跟上。

动作关键：上步要突然迅速，蹬跨动作有力，控制好身体平衡。

（十）绕步

绕步是防守时常用的一种移动步法。在抢占位置、阻挠破坏对手接球、抢断球以及防守配合时常常会用到该步法。进攻队员抢位接球时也会运用绕步。

绕步又可分为两种：绕前步和绕后步。

动作方法：绕前步时，（以右脚绕步为例）右脚向右斜前方跨半步，左脚紧靠右脚迅速绕过对手，向左跨步或跃出，两臂向前伸出。绕后步动作方法与绕前步相似，唯方向相反。

动作关键：两脚跨绕迅速连贯，重心平稳转移，上体和手臂协调配合。

（十一）碎步

碎步又称滑跳步，是一种防守移动步法，一般在进行平步防守时用到。步幅小、频率快、易控制防守面积是其主要特点。

动作方法：两脚平行开立，两腿弯曲，重心下降，上体稍前倾，前脚掌连续蹬地，用小步幅、快频率向不同方向移动，以阻挠进攻队员行动。向右滑动时，右脚借助蹬地力量向右滑动半步，左脚迅速跟进半步，继续保持平步防守的姿势。向左滑动时，动作相同，唯方向相反。

动作关键：步幅小，蹬移快，重心平稳，上体和两臂应协调配合。

二、移动技术常犯错误及注意事项

（一）常犯错误

移动技术教与学中有以下几个常犯的错误：

（1）基本站立姿势或起动时，前步幅过大、身体重心偏高，不便于迅速蹬地。

（2）转身时，身体重心上下起伏，中枢脚未用前脚掌碾地和旋转。

（3）撤步时，后撤脚的角度过大，失去后撤步抢位堵截的作用。

（4）侧身跑时，上体转体不够，侧转时内倾不够，跑步时脚尖方向不是朝向前方。

（5）滑步时，两脚并步，形成跳动移动，重心过高，滑步时重心上下起伏。

（6）变向跑时，前脚掌内侧不主动用力，腰胯动作未协调用力。

（7）急停时，身体重心过高，腰胯部用力不够或是过于紧张，缺少用力蹬地和控制身体重心的动作。

（二）注意事项

作为攻防技术的基础，移动技术运用得是否合理，对完成攻防任务有着至关重要的作用。在移动技术的使用过程中，需要注意以下几点：

（1）根据篮球运动的特点和规律，充分发挥移动技术的基础功能作用，合理组合移动动作技术，善于处理移动技术与其他技术之间的关系，有效提高移动技术的运用能力。

（2）明确移动技术运用的目的，提高移动技术运用的应变性与实效性。要求运动员在激烈的篮球对抗比赛中，通过敏锐的观察、准确的判断、多变的组合，为完成具体攻防任务争取时间上和空间上的优势，力争做到动中有静、静中有动、快慢结合、真假结合，即移动技术运用的目的。

（3）控制、转移重心，并保持身体的平衡，是运用移动技术的关键。运用时，要根据篮球场上复杂多变的情况，始终保持身体的平衡和重心的稳定，提高移动技术运用的多变性、突然性与灵活性。

三、移动技术的教学与训练

（一）教学与训练的建议

1. 教师讲解突出重点和示范正确

传授移动技术时要通俗易懂，给学生完整的动作要领。

（1）教学重点。重点是降低身体重心和用力蹬地。

（2）难点。蹬地的同时，腿的蹬伸与腰、髋的动作协调配合，控制好身体，以获得理想的起动、起跳、旋转和制动等位移变化。

2. 采用合理的组织教法和教学手段

为了提高兴趣和练习积极性，多利用标志、障碍物结合攻防进行练习。一般按起动、跑、急停、转身、跨步或滑步、跳的顺序分别组合进行，并结合攻防，适当采用游戏和比赛。

3. 合理安排练习的项目

每节课安排1~2个练习项目为宜，学生对过多的练习项目是难以消化的。练习的时间也不宜长，练习次数不宜过多。

上述因素可能使学生对学习产生消极的影响，教师要对上述内容进行针对性的教学，尽量把课组织得生动有趣，培养学生的学习兴趣调动积极性。例如，滑步技术的教学在学生能基本掌握动作技术的基础上，可采用横滑步技术设5 m距离计时往返练习比赛。

（二）教学与训练的练习方法

（1）集体进行基本站立姿势及各种移动练习，可边讲边练，讲练结合。

（2）集体在基本站立姿势下，听教师口令或看教师手势进行各种移动练习。

（3）两人一攻一守结合实际练习，进一步巩固提高动作质量。

（4）利用篮球场上各种标志进行移动练习，要求学生注意观察场上情况。

（5）利用各种障碍物进行移动练习，要求学生注意观察，合理运用。

（6）抛接球练习，持球向前上方抛起后，快速起动，接球急停转身，将球传回，依次进行。

（7）教学可按起动、跑、急停、转身、跨步或滑步、跳的顺序分别组合进行，并结合攻防技术，适当采用游戏和比赛。

第二节　传、接球技术

一、接球技术动作方法

接球是一种获得球的动作，是传球配合、抢篮板球和抢断球技术的基础，是篮球运动中的主要技术之一。在激烈的对抗中，能否正确、顺利地接球，很大程度决定了队员是否能够减少传球失误、弥补传球不足以及截获对方传球等。

接球有双手接球和单手接球两种，不论是哪一种接球方式，接球时眼睛要注视球，肩臂都要放松，手臂要迎球伸出，手指自然分开。当手指触球时，弯曲手肘，手臂顺着球的移动向后引，以缓冲球的冲力，两手握球，保持身体平衡，以便做下一个动作。

（一）双手接胸部高度的球

动作方法：在接胸部高度的来球时，两眼要注视来球，两臂伸出迎球，手指自然分开，两拇指成"八"字形，手指向前上方，手掌略微朝内，两手间形成半圆状的弧度。当手指触球后，手臂顺着球的移动向后引，以缓冲球的冲力，两手握球于胸腹之间。保持身体的平衡，做好传、投篮或突破的准备。依据来球高度的不同，两臂伸出迎球的高低也会有所差异（图 4 - 12）。

图 4 - 12　双手接胸部高度的球

动作关键：伸臂迎球，在手接触球时手臂后引缓冲，将球持于胸腹之间，动作应连贯一致。

（二）双手接头部高度的球

动作方法：与双手接胸部高度的球相同，只是迎球时手臂要向前上方伸出（图 4 - 13）。

动作关键：手臂向前上方伸出，保持身体平衡。双手接胸部高度的球。

图 4 - 13　双手接头部高度的球

（三）双手接低于腰部的球

动作方法：接球时屈膝降低重心，迎球跨步，上体适当前倾，眼睛注视来球，两臂伸出迎球，手指自然分开，两拇指成"八"字形，手指向前上方，手掌略微朝内，两手间形成半圆状的弧度。当手指触球后，手臂顺着球的移动向后引，以缓冲球的冲力，两手握球于胸腹之间，恢复到基本站姿，做好传球、投篮或突破的准备(图4-14)。

　　动作关键：上体前倾，屈膝降低重心。注意做好随球后引动作。

图4-14　双手接低于腰部的球

(四)双手接反弹球(折线球)

　　动作方法：接球时，迎球跨步，上体适当前倾，眼睛注视来球反弹的高度，两臂迎球向前下方伸出，五指自然张开。手指触球后，两手握球顺势将球移至胸腹间，保持身体平衡(图4-15)。

　　动作关键：跨步伸臂迎球，注意做好随球后引动作。

图4-15　双手接反弹球

(五)单手接球

　　单手接球范围大，有利于迎接不同高度、方向的来球，也有利于队员接球后的快速行动。接高部位、中部位、低部位的来球时动作方法基本相同，有一点区别就是，在接高部位的来球时掌心向上。

图4-16　单手接球

　　动作方法：原地单手接球时，接球手向来球方向伸出，五指自然分开，掌心正对来球，手指和手腕放松；当手指触球时，手臂顺着球的移动向后引，以缓冲球的冲力，将球置于体侧或身体前方，另一只手迅速扶球，保持身体平衡，迅速准备好进入下一个动作；在移动中接球时，要判断来球的时间和落点，及时向来球方向跨步移动，接球后要迅速降低重心，衔接下一个进攻动作（图4－16）。

动作关键：手指自然分开伸臂迎球，触球后引要快，另一只手需及时扶球。

二、传球技术动作方法

在篮球比赛中，传球是进攻队员之间有目的地转移球的一种方法，是进攻队员在场上配合和组织进攻的纽带，是实现战术配合的一种具体手段。传球技术的好坏，会直接影响战术的执行和比赛的胜负。准确巧妙的传球，能有效扰乱对方的防守，从而创造更多、更好的投篮机会。

传球动作方法：传球分为双手传球和单手传球两大类，有原地、行进间和跳起之分，又有前后、左右、上下出球方向之分。传球的方式很多，但是不管哪种方式，都是全身协调用力，最后通过手腕、手指动作完成的。特别是运用最多的中、近距离的传球，主要靠前臂的伸、摆和手腕、手指的用力，而腕、指用力是传球中最主要的动作。

（一）双手胸前传球

在篮球比赛中，双手胸前传球是最基本、最常用的传球方法。运用双手胸前传球技术所传出的球快速有力，可使用于不同距离、不同方向，而且便于和投篮、突破等动作结合运用。

动作方法：两手手指自然分开，拇指呈八字形相对，用指根以上部位持球，手心空出。两肘自然弯曲于体侧，将球置于胸腹之间的部位，身体成基本站立姿势。传球时，后脚蹬地，身体重心适当前移，同时前臂快速伸向传球方向，手腕前屈，拇指用力下压，食指和中指用力拨球将球传出（图4－17）。球出手后身体迅速调整为基本站立姿势。传球距离较近时，前臂前伸的幅度、蹬地、腰腹和伸臂的协调用力相对较小；远距离的传球，则需加大蹬地、腰腹和伸臂的协调用力；传球距离越远，蹬地、伸臂的动作幅度则越大。

1　　　　　　　　　　　2　　　　　　　　　　　3

图4－17　双手胸前传球

双手胸前传球可在原地和跑动中进行。跑动中双手胸前接球和传球是一个连贯动作。接球时手、脚动作必须协调配合，一般是左（右）脚上步接球后，右（左）脚上步，左（右）脚抬起在落地前出球。传球的动作过程是双手接球后迅速收臂后引，接着迅速伸前臂，手腕前屈，手指拨球，将球传出。

（二）单手体侧传球

单手体侧传球是一种近距离隐蔽传球的方法。这种传球方法常用于外线球员将球调给内线球员时，可与跨步、突破相配合使用。

动作方法：两脚开立，双手持球于胸前。右手传球时，左脚向左侧前方跨步的同时将球引至身体右侧呈右手单手持球，出球前的一刹那，持球手的拇指在上，手心向前，手腕后屈。传球时，前臂向前快速摆动，手腕前屈，食指、中指、无名指拨球并将球传出（图4－18）。

动作关键：跨步动作与向体侧引球动作同时进行，前臂摆动要快，传球手腕要用力。

图4－18　单手体侧传球

（三）单手肩上传球

单手肩上传球常用于中远距离的传球。这种传球方法常在发动长传快攻时运用。其特点是传球时用力大，球飞行速度快。

动作方法：两脚平行开立，双手持球于胸前。进行右手传球时，左脚向传球方向跨出半步，右手靠左手拨送球的力量将球引至右肩上方，右肩关节引展，大、小臂自然弯曲，手腕稍向后屈，左肩对着传球方向，重心落于右脚上。传球时，右脚蹬地发力同时转体带动上臂，以肘领先前臂，手腕前屈，食指、中指、无名指用力拨球将球传出（图4－19）。

动作关键：自上而下发力，蹬地、扭转肩、挥臂扣腕动作要连贯。

图4－19　单手肩上传球

传球动作方法很多，除双手胸前传球、单手体侧和单手肩上传球三种基本方法外，还有双手低手、双手头上、单手低下、单手胸前、单手背后和勾手等传球。

三、传球技术常犯错误及注意事项

（一）常犯错误

1. 双手胸前传球常犯错误

（1）传球方向和落点不好。这主要是因为持球时手型不正确，手心没有离球，握球过紧，影响了手腕和手指的发力。

（2）传球时两臂用力，不能做到协调一致，身体动作和传球动作不够协调。站立姿势不正确，身体过分紧张，以及习惯性地使用强手传球，是出现这种情况的主要原因。

（3）传球动作不连贯，传球时将球推出手。出现这种状况的主要原因是，错误理解传球技术为翻腕和推球，从而引起整个动作脱节，出球部位太高，肘关节外翻，食指、中指指尖拨不上球，导致将球推出手。

2. 单手肩上传球常犯错误

（1）传球时上肢和下肢的用力不协调。只用手臂发力，而下肢发力和上肢的用力顺序运用不正确，是造成传球时用力不协调的重要原因。

（2）传球方向掌握不好。传球时手腕前屈动作不正确，没有对准传球方向，而是向内（外）旋压或出手时间过早或过晚，都是造成传球方向掌握不准的重要原因。

（3）传球动作类似推铅球。持球时肘关节下垂过低以及挥臂传球时肘未领先，是造成这种现象的重要原因。

3. 单手体侧传球易犯错误

（1）用力不正确，身体协调配合不够好。

（2）出球时离身体太近。

4. 双手接球易犯错误

（1）漏接球（球从两手之间穿过）。手型不正确，两手掌平行伸出，两拇指未形成八字形，是造成漏接球的主要原因。

（2）伸手迎球时手指向着来球方向，造成手指挫伤。

（3）持球不稳（易漏接）。接球时迎球、缓冲动作太慢或未及时伸出迎球，致使无缓冲动作，是接球不稳的主要原因。

（二）注意事项

1. 传球注意事项

（1）在培养学生掌握动作规范的基础上，还应注意把培养学生良好的观察能力、判断能力、善于隐蔽自己的传球意图，以及运用假动作等个人战术行动与提高传接球技术结合起来。

（2）应根据学生的实际情况对传接球的训练方法进行科学合理的安排，并在训练中注意培养学生之间互相默契配合的意识。

（3）在教学过程中要狠抓传球手法，先教传平直球的用力手法，再教传折线球的用力手法，最后教传高吊球（弧线球）的用力手法，并以三种传球路线交替进行练习。对动作规范和要领进行严格要求，促使学生形成正确的传球手法，为掌握多样化的传球方式打好基础。

（4）在传球的教学中，要重视接球环节的教学与训练，形成正确的接球手法，并逐步养成接球结束就是传球或其他进攻动作开始的习惯。

2. 接球中的注意事项

（1）在本队战术要求的范围内，积极移动迎前接球或领前接球，寻找理想的接球点。

（2）应结合传球队员发出的信号及明确的传球位置，控制较大的接球范围（尤其内线队员），给传球队员以安全感。

（3）接球的同时要尽快地与下一步的进攻动作衔接好。

（4）接球的瞬间要利用来球的惯性，使球"粘"在手上。

四、传、接球技术的教学与训练

（一）传、接球教学与训练的建议

（1）传、接球的教学应从持球动作开始，先教接球，再教传球，把传球和接球的教学与训练结合起来。先解决基本的、运用最广泛的传、接球动作，以促进其他传接球动作方法的掌握和提高。

（2）传、接球教学与训练步骤应从原地开始，重点进行动作规范的教学。在掌握正确动作规范的基础上，进行移动传、接球的教学与训练，重点解决接球和传球与步伐结合的问题。在巩固以上练习内容的基础上，再进行与其他技术相结合的和在有防守情况下的训练，以达到在实战中应用的目的和提高在实战中运用的效果。

（3）在教学过程中要狠抓传球的手法，对动作规范、要领要严格要求，为掌握复杂而多样化的传球方法打好基础。

（4）在教学过程中先教传平直球的用力手法，再教传折线球的用力手法，最后教传高吊球（弧线球）的用力手法，并以三种传球路线交替进行练习，促进传球的正确手法的形成。

（5）在传球的教学中，要重视接球的教学与训练，形成正确的接球手法，养成接球结束就是传球或其他进攻动作开始的习惯。

（6）传球的训练过程中，要结合队员的身体、技术和位置的实际情况，逐步形成个人传球的特点。

（7）传、接球的练习方法要从学生的实际情况出发。在训练中要严格要求，使学生把技术练活，提高学生在实战中的应变能力。

（8）在教学与训练中，对学生完成的技术动作应及时作出评定，肯定优点，指出错误及产生的原因，并采用纠正错误动作的辅助练习和训练手段等。

（二）传、接球技术教学与训练的练习方法

1. 双手胸前传、接球的教学方法

1）原地模仿练习

目的：徒手体会原地双手胸前传球的出球手法。

方法：学生成两列横队，左右前后间隔 2 m。学生随教师的口令做双手胸前传球的徒手练习。

要求：身体直立，腿不动，重点体会上肢出球手法。

2）原地持球翻腕练习

目的：体会原地双手胸前传球的翻腕动作。

方法：两人一组，一人持球做翻腕动作，另一人扶球帮助练习，体会动作。

要求：身体直立，两腿不动，重点体会持球翻腕动作。

3）原地对墙传、接球练习

目的：体会原地双手胸前传球的手法。

方法：学生每人一个球，面对墙 1.5～2.5 m 的距离进行原地双手胸前传球练习。

要求：身体稍前倾，重点体会伸臂翻腕拨指动作。

4）原地自抛自接球练习

目的：体会原地持球动作。

方法：每人一球，双手持球前平举，将球上抛 1.5 m 左右，然后接球，检查持球手型是否正确。

要求：两脚平行开立，身体直立，接球时手臂伸直。检查持球方法是否正确。

5）原地传、接球练习

目的：体会原地双手胸前传球的完整动作。

方法：两人一组一球，面对面相距 3～4 m，做原地双手胸前传球练习。

要求：上下肢动作要协调配合，传球手法要准确。

6）原地三角、四角传、接球练习

目的：体会原地双手胸前传球的完整动作。

方法：学生成 3～5 人一组站成近似等边三角形或正方形，相距 4～5 m 按顺时针或逆时针方向依次传、接球。

要求：传、接球动作要连贯，上下肢动作要配合协调。

7）迎面跑动传、接球练习

目的：体会双手胸前传、接球技术动作。养成传球后迅速起动的习惯。

方法：学生 6～8 人一组，分成两纵队站立，相距 4～6 m，相互传球后跑至对方排尾。

要求：传球手法要准确，动作要协调，传球后要迅速起动。

8）全场二人跑动传、接球练习

目的：体会在行进间双手胸前传、接球的完整动作技术。

方法：两人一组一球，相距 3～5 m，进行全场传、接球练习。

要求：采用侧身跑进行传、接球，传球手法要准确，全身动作要协调配合。

2. 单手肩上、单手胸前、单手体侧传、接球的教学方法

1）原地模仿练习

目的：体会单手肩上、胸前及体侧传球的出球手法。

方法：学生站成两列横队，前后左右间隔 2 m，随教师口令做徒手练习。

要求：徒手传球动作要由慢到快，重点体会出球手法。

2）原地传、接球练习

目的：体会单手肩上、胸前及体侧传球的转身动作协调配合及出球手法。

方法：两人一组一球，相对间距 3～5 m，进行单手肩上、单手胸前及单手体侧传、接球练习。

要求：传、接球动作要连贯准确，手脚配合要协调。

3）四角传、接球练习

目的：体会单手肩上、胸前及体侧传球的完整动作。

方法：将学生分成人数相等的四组，成四角形站位进行传、接球练习。传球后跑至接球组排尾。可采用顺时针或逆时针进行练习。

要求：传、接球动作要连贯，传球人传球要准确到位，不得走步。

4）全场传、接球练习

目的：体会行进间单手肩上传球，单手胸前传球的完整动作技术。

方法：学生两人一组一球，用单手肩上或单手胸前传球进行全场传、接球练习。

要求：传、接球时要侧身，手脚配合要协调，传、接球动作要连贯，不能走步。

5）全场传、接球投篮练习

目的：体会在行进间单手肩上、胸前、体侧传球的出球手法及与投篮动作的结合。

方法：学生三人一组一球，后半场传接球，进入前场，两侧队员切入篮下接球投篮。

要求：传、接球时手法要准确，全身动作配合要协调，不能走步。

6）传、接球加防守练习

目的：体会在有防守的情况下，运用单手肩上、单手胸前、单手体侧传球的动作技术。

方法：学生五人一组一球，三人传球，两人防守，进行传接球练习，练习一定时间后进行交换。

要求：传球者要用眼睛的余光观察防守者的情况，传球要准确及时到位。

3. 传、接球技术综合练习方法

1）全场跑动传、接球练习

目的：体会在行进间双手或单手传、接球出球手法。

方法：分成两组，○组做跑动传球，△组做定位传球。○组做 4 遍后与△组交换。

要求：奔跑速度要快，传、接球要快速、准确，步法要协调。

2）全场侧身弧线跑传、接球练习

目的：体会在行进间单手或双手传、接球的完整动作技术。

方法：找三人做固定位置传接球，其他人每人一球做侧身及弧线跑传、接球练习。

要求：传、接球要快速，动作要连贯，准确，上下肢要配合协调。

3）全场两人跑动传、接球投篮练习

目的：体会在行进间双手或单手传、接球的完整动作技术，提高运用能力。

方法：两人一组，A 传给球 B 后，立即起动向前跑接 B 的传球，B 传球给 A 后，立即起动向前跑接 A 的传接。直接到对面篮下投篮。当第一组传球投篮后，第二组开始练习。

要求：传、接球动作要连贯，出球要快，手脚动作配合协调，不得走步，传球要做到以球领人。

4）四角传、接球练习

目的：体会在行进间双手或单手传、接球全身动作协调配合，提高学生传接球运用能力。

方法：各成纵队成四方队形，相距 5～6 m。开始④持球传给⑤后，切入接⑤的回传球后并把球传给另一组⑥，然后跑到⑥的排尾。当④传球给⑥时，⑤紧跟着起动从④身后切入接⑥的传球并传给⑦，然后跑到⑦的排尾。⑥传球给⑤也从⑤身后切入接⑦传球并传给原④的排头，依次进行练习（图 4 - 20）。

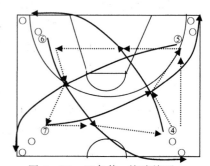

图 4 - 20　四角传、接球练习

要求：斜插时起动要突然，要侧身接球，传球要快速、有力、到位，并传到接球人身前一步左右的胸部高度。传球后要明显加速。

5）三人直线跑动传、接球练习

目的：体会在跑动中传、接球的出球手法，提高学生运用能力。

方法：三人一组一球，中间人拿球向两边自己同伴传球，然后接回传球，依次进行。

要求：传球要快，保持三角队形，中间慢，两边快，两边传球后要加速跑。传球要到位，以球领人。始终要做斜线传球，用眼睛的余光进行观察。

6）全场三人围绕传、接球练习

目的：体会在行进间双手或单手传、接球出球手法和全身协调配合。

方法：传球人始终从接球人身后绕切至前面接球。依次进行练习。

要求：传球后绕切要加速，要控制好身体重心，使传球连贯。最后接近篮下时，要分散成三角队形，要以球领人。

7）全场三人插上传、接球投篮练习

目的：提高学生全场行进间双手或单手传接球运用能力和传、接球的准确性。

方法：三人一组一球，中间人拿球传给场上队员，然后跑向另一侧，另一侧队员场上接球，传至篮下队员进行投篮。

要求：三人配合要熟练，传球人准确到位，场上队员要及时，要以球领人。

8）全场长距离传、接球练习

目的：体会在行进间长距离传球力量和手法的运用。

方法：两人一组一球，一人将球抛向篮板，另一人抢篮板球回传快下，接同伴的长传球投篮，然后两人交换。

要求：抢篮板球后要沿边线快下，传球要快速有力，落点要准。可用单手肩上传球或双手胸前传球传至篮下。

9）全场二攻一传、接球练习

目的：体会在有防守的情况下进行传、接球，提高学生传、接球运用能力。

方法：两人一组一球，在全场进行传、接球，一人进行防守，然后交换。

要求：传球要隐蔽快速及时到位，防守要积极封断。

10）全场三攻二传、接球投篮练习

目的：体会在有防守的情况下进行传、接球，提高学生传、接球运用能力。

方法：三人一组传、接球，两人进行防守，由中间人向两侧队员传、接球，传至对方篮下投篮。

要求：进攻队员传球要到位，注意观察场上情况，防守队员开始可进行消极防守，逐渐进行积极防守，两防守队员不准换位。

11）全场五对五传、接球投篮练习

目的：体会在对抗情况下进行传、接球，提高学生传、接球运用能力。

方法：全场五对五传、接球投篮，进攻队员可采用各种传、接球技术进行，投篮后抢篮板球继续进行练习，如投篮投中或抢到篮板球后，防守队员转入进攻。

要求：进攻队员配合要熟练，传接要到位，要跑开位置拉开层次，防守队员可采用先消极防守后做积极防守，进攻队员传球3次后可投篮，但不准运球。

12）全场五攻五攻守综合练习

目的：提高学生在有防守的条件下进行传、接球的运用能力。

方法：五人进攻五人防守，进行全场的攻防练习。

要求：进攻队不得运球和带球跑，球在个人手中停留时间超过 3 s 为违例，进攻队传、接球 3 次以上方可投篮，攻守双方要积极主动，注意防守时不要犯规。

第三节　运球技术

运球，是指持球队员在原地或移动中，用手连续按拍由地面反弹起来的球的一类动作方法。运球是篮球比赛中进攻的重要手段，它不仅是运动员摆脱防守尤其是紧逼人盯人防守进行攻击的一种重要方法，也是串联全队配合的重要技术。熟练的运球技术有助于提高控球和支配球的能力以及个人攻击和组织全队配合的能力。

一、运球技术动作方法

（一）高运球

动作方法：运球时，两腿微屈，眼平视，手用力向前下方推按球，球的落点在身体侧前方，使球反弹的高度在胸腹之前，手脚协调配合，使球有节奏地向前运行，常用于没有防守队员时从后场往前场的推进（图 4 - 21）。

动作关键：推按球要用力，手脚配合要协调。

图 4 - 21　高运球

（二）低运球

动作方法：两腿深屈，抬头，目视前方，上体前倾，身体半蹲，用手短促地按拍球，非运球的手臂架起，握紧拳头收缩手臂肌肉，用身体、手臂和腿保护球，球反弹的高度在膝关节以下，便于控制球和摆脱防守继续前进（图 4 - 22）。

动作关键：降低重心，目视前方，注意保护球。

1　　　　　　　　　　2　　　　　　　　　　3

图 4-22　低运球

（三）体前虚晃变向不换手运球

动作方法：以运球队员右手运球向对手右侧突破为例。突破对方前，先将球从右侧拨至体前中间位置，当对手向一侧移动堵截时，迅速将球拨回右侧，左脚向右前方跨出，同时右手向前运球，加速前进（图 4-23）。

动作关键：突破时注意保护球（注意：该动作和顺步过人是不一样的）。

图 4-23　体前虚晃变向不换手运球

（四）体前变向换手运球

体前变向换手运球是运球队员利用突然改变运球方向来突破防守的一种运球方法。这种方法在篮球比赛中运用广泛，多在对手堵截运球队员前进路线时使用。

动作方法：以运球队员右手运球向对手右侧突破为例。先向对手左侧快速运球，当对手向左侧移动堵截时，运球队员突然变向，用右手拍按球的右侧后上方，手跟着球下坠，当球下坠到一定的高度（此高度越低，防守球员越难干扰运球队员的动作）后靠近身体向左侧送拍球，使球落在身体的左侧前方反弹，右脚迅速向左侧前方跨出，上体左转并前倾探肩，换手拍按球的后上方，加速运球突破（图 4-24）。

动作关键：变换手时，手按拍球正确的部位，进行运球动作时注意不能与防守队员距离过远。

图 4 - 24 体前变向换手运球

（五）运球后转身

当对手贴身防守堵截运球路线时，可采用运球后转身。

动作方法：（以右手运球为例）当对手堵截运球路线时，运球队员将球控制在身体右侧；左脚向前跨出一步为中枢脚，置于对手两脚之间，然后右脚用力蹬地后撤，顺势做后转身动作。在转身的同时，右手按拍球的右前方，将球拉引至身体的侧后方落地，转身后换用左手推拍球，从对手的身体右侧突破（图 4 - 25）。

动作关键：运球转身时，使上臂紧贴躯干来减小球的转动半径，同时运球臂提拉球的动作和脚的蹬地、跨步、转身动作紧密结合。进行转身动作时要降低重心，增加动作的稳定性及对球的掌控力，加力运球，以加大球反作用力，增加手触球的时间，利于拉引球动作的完成。

图 4 - 25 运球后转身

(六) 背后运球

当对手紧逼，无法用体前变向运球，可用背后运球过人。

动作方法：以右手运球，向左侧变向为例。变向时，右脚在前，右手将球拉到右侧身后，迅速转腕拍按球的右后方，将球从身后拍按至身体的左侧前方，然后换左手运球，左脚向前，加速前进（图 4 - 26）。

动作关键：右手拍按提拉球时，换手动作要协调，加快速度。

1　　　　　　　2　　　　　　　3　　　　　　　4　　　　　　　5

图 4 - 26　背后运球

(七) 胯下运球

当防守队员迎面堵截时，用这种方法摆脱对手。

动作方法：（以右手运球为例）变向时，左脚在前，右手拍按球的右侧上方，将球从两腿之间运至身体左侧，然后上右脚，换手运球，加速前进（图 4 - 27）。

动作关键：注意球的击地点和动作的连贯性、协调性。

1　　　　　　2　　　　　　3　　　　　　4　　　　　　5　　　　　　6

图 4 - 27　胯下运球

二、运球技术常犯错误及注意事项

(一) 常犯错误

(1) 带球跑。对带球跑的概念理解不清，或衔接其他动作时脚步动作不清楚，将球运得太高。

(2) 掌心触球（拍球时有声响）。手型不正确，没有呈半球形，没有用第一指节触及球；手没有主动迎接从地面反弹起来的球，对球的反弹力的缓冲做得不到位。

(3) 两次运球。手接触球的部位不正确，停止运球时没有接稳球；双手运球。

(4) 原地或行进间运时低头看球。对球的控制力不足，或降低重心时只弯腰、不屈膝。

(5) 运球时脚踢球。对球的控制力不足，球的落点不好；注意力不集中。

(二) 注意事项

(1) 运球的基本动作。用手指运球，而不是手掌。运球高度最好不要超过腰部，增加对球的控制力,双膝微屈,重心稍稍前移,这样容易控制好球,也容易快速变速。不参与运球的那只手臂应该弯曲肘部并向外伸,握紧拳头收缩手臂肌肉,保持平衡,也可以阻止对手靠近,干扰运球。运球时手腕要放松,用向下按压动作拍球,而不是抽打动作。

(2)在运球教学中,要着重抓好运球基本功的训练,提高学生控制球、支配球的能力。开始先学习在原地运球,熟练后可以一边运球一边走动。不要过多考虑运球时自己的移动速度,先掌握好运球技术。走动中的运球技术掌握好以后,再开始逐渐增加移动速度,直至全速。

(3)在运球技术教学中,严格要求,使学生养成运球时目视前方、屈膝与观察场上情况的习惯。学生初步掌握了运球动作后,要求他们抬头运球,用手的感觉来控制球,注意培养队员抬头和时刻观察场上情况。如果运球时只顾低头看球,很容易被对手盗球,而且也看不到处于有利位置的队友,甚至对容易投篮的位置也不知道。

(4)教学训练中要狠抓运球的关键,要结合各种熟悉球性的辅助性练习,练好手上功夫和脚步动作的快速与灵活性。特别要加强运球技术较差的球员的运球技术训练。

(5)在加强防守的练习中,要从消极防守到积极防守,在不断加强对抗的训练中,逐步提高学生的应变能力。

(6)运球必须与传接球、突破、投篮和抢篮板球等技术结合起来进行训练。结合战术训练时,要注意培养学生运球的战术意识,掌握好运球时机,不滥运球,要根据全队战术配合的需要加以合理运用。

三、运球技术的运用与练习方法

(一)运球技术的运用

运用运球技术时,应根据场上的具体情况,因时因地机动灵活地进行。一般在下列情况下可以运用运球技术。

(1)快攻中,当前方无防守球员封堵时,可快速运球上篮。

(2)前场二攻一、三攻二时,可运用运球吸引防守,再传球给无人防守的队员进行攻击。

(3)当同伴被对方严密防守不能传球时,可以运用运球寻找传球机会或突破上篮。

(4)在组织和发动快攻而又无法将球传给快攻队员或接应队员时,可运用运球突破对手的封堵,寻求进攻机会。

(5)当对手移动较差或对方每半时犯规总数已达7次、个人犯规4次,可运用运球突破打法,制造犯规,杀伤对手。

(6)在阵地进攻中,当对方扩大防区时,可运用运球压缩对手防区,创造中、远距离投篮机会;当进攻位置不好时,可运用运球调整位置,寻找配合机会;当对方采取紧逼防守时,可应用运球突破,打乱对方的防守部署;在采用控制球战术时,可运用运球拖延时间。

(二)运球技术的练习方法

1. 原地运球

(1)原地做高运球和低运球,体会基本动作。

(2)左右手交替做横运球,体会换手时拍球的部位和拉球、推球的动作。

(3)做体侧前(拉)后(推)运球,体会向前、向后运球的触球部位。

(4)原地做前后左右运球的练习,增强手对球的控制能力。

（5）原地做两手同时运球（运两个球）的练习，提高手对球的控制能力。

2. 行进间运球

1）直线运球

方法：将学生分成四组，从底线出发，各组第一人运球至端线，返回时换另一手运球，然后交给下一个队员，轮流进行练习。

要求：拍球动作与步法要协调配合。拍球落地位置和用力大小要适当。

2）换手变向运球

方法：学生从底线篮下出发，运球绕场上三个圆圈时要换手，始终用外侧手运球。

3）运球急停急起（或变速运球）

方法：将学生分成四组，对面站立，各组第一人从底线运球出发到对面，根据教师的信号练习运球急停、急起或变速运球。和对面的人交接球并交换位置，以同样的方法运球返回。

要求：运球急停、急起时，要停的稳，起动快。变速运球时要掌握好高、低运球的节奏，注意加速。

3. 结合传球、投篮的运球

1）多种运球方法结合投篮

方法：两人分别从底线出发，沿边线运球，到弧顶平行时，做提前变向换手运球、运球后转身、胯下运球、背后运球结合上篮。每种动作练习 2～3 次，依次进行。

要求：左侧左手运球上篮，右侧右手运球上篮。

2）运球推进中结合传球上篮

方法：两人一组，一人持球站在篮下篮板后面的位置，另一人站在右（左）侧底线的位置。听见哨音后，两人同时出发，持球人直线运球至中线处，传给右（左）侧边线快下的队友上篮，两人做完交换位置，依次进行练习。

4. 对抗练习

（1）两人全场攻守练习。全场一攻一守，一人持球，另一人防守。持球人采用各种运球变向的方法运球突破过人。每次做完两人交换，依次进行。

（2）在半场或全场二对二、三对三、四对四、五对五的比赛中练习，使动作技术得到进一步的提高。

第四节　投 篮 技 术

一、投篮技术动作要领

投篮是进攻队员为了将球抛掷入安置在篮板上并与地面平行、离地面 3.05 m 高的篮圈之中，而采用的各种专门动作方法的总称。由于投篮的出手点一般低于篮圈（扣篮属于特殊的投篮，除外），而要将球投进篮圈之中，就必须有正确的持球方法、瞄篮点、全身的协调用力、合理的出手角度和出手速度、规律性的旋转、适宜的飞行弧线与入篮角度。

第一，持球方法。正确的持球方法是掌握投篮技术的前提，也是合理运用投篮技术最基本最重要的条件之一。投篮时持球应符合下列要求：使球尽可能在手中保持稳定，有利于球出手时合理准确地用力。以单手投篮的持球手法为例：五指自然分开，指根及其以上部位（包括大、小拇指的指根以上部分）触球，手腕后仰，掌心向上，空出手心，肘关节自然下垂，另一手扶球的侧上部，举球于同侧头或肩的前上方。持球时应适当增大手腕后仰角度，即持球或球出手引腕后仰时，手腕后仰角度越大，则完成各环节运动的条件越好，它有助于出球时均匀发力和球出手后的飞行弧线。

图 4-28(a)为投篮出手的单手正确持球和上肢各部位的完整持球结构。图 4-28(b)是手掌的正确托球方法，即五指自然张开，大、小拇指间的夹角约为80°，以扩大对球体的支撑面，指根及其以上部位都能触及球，球体的重力作用线近乎落在食指和中指的指根部位，这样不仅可以增强持球的稳定性，还有助于球出手时均匀、柔和地发力。

(a)   (b)

图 4-28 单手投篮持球方法

持球时易犯的错误是：（1）五指没有张开，大、小拇指间的距离较短，使得支撑面减小，从而减小了篮球横向的稳定性。（2）掌心触球，影响到手指的发力，这样不仅延误球出手时间，而且容易形成不规范的推球动作。（3）只用手指持球，使手接触球的面积减小，既影响篮球纵向的稳定性和腕、指发力，又会在球出手时形成抓球动作。

第二，瞄篮点。瞄篮点是指运动员投篮时的瞄准点。有了正确的瞄篮点才能使运动员正确地判断出篮圈的精确方位和距离，从而决定相应的出手力量、飞行弧线和落点。投空心篮的瞄篮点一般为篮圈前沿最近的一点，打板投篮的瞄篮点根据投篮角度、距离、力量和飞行弧线的不同而有所区别，运动员要善于根据情况随时调节打板投篮的瞄篮点和出手力量。碰板点示意图如图 4-29 所示。不论选择何种瞄篮点，投篮训练时运动员都应以既定的瞄篮点为参照，只有经过较长时间的反复体验，才能形成正确的出手肌肉记忆，达到运用自如的效果。

图 4-29 碰板点示意图

　　第三，协调用力。身体各部位综合、协调的用力过程是整个投篮动作的关键环节。以原地单手投篮为例，力的聚合是从投篮准备姿势开始的，力量的起点源于投篮前的站姿和身体平衡，由下肢蹬地发力，然后沿着投篮出手的方向伸展身体，借助脊柱伸展的惯性促使下肢、躯干和上肢连贯、协调配合，将身体各部位肌肉的力量最后协调积聚于手臂、手腕和手指部位，以臂、腕的前屈动作及手指的弹压动作将球投出。任何一种投篮方法，最后都是运用肩、肘、腕、指关节的活动来实现的。不同的投篮方法主要由肩、肘关节的活动和角度而定。例如：单手头上投篮和单手肩上投篮的区别，主要是肩、肘关节的屈、伸角度不同；行进间单手高手投篮与低手投篮的差异，主要体现在肩关节的前屈和肘关节的内、外旋方向不同；而行进间的篮下背向反手投篮，则必须充分前屈肩关节和外旋前臂，上臂几乎同地面垂直。在球出手的瞬间，手指最后作用于球体的力的大小、方向和作用位置等决定着球的出手角度、速度和旋转。可见，伸臂举球，特别是手腕翻转抖屈和手指弹拨作用于球的力量是投篮发力的关键，是功能性动作。肩、肘关节在最后用力中主要是配合腕、指动作，它们动作就其运动性质而言，应该是一个均匀加速曲线运动。均匀加速运动的特点是在间隔相等的时间里速度的增长是相等的，这就要求在伸臂和屈腕时不能分先后，更不应忽动忽停，而必须协调连贯、柔和舒展，一次完成整个动作（突然改变投篮方向和方法除外）。手指、手腕用力是最后作用于球体的环节。最后用力直接影响投篮效果，手指用力与手腕前屈动作是一个整体，手腕前屈是主动工作，手指用力是跟随手腕前屈做被动动作。（因指关节几乎没有屈伸动作，故没有独立做机械功的条件。）图 4 - 30 显示了腕、指的用力情况，G 是球体的重力，F_1 是球体运动瞬间作用于手指的惯性阻力，f 是手腕主动工作（屈腕）形成的被动力，它克服球体惯性阻力 F_1、重力 G 并推动球体离手飞行。在 G 和 F_1 作用下，手指便类似于弹簧被压缩而引起弹性形变，这个弹力就是 f 本身。由于球体惯性阻力消失，手指、手腕会显得十分放松。有些初学者或运动员不会使用这种力量，便会出现动作僵硬或产生多余动作（如抓球等），这都不利于投篮的命中。

图 4 - 30　单手肩上投篮腕、
指用力示意图

　　第四，出手角度与出手速度。出手角度是指投篮时球离手一瞬间球体重心飞行轨迹的切线与出手点水平面所形成的夹角，它决定球在空中的飞行线和入篮角的大小。如前所述，出手角度主要依靠手指最后作用于球体力的方向和作用点来调节。作用点（即出球点）的高低，可以看成是产生上下偏角的条件，用力方向则是主要依据。如果出手点过低，出手角度就不可能太大。只有在保证用力方向的前提下，保持合理的出手角度并与特定的出手速度相配合，才能使球沿着理想的弧线飞行而落入篮圈。据测定，6～7 m 外远距离投篮的出手角度约为 50°～55°，5 m 前后的小距离投篮出手角度约为 70°。应当注意的是出手角度并非一成不变，它因投篮人的身高、投篮方法以及出手速度等不同而变化。

　　出手速度是指投篮出手的一瞬间，身体各部位的综合肌力经过手腕和手指的调节而使球离手进入空间运行的初速度。现代投篮技术发展的显著特点之一便是动作突然，出手速度快而合理。投篮出手速度首先取决于身体协调、综合用力的大小及腕、指用力的调控，而手腕的翻转、抖屈和手指弹拨球动作的柔韧性、突发性和连贯性是取得合理出手速度的关键。投篮出手速度的运用，应立足于既提高出手角度，又加快出手速度，并善于根据不同方位、距离、投篮方法及防守形势等具体情况，在投篮用力的部位、力量大小和投篮动作的幅度与速率等方面进行合理调控；或适当增大出手角度，提高出手点；或加大下肢蹬伸力量，加快伸臂举球动作速度，或加大出手瞬间腕、指作用于球体的力量及速度等。唯有如此，才能有效地避开防守封盖并保证球在空中获得适宜的飞行弧线，取得较佳入篮角。

第五，球的旋转。球的旋转是指投篮队员使球在空中飞行时产生的各种规律性旋转状态。球的不同旋转方向和速度主要取决于手指的最后用力动作。一般来说，在中、远距离投篮时，都应使球向正后方向旋转。后旋球不仅能保持合适的飞行弧线，使球获得理想的入篮角，而且在球触及篮板或蓝圈后沿时也利于向下反弹落入篮圈。不同的旋转方向对各种篮下投篮也有帮助，尤其对失去角度的篮下投篮，不同旋转的碰板球往往能产生令人莫测的投篮效果。为了使球的旋转规律更好地服务于提高投篮命中率，运动员应在实践中不断总结经验，熟悉各种旋转球的性能。

第六，投篮弧线和入篮角。投篮弧线是指球离手在空间飞行时形成的一条运动轨迹，亦称抛物线。弧线高低取决于投篮的出手角度和出手速度，投篮距离和出手高度也与弧线高低有紧密关系。不同的投篮弧线产生不同的入篮角和入篮截面，因此，它对投篮命中率有直接影响。人们习惯将投篮弧线分为高、中、低三种（图 4 - 31）。实践证明，中等投篮弧线是最理想的，它的入篮角适中，球与篮圈的径向间隙可达最大值，球心与篮心的偏差最小（图 4 - 32）。中、远距离投篮一般应使球离手时上臂与身体的垂直线成30°左右，弧线最高点在篮圈水平面上方 1.2～2 m 为宜。但由于运动员的身高、投篮距离、投空心篮与碰板投篮的不同及受防守干扰等原因，投篮弧线不可能是一种模式。运动员要从实战出发，既熟练掌握投篮弧线的一般规律，又善于区别情况，随机处理。

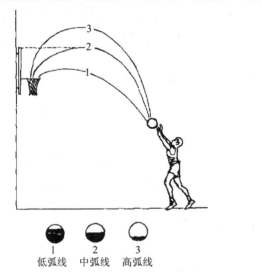

图 4 - 31　投篮抛物线示意图　　　　图 4 - 32　中弧线投篮入篮角示意图

二、投篮技术的动作方法

投篮是是篮球比赛中唯一的得分手段，是一切进攻技、战术的最终目的和全部攻守的焦点。因此，加强投篮技术的教学与训练，正确掌握并熟练运用投篮技术，不断提高投篮命中率，是对教练员和运动员的最基本要求。投篮的基本方法有以下几种。

(一)原地单手肩上投篮

原地单手肩上投篮是最基本的单手投篮方法，其他各种单手投篮方法大都由此演变而来。(以右手投篮为例)动作方法是：双脚原地开立，右脚稍向前，身体重心落在两脚中间，屈肘，手腕后仰，掌心向上，五指自然张开，持球在右眼前上方，左手扶球的左侧，两膝微屈，上体放松并稍前倾，目视瞄篮点。投篮时下肢蹬伸，同时依势伸腰展腹，抬肘上伸前臂，手腕前屈，以指端拨球，最后通过食、中指柔和用力将球投出，球离手后，右臂应有自然跟进动作(图4-33)。

图4-33　原地单手肩上投篮

(二)双手投篮

双手投篮是投篮中最基本的动作方法。双手持球于胸前，肘关节自然下垂，两脚前后开立或左右开立，两膝微屈，重心落在两脚之间，眼睛注视瞄篮点。两手手指自然分开，拇指相对成八字形，用指根以上部位握球的两侧后下方，手心空出，两臂自然屈肘，肘关节下垂，置球于胸与颚之间。

(三)行进间投篮

行进间投篮是比赛中广泛应用的一种投篮方法。在快速移动过程中完成投篮动作，投篮前无停顿，中、近距离或突破至篮下时均可运用，是各种行进间投篮的一个共同特点。在篮下有多种投篮方法，有低手、高手、反手、勾手等不同的出手方式。投篮队员要充分利用速度和弹跳，身体充分伸展，敢于挤靠，有很好的滞空能力，采用不同的出手方式，闪开或隔开对手的干扰、封盖，积极争取空隙位置和空间高度，保持相对平衡，快速或换手并通过手腕和手指控制支配的技巧，将球投进篮圈。

根据比赛规则，行进间投篮脚步动作的共同特点是跨第一步的同时接球，跨第二步跳起在空中完成投篮动作。

1. 行进间单脚起跳的单手肩上投篮

这种投篮可在篮下和中距离运用。

动作方法：(以右手投篮为例)行进间右脚跨出一大步的同时双手接球，并用身体保护球，接着左脚迈出一小步制动，同时用力蹬地起跳，随之充分伸展身体，举球于肩上，当身体接近最高点时右臂向前上方伸直，手腕前屈，食、中指用力拨球，通过指端将球投出(图4-34)。

图 4 - 34　行进间单手肩上投篮

2. 行进间单脚起跳的单手低手投篮

这种投篮动作多用于快速移动中超越对手并接近篮下的情况。

动作方法：（以右手投篮为例）行进间右脚跨出一大步的同时双手接球，并用身体保护球，接着左脚迈出一小步制动，同时用力蹬地起跳，随之充分伸展身体，右臂伸直向篮圈方向举球（手心向上），当举球手接近篮圈时，用向上挑腕和以中间三指为主的拨球动作使球通过指端投出（图 4 - 35）。投碰板球时需要注意控制球的不同旋转。

图 4 - 35　行进间单脚起跳单手低手投篮

3. 行进间勾手投篮

这是持球突破至篮下或空切至近篮区背向或侧向篮圈接球后常采用的一种篮下投篮方法，它具有虽未摆脱对手却能远离对手投篮的特点，既适合中锋队员运用，也是在近篮区以小制大的有效进攻手段，既可以碰板投篮，又可以投空心篮。

动作方法：（以右手投篮为例）接球或停止运球后，以左脚向便于投篮的方位跨出一步并起跳，用左肩靠近防守队员，右腿顺势自然上提，注视篮圈，左手离球，右手持球向右肩侧上方伸出，当举球至头的侧上方时挥前臂，以屈腕、压指动作通过食指、中指拨球将球投出（图 4 - 36）。如果在篮侧面投碰板球，则要利用手指做不同的拨球动作，使球向相应方向旋转碰板入篮。其中，跨步蹬地、起跳和举球动作的协调一致，腕、指动作和力量对球的旋转方向、弧线以及落点的良好控制，是其动作的关键。

图 4 - 36　行进间勾手投篮

（四）跳起投篮

跳起投篮简称跳投。跳投主要指跳起单手投篮，它是目前普遍采用的主要的得分手段，可以运用于不同距离与各种角度的投篮。其运用方法有很多种，如快跳快出手、高跳高出手、转身远离对手、换手、后仰、躲闪等。跳投具有很高的实用价值，运用时要善于结合移动和假动作，掌握好投篮的时机，动作衔接要快而突然，并且要协调连贯。注意身体的稳定性，保证出手时腕、指柔和而准确地屈拨用力。距离不同，要点有所不同。篮下跳投应尽量跳至最高点，以使球能够轻碰篮板进行投篮；近距离跳投要特别注意缩短投篮准备的时间；中距离和远距离的跳投要做到接球与起跳紧密衔接，双肩正对球篮。注意两脚距离和屈膝，掌握好起跳的时机。跳起投篮可在行进间接球或运球急停时跳起完成投篮动作（图 4 - 37）。

图 4 - 37　原地跳起投篮

1. 急停跳起投篮的技术方法

所谓急停跳投，是指进攻队员在行进间利用急停和快速起跳两个连续动作，以时间差摆脱防守者而达到投篮目的的一种跳投方法。急停跳投技术较好地利用了篮球运动的攻守规律，能够充分体现运动员快速、灵活的特点。

急停跳投可分为接球急停跳投和运球急停跳投两种基本方法。

（1）接球急停跳投动作方法。在快速移动中用大跨步或跳步接球急停，急停时要屈膝降低重心，并突然发力向上起跳，同时举球投篮。举球投篮动作与原地单手跳投动作相同（图 4 - 38）。

图 4 - 38　接球急停跳投动作方法

（2）运球急停跳投动作方法。运球急停跳投一般可与运球突破结合运用，既可在连续运球时进行，也可在持球突破推放球（一次运球）时进行。在形似无变化的运球中或开始突破运球时，运用跨步或跳步突然持球急停、起跳并举球，当身体腾空、稳定后及时投篮出手。举球投篮动作与原地单手跳投相同（图4-39）。

图4-39　与持球突破结合的运球急停跳投动作方法

2. 扣篮

扣篮改变了投篮的一般规律，是投篮技术发展的又一重要标志。由于扣篮时的投篮出手点接近球篮又高于球篮，有最佳的入射角，因此无须考虑抛物线这一因素。随着实践的发展，扣篮方式方法也越来越多样化，按不同标准划分，扣篮可分为原地扣篮、行进间扣篮，单手扣篮、双手扣篮，正手扣篮、反手扣篮，抡臂扣篮、高举扣篮、凌空接扣篮等。扣篮是直接将球由上向下灌入篮内，它具有出手点高、球速快、攻击性强、准确性高、很难被封盖等特点。由于扣篮的难度较大，因此需要有很好的身体素质，特别是弹跳力和控制球能力。以下是三种扣篮的基本方法：

（1）行进间单脚起跳单手扣篮。（以右手扣篮为例）行进间在右脚跨出的同时做接球动作，紧接着左脚迈出一小步制动并用力蹬地向上跳起，上体充分伸展，高举手臂将球举至最高点，超过篮圈的高度并有适宜的入射角时，立即用突发性向下屈腕和压指的动作，将球自上而下地扣入篮圈之中。球离手后特别要注意身体的控制和落地屈膝缓冲（图4-40）。

图4-40　行进间单脚起跳单手扣篮

（2）行进间单脚起跳双手扣篮。行进间一脚跨出一大步的同时做接球动作，接着另一脚向篮圈方向跨出一小步并蹬地尽力高跳，随之在空中充分伸展上体，双手举球至最高点，当球举过篮圈高度时，立即用突发性动作挥动双手前臂接着做屈腕和压指动作，将球自上而下扣入篮圈。球离手后注意控制好身体平衡，落地时屈膝缓冲。要尽力伸展上体并充分高跳。视球体超过篮圈的高度再考虑是否做挥臂动作（图 4 - 41）。

图 4 - 41　行进间单脚起跳双手扣篮

（3）原地双脚起跳双手扣篮。双手持球双脚用力蹬地向上跳起，同时将球上举，充分伸展身体，将球举过头顶至最高点并与篮圈构成最佳入射角时，双臂用力前屈，用突发性屈腕、压指的动作，将球扣入篮圈内。在球离手后还应注意控制身体，并做好落地屈膝缓冲。扣篮动作关键：掌握好起跳的时机，身体协调一致并充分伸展，屈腕、压指要有突发性和力度。

3. 补篮

补篮是指投篮未中，球刚从篮圈或篮板弹出时，在空中运用单手或双手将球托入、拨入或扣入篮圈的投篮，是一种无明显持球动作直接用力投篮的方式。补篮时，队员应根据腾空后，人、球、篮的相对位置、高度、角度以及防守情况，灵活地选择补篮的方法。以下是两种基本补篮方法：

（1）单手补篮。（以右手为例）及时起跳，占据空中一定的优势，尽量伸展身体和手臂，准确判断球反弹的方向和高度，尽快地用右手的腕、指力量触球，并用托球、点拨球、扣篮的方法将球投向篮圈。

（2）双手补篮。起跳后，球反弹方向在头的正上方时多采用双手补篮。用双手触球后可用扣篮或拨球的方式将球投向篮圈，其他动作与单手补篮基本相同。

三、投篮技术常犯错误及注意事项

（一）常犯错误

在投篮技术教学中，常常会犯以下错误：

（1）持球手型不正确，五指没有自然分开，手心未空出，手指端未贴在球上，用手心托球，持球不稳。

（2）肘关节外扩，致使上肢各关节运动方向不在一条直线上。

（3）投篮时肘关节过早前伸，抬肘伸臂不够，缺乏随球跟进动作，出手动作僵硬。导致手臂前推，形成的抛物线偏低。

（4）双手投篮时，两手用力不均匀，伸臂不充分。

（5）急停跳投时，身体重心不稳，造成投篮时上下肢配合不协调，导致动作衔接不连贯。行进间急停时第一步过小，第二步又未能缓冲，造成身体前冲，控制球能力差。

（6）跳起投篮时身体前冲，投篮出手时间过早或过晚，上下肢配合不协调。

（二）注意事项

（1）规范正确的持球方法。以单手持球法例，手腕后压，手掌心向上，五指自然分开，大拇指与食指要纵向张开（俗称"虎口"张开），以扩大对球的支撑面，固定球，五指指根及以上部位托球，空出手心，肘关节自然下垂，举球于同侧头上或肩的前上方。目视篮圈，屈膝，身体重心下降，收腹、提臀。

技术动作关键：①手指控制球，手心不要触球。②手腕后屈托球，食指、中指对准球篮。③举球与肩或头上时，头部要保持直立，不要后仰。④右手托球手指要自然放松。

（2）全部投篮动作的关键环节是出手用力动作。投篮力量起点在于投篮前的基本站立姿势和身体平衡，这是投篮时协调用力的前提。投篮的过程主要表现为以下几个重要方面：①"蹬"，指双脚用力平稳蹬地，身体保持直立；②"伸"，指向投篮出手方向伸展手臂，柔和用力；③"提"，指向投篮出手方向伸展身体，使下肢和躯干、上肢协调配合；④"屈"，指手腕向下压，指向篮圈方向；⑤"拨"，指五个手指协调地向篮圈方向用力，弹拨球，使球正方向下旋。

（3）正确运用球的规律性旋转。球的旋转直接影响投篮命中率。球的不同旋转方向和速度主要取决于腕指的最后用力。投篮出手后，球的旋转都应是向正后方向（下旋）。后旋能增加球的飞行速度，保持合理的飞行弧线，并且在球触及篮板或篮圈后沿时，也有利于向下反弹落入篮圈。如果球不是正下旋转，而是侧旋，则表明投篮时五指拨球的用力不协调。

（4）在投篮技术教学训练中，建立在正确投篮技术动作定型的基础上，要把投篮与摆脱防守、传球、接球、运球、突破、脚步动作、假动作、抢篮板球等技术结合起来，培养其应变能力。

（5）在教学、训练中随时注意观察，发现错误动作，找出其产生的原因，及时采取针对性的措施加以纠正，以免形成错误的动力定型。

（6）在战术背景下进行投篮训练，培养学生的配合意识，提高他们运用投篮技术的能力。重视投篮的心理训练，提高投篮命中率。通过比赛和一些特殊的训练手段，提高学生的抗干扰能力，使他们能在一定的心理压力下，保持较高的投篮命中率。

四、投篮技术的教学与训练方法

（一）投篮技术的教学与训练建议

（1）根据各种投篮技术动作的内在要求，按照由浅入深，由易到难的教学原则，投篮技术教学与训练的顺序可以做如下的安排：开始可以学习原地的双手胸前投篮、单手肩上投篮，接着学习行进间单手肩上投篮、单手低手投篮，跳起单手肩上投篮、急停跳投、转身跳投等。

（2）投篮技术的教学与训练应以原地双手胸前投篮、单手肩上投篮、行进间单手肩上投篮、单手低手投篮，跳起单手肩上投篮、急停跳投为重点，因为这些投篮技术不仅在比赛中运用最广泛，而且也是其他投篮技术动作的基础。

（二）投篮技术的练习方法

1. 原地投篮的练习方法

1）模仿性练习

甲：不持球做投篮模仿动作，体会动作方法。

乙：持球做完整的投篮动作，进一步体会手法和用力过程。练习时可以两人一组互相对投。

2）正面定点投篮练习

队员站在罚球线，自投自抢，依次反复练习。

3）各种角度、距离的投篮练习

甲：4～5 人一组，每人一球，面对球篮站成弧形，距篮 5～8 m，篮下站一个人传球。从一端开始依次进行投篮练习。投中者继续投，直至不中为止，再与篮下传球队员交换，投一定时间或次数后按顺时针方向移动换位。

乙：投篮晋级比赛。围绕篮圈在半个球场固定 3～5 个不同距离的投篮点，2～3 人一组，从右开始有秩序地进行投篮，每个点上每人可以连投 2～3 次，当其中任何一次投中后，即晋级到下一个投篮点上进行投篮。如在规定的投篮次数中未投中，即由下一个队员进行投篮，自己便留在原投篮点上等候第二轮再投，或替换篮下的传球队员。

4）结合其他各种进攻技术的投篮练习

甲：半场不同方向、不同速度运球后投篮。

乙：半场三分线外持球突破后投篮。

5）在有防守对抗情况下的投篮练习

在几个人的基础战术配合中进行练习，培养队员主动捕捉投篮时机的意识，进一步巩固和提高投篮技术。练习中，防守队员的行动应从消极到较积极；进攻队员可结合各种传球、接球、假动作摆脱进行投篮。

甲："一对一"利用各种假动作诱惑对手，捕捉时机投篮。持球者原地做持球突破假动作，诱惑对手失去防守位置后定位投篮。

乙："二对二"进攻中捕捉时机投篮，两人从底线出发快速传球向对面行进，逼迫防守队员在移动中失去正常的位置，从中捕捉时机投篮。投篮后冲抢篮板球。

2. 行进间投篮的练习方法

1）模仿练习

甲：徒手在走动中做接球、跨步踏跳和空中投篮出手的动作。

乙：在慢跑中做接球、跨步踏跳、跳起空中举球投篮和落地的完整动作。

通过上述练习，主要体会行进间投篮时，跨步接球与踏跳腾空举球动作，以及与空中投篮动作之间的连贯性和协调性，有助于建立完整的正确的动作概念。

2）接球后做完整的投篮练习

甲：由跨步过渡到慢跑。从教师手中拿球后做投篮动作。

乙：由慢跑过渡到快跑，从教师手中拿球后做投篮动作。也可以自抛自接进行练习。

3）结合传、接球做行进间投篮练习

队员分成两队，投篮队每人拿一球站在 45° 的位置，另一队站在罚球线的位置，持球人传球给罚球线的人，接回传球上篮。投篮后两人同时抢篮板球，然后交换位置。依次反复练习。

4）结合运球做行进间投篮练习

甲：队员与球篮成 45°角运球上篮。

乙：弧线运球上篮。队员排队从球场左侧向右，从中路弧线运球上篮，然后抢篮板球传给下一个人。依次反复进行。

丙：队员曲线变向运球上篮。队员从中间左右手变向运球上篮，自己抢到篮板球后传给下一个人，然后排在队尾。

5）全场行进间投篮练习

甲：两人直线传球推进，至篮下作行进间投篮。

乙：两个人交换运球交叉移动推进，至篮下作行进间投篮。

3．跳起投篮的练习方法

1）模仿练习

甲：由原地徒手过渡到在慢速跨步移动中急停，做跳起投篮的模仿动作。体会上下肢的协同配合。

乙：由原地持球逐渐过渡到在慢速跨步移动急停接球后的跳起传球，进而做跳起投篮的动作。

上述两个练习可以集体进行，也可以分成迎面站立的两列横队，互相交替练习。

2）简单条件下练习

甲：队员在罚球线后站成纵队，原地做跳起投篮后自己抢篮板球，传球给下一个人，然后排到队尾。依次反复进行练习。

乙：队员在罚球区站成两路纵队，各队有一人持球站在篮下传球给本队移动上步的同伴，接球队员做急停后跳起投篮。投篮队员自己抢篮板球，传给下一个同伴进行练习。

第五节　持球突破技术

持球突破是持球队员运用脚步动作和运球技术快速超越对手的一项攻击性很强的技术。

掌握良好的突破技术和突破时机，既能直接切入篮下得分，又能打乱对方的防守部署，创造更多的进攻机会，增加对手的犯规，从而获得更多的罚球次数，给对方造成很大的威胁。突破与中投、分球结合运用，进攻就更加灵活，效果更显著。

一、持球突破动作分析

持球突破技术是由蹬跨、转体探肩、推放球和加速几个环节组成。

1．蹬跨

队员在突破前，两脚左右开立，略宽于肩，屈膝降低身体重心，重心落在两脚之间，两脚稍提踵。双手持球于胸腹之间，注意保护球。突破时，用虚晃或瞄篮等假动作吸引对手，用移动脚前掌内侧蹬地的同时，中枢脚用力碾地，上体前倾并转体，重心前移，以带动移动脚迅速向突破方向跨出。跨出的第一步要稍大，以缩小后蹬腿与地面所成的角度，增加后蹬力量，争取第一步就接近甚至超越对手。第一步落地后，膝关节要保持弯曲，脚尖指向突破方向，以便第二步的蹬地加速。

2. 转体探肩

在蹬地跨步、上体前移的同时，要转体探肩，使身体重心继续前移，加快突破速度，同时占据空间有利位置和保护球。

3. 推放球

在蹬跨、转体探肩的同时，将球由体前推引至远离防守队员的一侧，并在中枢脚离地前推放球离手，球落于跨出脚前的外侧，用远离对手一侧的手运球，使球反弹高度在腰膝之间。

4. 加速

在完成上述动作后，已获得起动的初速度，这时中枢脚要积极、有力地蹬地，加速超越对手。

以上几个环节，几乎是在同一时间完成，它们之间紧密衔接，相互影响。只有熟练地掌握这几个环节，动作连贯，一气呵成，快速，才能较好地掌握持球突破技术动作。

二、持球突破的动作方法

持球突破技术可以分为交叉步持球突破、顺步（同侧步）突破、行进间突破、转身突破。转身突破包括前转身突破和后转身突破。

（一）交叉步突破

动作方法：以右脚做中枢脚为例。两脚左右开立，两膝微屈，身体重心降低，持球于胸腹之间。突破时，左脚前脚掌内侧迅速蹬地，上体稍向右转，左肩向前下压，重心向右前方移动，左脚向右侧前方蹬地，将球引于右侧，中枢脚蹬地向前跨出，迅速超越防守（图 4 - 42）。

图 4 - 42　交叉步持球突破

动作关键：屈膝降重心，移动脚迅速蹬地，中枢脚向前跨出。交叉步突破的关键动作依次为蹬、转、探、拍、蹬。

（二）同侧步突破

原地持球同侧步突破又称为"顺步突破"，突破方向与交叉步突破方向相同，起跨突然迅速，是其主要特点。该技术在运用时，对中枢脚移动和防球、加速运球之间的协调配合要求较高，配合不好易造成走步违例。

动作方法：以左脚做中枢脚从防守队员左侧突破为例。突破时，上体积极前倾的同时，右脚迅速向右前方跨一大步，同时上体右转，左肩积极下压。左脚内侧用力蹬地，在左脚离地前,用右手推按球于右脚外侧前方,然后左脚迅速跨步抢位,加速运球超越对手(图4-43)。

图4-43 同侧步持球突破

动作关键:起动时要做到突然,跨步、运球动作要快速连贯,中枢脚离地前球要离开手。重心要控制稳,中枢脚离地前,球离手。

(三)行进间突破

行进间突破是在同伴传球的配合下,利用突然移动中的接球急停,抢占或主动制造有利位置,然后结合持球突破进行攻击的一种方法,其优点是突然性和攻击性都较原地持球突破强。

动作方法:在快速移动中,看到同伴传来的球,应迅速向来球方向伸臂迎球,同时用一脚(侧向移动时用异侧脚)蹬地,两脚稍离地腾起,向侧方或前方跃出接球,制造与防守队员的位置差,两脚先后或同时落地。落地后,屈膝降重心,保持身体平衡并注意保护好球。根据防守队员的位置和情况,迅速选择交叉步或同侧步突破。

动作关键:摆脱移动、伸臂迎球和跨跳的衔接要协调连贯;接球急停要停得稳;突破起动要快速、突然;注意保护球。

(四)转身突破

1. 前转身突破

动作方法:以左脚做中枢脚为例。突破前的准备动作与后转身突破相同。突破时,重心移至左脚,右脚脚前掌内侧蹬地,左脚为轴碾地,右脚随着前转身而向球篮跨步时,上体左转并压左肩。右手向右脚侧前方推按球,离手后左脚蹬地,向前跨出突破对手。

动作关键:转身与突破动作要衔接连贯。

2. 后转身突破

动作方法:以左脚做中枢脚为例。背向球篮站立,两脚平行或前后开立,两膝弯曲,重心降低,双手持球于腹前。突破时,以左脚为轴后转身,右脚向右侧后方跨步,脚尖指向侧后方,上体后转并压右肩。右手向右脚前方推按球,左脚内侧迅速蹬地,向球篮方向跨出,换左手运球突破防守。

三、持球突破技术常犯错误及注意事项

1. 常犯错误

(1)持球突破时不敢贴近对手切入,而是绕一个弧远离对手。

（2）持球突破时第一步小，重心太高。

（3）持球突破时，转身、探肩动作不够到位，不注意保护球。

（4）持球突破时，中枢脚移动或推放球晚造成走步违例。

2. 注意事项

（1）交叉步持球突破技术教学中，应注意技术动作规范，要教会学生两脚都能做中枢脚，明确规则对技术动作的要求，并能合理运用。

（2）在同侧步持球突破技术教学中，应注意技术动作的规范，要教会学生两脚都能做中枢脚，明确规则对技术动作的要求，并能够加以合理运用。

（3）注意培养勇猛、顽强的作风，敢于在贴身紧逼中运用突破技术。同时也应注意掌握灵活的突破技巧，逐步学会利用位置差、时间差、假动作和节奏变化等方法，发挥突破的威力。

（4）重视培养良好的突破意识，提高观察判断能力，掌握突破时机，不断提高持球突破的能力。

四、持球突破技术的运用

（1）应根据对手在防守距离、位置、步法、身体重心控制等方面出现的漏洞，抓住时机进行突破。

（2）运用持球突破要与投篮、传球、假动作等技术结合，善于调动对手，制造和利用突破时机。

（3）突破前要观察了解双方队员在场上的位置，正确选择突破方向。既要考虑个人攻击，也要注意配合。遇有意外阻挠，应及时变换动作。

（4）根据本队进攻战术的需要或为了扭转场上的被动局面，可有目的地利用持球突破打乱对方防御部署，创造良好的攻击机会。

（5）根据对手情况，有意识地攻击薄弱环节，在局部地区形成一对一局面，利用持球突破攻击防守能力较差或犯规较多的对手。

五、持球突破技术的教学与训练

（一）持球突破教学与训练的建议

（1）持球突破是在快速移动中同对手时有接触的攻击性技术，要加强突破意识的培养，培养学生勇猛、顽强的作风和敢打敢拼的精神。

（2）分析对比交叉步与同侧步突破的异同点，使学生建立正确的动作概念。

（3）教学重点是交叉步突破和同侧步突破，先教同侧步突破，后教交叉步突破。

（4）突破动作要规范，教会学生两脚均能做中枢脚，用不同突破方法向不同方向突破。

（二）持球突破练习方法

1. 在无防守情况下持球突破练习

（1）每人一球，做原地持球交叉步、同侧步的动作练习。体会突破动作的技术要领以及身体各部位的协调配合。

（2）两人一组一球，相距 2 m 面对站立。轮流做同侧步、交叉步突破练习，相互检查中枢脚是否移动，跨步、转体探肩是否正确，推按球是否及时。

（3）每人一球，向前上方抛球后，迅速移动用单手或双手接球急停，做交叉步或同侧步持球突破动作。

（4）接球急停突破练习。方法：两人一组一球，无球队员向有球同伴示意接球方向，然后移动接球急停做交叉步或同侧步突破，轮流进行。

要求：动作连贯，身体平稳，两脚都可以做中枢脚。

（5）突破上篮练习。要求：动作正确，协调连贯。

2. 在有防守情况下持球突破练习

（1）接球急停突破练习。要求：防守由消极到积极。

（2）一对一接球急停突破练习。要求：接球急停与假动作结合，突破要果断，速度要快。

（3）转身突破练习。要求：转身突破前，应有假动作。

（4）在对抗情况下持球突破练习。方法：半场二对二、三对三攻守。防守队员固定盯人，进攻队员不准运用掩护，持球队员运用投、传、突结合进攻。要求：持球队员要大胆运用突破技术，防守队员不允许交换防守。

第六节　防守对手

防守对手是防守队员合理地运用脚步移动和手臂动作积极地抢占有利位置，阻挠和破坏对手的进攻意图和行动，并以争夺控制球权为目的的活动，是保证篮球战术质量和竞赛胜利的基础。

防守时，不仅要选择合理的防守位置，而且要保持正确的防守姿势（包括手臂、身体动作与步法），做到"人、球、篮、区"四位一体；力争在严密控制好自己的防守对象外，还能及时协防与补防，伺机进行抢球、打球、断球以转入快速进攻。个人防守技术的好坏反映全队的防守能力，个人防守能力是全队防守的基础。只有成功地完成一防一的任务，才能更好地进行配合防守和全队整体防守。

一、防守意识与防守基础动作

队员在防守时需要有一个既稳定又机动的准备姿势，既要用来保持身体平衡又要有较大的应变性，以便迅速对进攻队员的行动作出及时的应答。防守准备姿势是：两脚后跟稍稍提起，两脚左右开立，比肩稍宽，身体重量分布在两脚上，膝关节弯曲稍深，后背伸直，臀部稍低，头部要位于两脚之间中点的垂直线上方，两眼平视环视、或扫视前方和左右。防无球队员时，一只手指向对手，另一只手指向球；防有球队员时，前面的手在对手的上方做干扰性摇动，另一只手在侧后方，眼睛注视对手的胸部高度。防无球队员时，眼睛既要注视对手，又要扫视球和对手之间的区域，做到人球兼顾，以人为主。如果失去了对手，则快速向对手行动方向追移，在追移防守对象时，要随时准备抢断球；在防守时还应用语言提醒同伴场上将发生的情况，相互呼应、鼓励和提高警惕性。

防守中的位移对防守对手十分重要。现代篮球的防守，应以人为主，人球兼顾，根据球的情况和强侧、弱侧的防守原则盯住对手。要掌握一些基本的原则，如：当对手有球或有空切接球的可能时，应站在对手和球篮之间。当对手处于篮下而传球者较远时，应站在球和对手之间。宁可使对手到远离球篮的位置上接球，也不让对手在他有效投篮点和篮下攻击区内接球。根据对手离球篮或离球的距离来调整自己的距离，要占据使所防对手无法接球、运球、投篮的有利位置。此时，防守队员的重心移向强侧或对对手有威胁的一侧，当防守强侧的前锋时，内侧脚在前，外侧脚在后。当对方投篮时，要占据抢篮板球内侧的有利位置。除非球或持球队员跳起在空中，否则不要双脚起跳，以免失去支撑点；注意保持头部的正直位置。可以用头部或眼神和虚步做防守假动作，但要保持身体平衡。

总之，防守时队员要有防守欲望；防守队员在比赛中随时都要准备对可能出现的情况有警惕性地处于动态反应之中，当对方移动时，要迫使其停止或改向，同时预测他的下一个行动，要防止他攻击行动的发生。防守队员要沉着、冷静，充满信心和勇气，不失控、不慌乱，如果自己想休息或减速，决不要在防守的过程中。另外，防守队员移位中要扩大视野，要有判断力，善于观察分析做出富有攻击性的行动，没有攻击性就不会有防守的主动性，所以教练员和运动员在训练中要重视培养与提高个人与全队的防守意识、技能和能力，不断提高防守技术水平。

二、防守无球队员

防守无球队员是指进攻队员处于无球状态时，防守队员灵活地利用多种移动动作和手部的有效组合，最大限度地防止和破坏对手行动。在比赛中，防守队员绝大部分时间是防守不持球队员的，防守无球队员的主要任务是不让或者少让对手在有效的攻击区内接球；即使对手勉强接到球后，也能使他处于不利的位置。

（一）防守无球队员的技术分析

防守无球队员由防守的位置与距离、防守姿势、移动步法三个环节组成。

1. 防守的位置与距离

防守无球队员时，位置与距离的选择非常重要，必须根据球和自己防守的对手所处的位置来确定和调整自己的防守位置。防守无球队员时，始终要保持"球-我-他"的选位原则，如图4-44所示，即防守者的位置始终要站在对手与球之间，与球和所防对手三者要成钝角三角形，防守者始终站在钝角处。防守者与对手的距离要和对手距球的远近成正比，做到近球上，远球松，人、球、区三兼顾，控制对手接球。根据球的位置和防守的对手所处的位置，防守无球队员可分为强侧（有球）防守和弱侧（无球）防守。

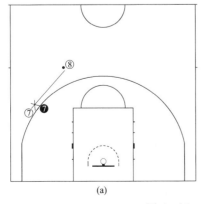

(a)

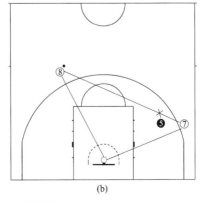

(b)

图4-44 防守示意图

（1）强侧防守。当防守的对手处在强侧时，因其临近球，随时都有接到球的威胁。为了全力封锁对手接球，同时又能控制对手向篮下切入，防守者应站在球与自己所防守对手的传球路线的内侧位置逼近对手，采用面向对手侧向球的斜前站立姿势。靠近球侧的脚在前，屈膝，重心在两脚之间；与前脚同侧的手前伸，拇指朝下，手掌处于球与对手的假想连线上，切断对手的传接球路线；离球远的手臂弯曲，用手轻摸对手的腰部，以便感觉对手的动向；眼睛既要能看到人又要能兼顾到球。

（2）弱侧防守。当对手处于弱侧时，因其距球较远，威胁相对较小，为了协助同伴共同加强对有球侧的防守，并便于控制篮板球，应向球和球篮方向靠拢，采用松动防守。通常采用面向球、侧向对手的站立姿势，即两脚开立，两膝稍屈，两臂伸于体侧，密切观察球、人的动向。

2. 防守姿势

正确的防守姿势能扩大场地及空间的控制范围并及时向不同方向移动。采用何种防守姿势应根据防守者与对手和球的距离远近来选择。防守离球及较近的对手，常采用面向对手、侧向球的斜前站立姿势。靠近对手的异侧脚在前，堵截对手摆脱移动的接球路线，伸前脚一侧的手臂，封锁接球的路线；防守离球较远的对手，常采用面向球、侧向对手的平行站立姿势。在防住自己对手的基础上，便于断球或进行协同防守配合。

3. 移动步法

防守时，防守队员要根据球和人的移动，合理地运用脚步动作来保证及时占据有利的防守位置，争取主动，防守无球队员常用的移动步法有滑步（前、后、横滑步）、撤步、碎步、快跑和转身等。每种步法的运用都是针对一定的进攻行动的。

防守位置、姿势与移动步法三者有密切的内在联系。不同位置、不同姿势、不同步法的有机结合、运用与变化，构成了完整的防守。

（二）防守无球队员的动作方法

1. 防接球

防接球是防守对手无球时的首要任务。必须在对手接球前就开始防守，要有预测性并积极采取行动去限制或减少对手接球，特别是在有效攻击区内接球。即便是处于被动的情况，也要积极跟防、追堵，破坏对手顺利接球，使其被限制住，以利于自己调整位置，要始终保持对手和球在自己的视线范围之内，做到人球兼顾，保持良好的防守姿势，屈膝降低身体重心，以便应变起动，要特别注意起动与移动步法的衔接和平衡的控制。在动态中要使自己处于"球-篮-我-他"四点一线的有利位置上，同时伸出同侧手臂挡在传向自己对手的来球路线上，另一手臂要伸向对手可能切入的方向。通常情况下，仍要形成"球-我-他"钝角三角形，防接球时，丝毫不能放松对其摆脱或切入的警惕。

2. 防摆脱

防摆脱是指对无球进攻队员摆脱的限制和封堵。即进攻队员在后场的摆脱，主要是快下接球攻击，防守队员必须积极追防，并注意传向自己对手的球，抢在近球侧的路线上准备堵截。比赛中很难完全控制进攻队员无球时的行动，主要是不能失去防守队员有利的位置。在进行人盯人防守时，根据对手所处的位置，防守队员应不断调整自己的防守位置和防守距离，始终在自己的视野内注意球的动向和对手的动向，防止对手摆脱防守，进入有威胁的区域或接球进攻。

3. 防纵切

如图 4 - 45 所示，④传球给⑧，及时偏向球侧来进行及时借位防守；当④向篮下纵切要球时，应抢前移动，❹合理运用身体堵截纵切路线，坚决不让对手从自己身前切过，同时伸出左臂封锁接球，迫使对手向远离球方向移动。

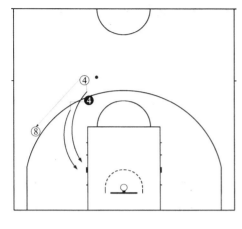 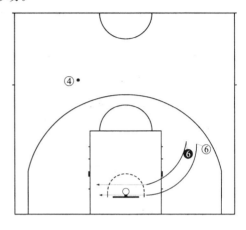

图 4 - 45　防纵切　　　　　　　　　图 4 - 46　防横切

4. 防横切

如图 4 - 46 所示，④持球，⑥横切要球时，❻上左脚，合理运用身体堵截，同时伸左臂封锁接球，不让其从自己身前横切要球。当⑥直接从底线横切（即溜底线）时，开始向球滑步移动并卡堵对手，以身体某部位接触对手，跟随其移动，同时伸左臂封锁接球。待对手移过纵轴线进入强侧时，迅速向右前转身贴近对手，用右臂封锁接球，将对手逼向场角。

5. 断球

（1）横断球。进行断球时，重心应迅速向断球方向移动，适用短程快速奔跑，单脚或双脚用力蹬地跃出，身体充分伸展，两臂前伸，伸出双手或单手将球截获。

（2）纵断球。当防守者从对手右侧绕前断球时，右腿先向前跨出第一步，然后侧身跨左脚绕到对手前，重心前移，左脚（或双脚）用力蹬地向前跃出，身体充分伸展，两手臂前伸，将球截获。

（3）封断球。当进攻队员接球时，由于防守位置不适于断球，可采用突然在进攻队员身前伸臂，封锁其接球路线的方法，将对方的球打掉。

（三）防守无球队员常犯错误及注意事项

1. 常犯错误

（1）防守时身体各部位的基本姿势不正确，视野狭窄，或者只看球不看人，或者只看人不看球，不能很好地做到人球兼顾，或移动步法混乱而造成漏人或犯规，不能抢占正确的防守位置。

（2）当对手空切时，不能提前进行堵截，让对手在身前接球。

（3）在限制区内，不能贴身紧防，使得对手挤过接球。

（4）缺乏预先的判断，对时机的掌握不够好，不能进行积极地抢断球。

2．注意事项

（1）在篮球技术教学中，防守技术作为全队防守的基础，要求运动员具备防守无球队员与防守有球队员同样重要的战术意识。

（2）应使学生改变轻视防守的思想，并对其防守意识进行着重培养，强调防守时应集中注意力。

（3）在防守无球队员技术的教学训练中，应遵循循序渐进的原则，逐渐增加训练的难度与要求。

（四）防守无球队员的教学与训练

1．教学与训练建议

（1）进行防守无球队员教学训练时，首先要让学生明确防无球队员在整个篮球竞赛中的重要地位，让学生养成积极防守的习惯，克服重攻轻守的倾向，强调在防守时始终要全神贯注。

（2）在教学与训练时，教师先要讲解、示范防守的位置、距离、姿势和步法的合理结构与要求，使学生建立明确的概念，然后按照由简到繁、由易到难的原则，逐步增加练习难度。

（3）在教学训练中，必须重视和加强队员战术意识的培养，扩大队员视野范围，提高防守的预见性。

（4）要特别重视加强从防无球到防有球；从防有球到防无球；从防强侧到防弱侧；从防弱侧到防强侧的转化练习，增强应变意识和反应。

2．教学与训练方法

（1）原地做好防守基本姿势，并看手势或其他信号练习。

甲：侧滑步、前滑步、后滑步（由单个动作向连续动作过渡）。

乙：后撤步、攻击步、碎步（由单个动作向连续动作过渡）。

丙：后撤步接侧滑步，攻击步接后撤步、侧滑步。

（2）按规定的路线或设置障碍物做练习。

甲："之"字形滑步。

乙：三角形滑步。

丙：小"8"字形滑步。

丁：围绕障碍架做向前或向后的绕步。

（3）两人一组，相距 1 m，一攻一守。攻方做向左右突破的跨步动作，守方练习撤步堵截，逐渐加快速度。也可以让进攻队员加上虚晃假动作，提高防守中利用脚步和身体动作堵截对手的能力。

（4）伴随跑（也叫影子）游戏。两人一组，一人沿边线跑动，另一人与他相距 1 m，像影子一样伴随着移动，跑动者可以用折回跑、转身、滑步、跳起等动作。要求伴随着紧紧地跟着他，并随他做相应的动作。不能让跑动者摆脱开 1 m 以上的距离。

三、防守有球队员技术分析

防守有球队员是指进攻队员处于有球状态时，防守队员对其传球、运突、投篮等攻击动作运用防守系列组合技术，进行应变性的干扰、破坏、争夺的动作行为过程，是防守对手无球状态的继续。在这个动态过程中当对手接到球时，迅速调整位置与距离，做到球到人到，并根据对手在场上的位置，采取平步防守或斜步防守姿势，积极进行有攻击性的干扰、破坏，这时要注意不要被对方的假动作所迷惑，发现对手的特点、习惯和意图，有所侧重地进行针对性的防守，迫使其改变动作、方向、速度等。如果对手已开始做攻击动作，则应积极进行封堵、干扰。通常进攻队员有球时有三种攻击行动，即传球、运球突破和投篮。

（一）防守有球队员技术分析

防守有球队员由防守的位置与距离，防守姿势、移动步法三个环节组成。

1. 防守的位置与距离

当对手接球后，必须迅速调整位置和距离，防守人应站在对手与球篮之间，使对方、自己和球篮三点保持在一条直线上。如果对手离篮近则防守者应靠对手近些，离篮远则离对手远些。当然，还应根据对手的进攻技术特点和习惯（善投、善传或善突）以及防守战术的需要调整防守距离和位置。

2. 防守姿势

由于有球队员的特点、意图以及与球篮的距离不同，所以防守有球队员时的动作也有所不同。一般防守有球队员有两种方法：

（1）平步防守。两脚取平行站立的防守姿势，两臂侧伸和挥摆。这种方法防守的面积大，攻击性强，可以很方便地向左右移动，适合于防守运球、突破。

（2）斜步防守。两脚取前后站立的防守姿势，前脚同侧手臂向前上方伸出，另一手臂侧伸进行阻挠。这种防守姿势便于前后移动，有利于对投篮的防守。

不论采用哪种防守方法，都要积极移动，当对手运球或突破时，应阻截他的移动路线，迫使他运向边角，当对手做假动作时，不要受其引诱而失去身体平衡。

3. 移动步法

防守有球队员的脚步动作与对手接球时所处的情况以及防守者的站立姿势有直接关系。常用的移动步法有：运用碎步或跳步急停，突然逼近对手；平步站立—横滑步；斜前站立—撤步、滑步。

4. 合理地运用抢球、打球技术

在防有球队员的过程中，要保持时刻伺机抢、打对手的球，但要判断准确，动作突然快速，注意保持身体平衡，避免犯规。

（二）防守有球队员的动作方法

对防守队员来说，进攻队员手中持球是具有威胁的，因此，必须尽可能地去阻挠和影响持球队员的各种进攻技术的运用。防守有球队员的基本方法主要有以下几种。

（1）防投篮。当对手在离篮 6 m 的范围内接到球时，很具有威胁性，他可直接投篮。防守者要站在对手与球篮之间，采用斜步防守的姿势，与对手保持一臂的距离。防守人要保持专注，注意对手眼神和重心位置的变换，判断对手的进攻意图，不要轻易被假动作骗过。当对手举球准备投篮时，防守人应随之将前伸的手臂扬起，手掌对准球；当对手投篮刚出手或起跳时，防守者应及时起跳，伸直手臂用手腕封球，干扰其出球弧度，并争取"盖帽"。

（2）防对手持球突破。要根据对手习惯、技术特点（中枢脚、突破方向、假动作等）采取相应对策。例如对手以左脚为中枢脚，用交叉步从防守者的右侧突破时，防守选择偏左侧

的位置站立，以右脚在前的斜步（或平步）防守步伐堵其左脚侧方，与前脚同侧的手臂前伸指向球的部位，同时可以用小臂和手的短促动作挑打球；另一手侧伸防对手突破。

（3）防运球。当对手在离篮 7 m 左右以外距离持球，投篮的准确性又较差时，防守者的任务主要是防运球。防守中应遵循两条原则：第一点是堵中路迫使其向边、角运球；第二点是堵强手迫使其用弱手运球。为了扩大防守面积，堵截对手向纵深方向运球时，可以采用平步防守姿势。当对手开始运球时，防守者应将视线集中在对手运球的手和球，并抢先快速向运球方向滑动，以身体的躯干对着球的着地点，重点防止对手从中路运球突破。

（4）防传球。当对手善于传球助攻时，防守队员要积极阻挠其传球。防守时要注意观察，判断其传球意图。防守队员可以选择上前贴近对手，挥动手臂封堵其传球，封锁视野，迫使其向攻击威胁弱的位置传球；有时可以选择向后撤步，协助同伴防守，使对手不能顺利传球给处在有利位置的进攻队员，同时要伺机抢断球。

（三）防有球队员常犯错误及注意事项

1. 常犯错误

防有球队员时常常会犯以下错误：

（1）防守时身体的基本姿势不正确，防守位置、距离把握不好，没根据对手动作采取相应动作。

（2）防守时脚步移动慢，当对手由无球到有球时，防守不能及时到位，或上步前冲过猛，或对持球者不敢逼近。

（3）防守时两臂没有举起展开，两腿未能合理屈膝，身体重心高，不能及时移动、积极抢位和主动用力，或脚下移动步法混乱难以追堵，造成手臂犯规。

（4）防中投时不举手干扰封盖或封盖时挥臂幅度过大，造成犯规。防对手突破时撤步角度不合适。盲目抢、打、断球或跳起封盖。

（5）防突破时，身体重心不稳，手脚配合不协调，易受对方假动作迷惑。当对手突破时，脚步移动慢，轻易放弃防守或造成犯规。

（6）防运球时脚步移动慢，不敢贴近对手，不抢先移动而是选择伸出手臂防守，盲目掏打球。

2. 注意事项

（1）注意培养学生积极防守的意识，强调防守时要始终全神贯注，一丝不苟。克服重攻轻守的思想。

（2）在教学训练过程中，按照由简到繁、由易到难的原则，逐渐增加练习的难度和要求。

（3）防守技术是全队防守的基础，无论是防守无球队员还是防守有球队员都很重要。在教学训练时，首先要讲解、示范防守的位置、距离、姿势和步法，使学生建立明确的概念。

（四）防有球队员的教学与训练

1. 教学与训练建议

（1）强调防守时注意力集中。可以采用二攻二守、三攻三守的练习，进攻者在固定位置传接球，而防守者随球转移及时移位，做到球到手、人到位，球传出立即后撤，人球兼顾，提高脚步移动速度和控制重心的能力，增强防守有球与无球的转换意识。

（2）对方举球投篮时必须扬手干扰，不让对手轻松投篮出手。对手盖帽时要手臂伸展向上起跳封球，提高起跳、封盖的判断能力及保持身体平衡的能力。

（3）简化练习方法，进攻者协助防守者练习，并检验防守者的动作和反应。进攻的动作由慢到快，由简到繁，逐步增加练习难度；要求防守积极快速移动，当对手突破时一定要防守到底。

（4）提高脚步移动速度和灵活性。及时纠正对运球者防守的正确姿势，要以抢先移动用身体躯干堵截运球。开始练习防运球时，只要求迅速移动跟防，不准用手打球，待脚步移动熟练后再提出打球的要求。

2. 教学与训练练习方法

（1）半场一对一练习。一人持球进攻，一人防守。进攻队员开始先做准备投篮和突破的动作，让防守队员练习防投、防突的上步、撤步及扬手等动作，然后进攻队员积极进攻，增加防守队员练习的难度。

（2）全场一对一的练习。进攻者运球突破，防守者被突破后，重新站好防守位置，练习继续进行。要求防守队员始终与运球队员保持一臂距离。

（3）二对二练习。进攻队员可以进行传、突、投、空切等动作，防守队员根据对手持球或不持球的情况进行积极防守。

（4）四对四练习。防有球队员和放无球队员的综合练习，在半场，四个进攻队员站成一个四角形，互相传球。防守队员根据球的位置不断的调整位置，练习协防。开始不要断球，注意协防。

第七节　抢球、打球、断球

抢球、打球、断球是防守中具有攻击性的技术，也是防守对手时获得球的重要手段。比赛中抢球、打球、断球的成功，不仅可以破坏对方的进攻，鼓舞本队的士气，而且为由守转攻和发动快攻创造有利的战机。

有效的抢球、打球、断球，要建立在准确的判断、迅速的移动及正确的手部动作的基础上，要充分利用同伴之间的配合。准确的判断就是首先看准球的位置、球的移动路线以及球的速度和球到的位置，观察了解对方的配合、意图及习惯动作，然后抓住时机，准确地出击；迅速的移动就是移动的步频要快，起动要突然，不管抢球、打球或断球，突然性都很重要，突然跃出，接近对手，才能使对方猝不及防；正确的手部动作，是获得球的重要因素，比赛中，发现机会后，手臂的伸、拉、挡、截，手腕和手指的拍击、点拨、扭转、封盖等动作要迅速果断，但手臂动作幅度不要太大，身体用力不要过猛，要控制身体平衡，防止犯规。抢球、打球、断球不成功时，要以最快的速度恢复正确的防守姿势并稳固站位。

一、抢球

抢球是指防守队员从进攻队员手中夺取球的方法。抢球判断好时机是断球成功的关键，接近持球队员，看准持球的空隙部位，双手突然抓住球用猛拉或转拖的动作，将球抢过来。运用时要抓住持球队员注意力分散、观察别处、转身、由空中获球下落、运球停止等时机，下手抢球要稳准狠且快，用力要突然，要有迅雷不及掩耳之势。

抢球技术可分为地面抢球和空中抢球两种。

（一）地面抢球动作方法

（1）拉抢。防守队员看准对手的持球空隙部位，迅速用两手抓住球向后方突然猛拉，将球抢过来（图 4 - 47）。

图 4 - 47　拉抢（地面抢球）

（2）转抢。防守队员抓住球的同时，迅速利用手臂后拉和两手转动的力量，将球从对方手中抢出（图 4 - 48）。抢球时，为了加大抢夺球时的力量，可以利用转体动作，迫使对方无法握球。如果抢球不成功，应力争与对手造成争球。抢球的主要时机有：当对手刚接到球时；当对手持球转身时；当对手跳起接球下落时；当对手运球停止时；当持球队员只注意防守他的队员，而忽略其他防守队员时。

图 4 - 48　转抢（地面抢球）

（二）空中抢球动作方法

起跳在空中抢球时，应该用背或肩挡住对手，双手在头上张开，根据进攻或防守的位置和球反弹方向，采用双手抢球、单手抢球和点拨球等方法进行抢球。

二、打球与盖帽

(一) 打球

打球是指运动员在防守进攻队员持球运球或投篮过程中，击落或封盖对方手中之球所采用的策略、技巧与方法，它包括打持球队员手中的球(图 4 - 49)，打运球队员手中的球(图 4 - 50)，打行进间投篮队员手中的球(图 4 - 51)和对投篮队员"盖帽"(图 4 - 52)。

当打持球队员手中的球时，抓准对手放松轻敌心态，突然接近果断下手是关键；当打运球队员手中的球时，准确判断对手球刚从地面弹起尚未接触其手的时候，突然出击是关键；当打行进间投篮队员手中的球时，选择与对手的合适距离选择下手时机是关键；对投篮队员盖帽，当对方举球投篮时，球刚出手的一刹那或球朝篮圈飞行而未下落时，是最佳时机，其关键在于防守队员防守位置的选择，起跳时机的掌握，起跳后空中伸展与手臂、手腕的合理运用。

(a) 向下打

(b) 向上打

图 4 - 49　打掉原地持球队员手中的球

图 4 - 50　打掉运球队员手中的球

图 4 - 51　打掉上篮队员手中的球

图 4 - 52　对投篮队员"盖帽"

（二）盖帽

　　盖帽是防守投篮出手后的打球技术，即球投出正处于上升阶段时，防守队员将球拍打掉的动作技术。盖帽的基本要领是：降低身体重心，快速移动，选择有利方位，判断对手起跳和投篮出手时间，及时起跳。手臂和身体要充分伸展，用前臂、手腕、手指动作打球，动作要短促有力。

　　打球盖帽是一种进攻性与破坏性极强的防守技术，在比赛中合理运用能够破坏对方的进攻效果，干扰对手的正常投篮，降低其投篮命中率，挫伤其自信心，鼓舞本队的士气，为反击创造有利的战机。使用打球盖帽技术，要准确判断对手所在的位置，掌握对手的行动意图和习惯动作，准确判断，运用快速灵活的防守移动技术，选择好合理的防守空间，保持与对手的合适距离，不失时机地突然出击，及时准确果断地打球，使对手防不胜防。在不同情况下可以采用按压式、上挑式、侧击式、封盖式进行拍打球。

三、断球

　　断球是对方传球过程中，截获飞行中球的方法。根据防守队员与对手之间的位置关系，有横断球(图 4－53)、纵断球(图 4－54)和封断球。不论是从接球对手的侧面或后面进行断球，还是封堵传球队员的传球，都要有积极灵活的移动步法来配合，跃出获球或接近封堵都要在传球队员做出动作时准确地判断传球出手。横断球和纵断球要注意跃出的步法，蹬地要快而有力，用身体将接球对手挡在后面。封断球则要求手臂动作快速拦截。截获球后要注意身体平衡，迅速转入下一个动作，反守为攻。

图 4－53　横断球

图 4－54　纵断球

四、抢断球技术训练注意事项

抢断技术在比赛中也不可轻易使用，盲目行动会造成身体重心不稳和防守位置失利，同时使对手快速起动，突破得分。抢断技术中常犯错误及注意事项如下。

（1）抢断球前，时机要判断准确，以防失去良好的行动机会。

（2）抢断球时，起动慢，移动步频不快，整个动作缺乏突然性，以致抢断球的实效性差。

（3）手臂动作幅度过大，身体用力过猛，身体平衡控制不好，造成犯规。

（4）要求运动员一方面要积极地寻找时机，迅速果断、准确地抢断对方的球，与对手争夺球权，另一方面也需要同伴的密切配合，抢球失误后，能及时补防助守。

（5）加强视野训练，注重意识的防守（即防意图），提高行动的预见性。可提高脚步动作的突然性、快速性、灵活性及上肢、下肢动作的协调性。

（6）掌握正确且合理的抢、打、断的手部动作。可以使用一些辅助练习，提高手臂伸、拉，手腕和手指的拍击、点拨、扭转等动作的速度、果断性。

（7）加强理论学习。重视和加强理论学习，引导运动员积极思维，不断提高文化水平而获得发展。通过各种智力训练，讲授、讲座、自学、讨论、辩论等方式扩大运动员的知识面，提高其思考、分析、判断、表达等能力。通过录像、电视、观看实战增强理论知识。把理论与实际相结合起来，使运动员的抢断技术进一步得到提高。

五、抢断球技术教学与训练

（一）抢断球技术教学与训练的建议

篮球运动的抢断技术是一种富有攻击性的个人防守技术，是体现积极防守，争夺控制面的重要措施，是转守为攻有效得分的重要手段。在运用抢断技术时，要善于分析和判断攻守双方的变化，掌握好时机。还要有果敢、果断的胆略。只要做到沉着冷静、胆大细心与科学的判断分析相结合，就能完成一个成功的抢断。教练员和运动员应在训练中重视对抢断技术的练习和运用，一方面要掌握正确的技术动作，另一方面也要鼓励运动员在比赛中大胆地运用方能起到出其不意、克敌制胜的效果，取得比赛的最终胜利。

（1）必须加强运动员心理、意志、身体素质训练、智力训练、恢复训练等内容，注重思想作风和道德品质的培养。

（2）一般的训练过程中，可穿插游戏形式的练习方法，如追截传球、传球比赛。

（3）平时训练与实战训练要结合起来。

（4）在抢断球前要看准目标，不能乱用，否则会造成以少防多的现象。

（5）根据学生不同年龄的特点，教练员要有针对性地选择使用。

（二）抢断球技术训练的方法

1. 抢球、打球练习

（1）一个人一组，原地向右（左）侧抛球后，飞身双手抢断球。

（2）两人一组，进攻人持球于腹前，另一人成防守姿势，相距 1.5 m 左右，防守者看教师手势后，迅速做打球和抢球动作。攻守交换练习。要求：进行抢、打球时，要保证正确的防守位置，控制身体平衡，抢、打球动作要果断，主要以小臂、手掌、手指短促动作突然抢、打球。

（3）两人相距 1.5 m 左右，进攻人向上抛球于胸部，防守人在进攻人接球同时上步由下向上打球。

（4）三人一组，两人站罚球线两端手中各拿一球，中间人用快速横滑步动作将两端球打掉，用左手打左端、右手打右端，每人十次为一组，三人轮换。要求：打、抢球动作幅度不要太大，轮臂击球、打球时重心不要太靠前。

2. 断球练习

（1）体会断球的动作。两人传球，两人在侧面或后面站立练习断球，体会横断球和纵断球的动作和步法移动。攻守交换练习。

（2）断球游戏。五人一组，三攻二守。攻方三人站成三角形，相互传球，守方二人站在三角形里面练习断球，防守者必须一人紧逼持球者，另一人断球。或七人一组，四攻三守。攻方四人站成方形，相互传球，守方三人站在里面抢断球，要求同上。

第八节　抢篮板球

比赛中进攻队员投篮未中，球从篮圈或篮板反弹上升的状态下，双方队员在空间采用抢位、堵截和跳起抢球的策略、技巧与方法，统称为抢篮板球。进攻队争抢本队投篮未中的球称为抢进攻篮板球；防守队争抢对方投篮未中的球，称为抢防守篮板球。抢篮板球包括双手抢球、单手抢球、点拨球和顶抢篮板球，由抢占位置、起跳动作、空中抢球动作和抢获球后的动作有机衔接组成。

一、抢进攻篮板球技术方法

积极拼抢进攻篮板球是争夺控球权的一种重要方法，是一个重要的进攻行动。抢进攻篮板球不仅能够增加本队进攻次数和补篮机会，而且还有利于增强气势、振奋人心，对防守队员起到一定的震慑力。

在抢进攻篮板球时，进攻队员一般是站在防守队员的外侧，处在不利于直接抢篮板球的位置。因此，当本方队员投篮时，既要及时判断球的反弹落点，又要运用快速的脚步移动，配合身体动作，摆脱对手，冲抢篮板球或补篮。拼抢意识要强，合理运用假动作，摆脱动作要突然、有效，且具有攻击性。在此基础上，可以有组织地进行集体拼抢，以充分发挥集体的智慧和力量。

抢进攻篮板球是较为复杂的动作组合，在对抗中运用的时候应注意以下几个方面。

（1）观察判断。仔细观察对方的防守动向，判断球的反弹方向、速度、落点，其中对球的判断是重点，应当注意篮板球反弹多向性。进攻队员一般采取多线突围，形成三面包抄以接近篮下展开争夺。通过对篮板球反弹规律的认识，可以观察投篮的距离、弧线等来预测其大体的反弹方向、速度、距离。有经验的篮球运动员在实践中有很好的球感和意识，自觉或不自觉地做出基本的判断，从而达到抢获篮板球的效果。队员不同的落位应当有不同的起动和判断，如果距离篮球比较近，常先抢位再判断；而对于外围的进攻队员，往往是先观察判断再进行起动冲抢。

（2）迂回起动。根据对球的反弹判断以及对手防守的态势，进攻队员要及时采取迂回的快速起动，争取在占位上取得相对优势。摆脱的方法有很多，要有强行挤过、抢过的意识，而且动作要果断迅速和突然，也可以使用假动作晃过对手。

（3）抢位冲抢。在抢进攻篮板球过程中，强行抢位和直接冲抢是一个重要环节，它既是迂回起动的继续，也是争取起跳的准备。在抢位的同时尽量用肩、背等部位主动接触对手。积极用力蹬地起跳，注意屈膝降低重心，争取空中的高度，一定要占据一定的空间位置，给自己的动作留出余地。在冲抢起跳的过程中，还要继续判断来球的方位、高度，更要注意腰、背、肩等部位力量的使用，不要在冲抢的过程中伤到身体。

（4）抢球猛狠。在抢球时，应充分伸展身体和手臂，争取在更高的空间位置上获得球。抢球时手臂和腕指的力量要大，把球抓住抓稳，或迅速拉臂屈肘将球握于手中。即便知道自己可能抢不到篮板球，也要极力用挑、拨、捅等办法将球从对方手中打出。注意落地屈膝缓冲和积极拼抢落地球。冲抢动作是抢进攻篮板球的关键。

二、抢防守篮板球技术方法

抢防守篮板球是控制球权的重要来源之一，是由守转攻的关键环节。防守队员根据对手投篮的位置、方向以及球弹落的区间与落点，观察判断对手的位置和将要运动的方向，利用转身抢位或是堵截抢位挡住其去路，同时利用身体挤靠占据合理的空间位置，及时跳起伸展手臂争抢控制球权后，既可以发动快攻争取快速反击的得分机会，也可以推进前场组织阵地进攻，掌握控制球权的主动。抢防守篮板球非常重要，运动员应该具有强烈的抢篮板球意识，培养自己积极主动的能力；同时应具备很好的身体素质，尤其要具备突出的弹跳、力量素质及空中伸展和变换动作的能力，熟练掌握和运用各种抢篮板球的技术。

抢防守篮板球要做好以下几点。

（1）观察判断。抢防守篮板球前，防守者应与对手保持适当距离，有利于兼顾球和对手。在球出手的刹那，应首先盯住自己的对手，判断他的意图，以便采取相应的行动，切忌只看球不看人，从而给对手造成冲抢的机会。

（2）预堵。对手投篮出手后，各防守队员都应采用平步（或侧步）面向的防守步法，同时屈膝，并张开双臂，堵截自己的对手向篮下冲抢，也可主动上步贴近对手，使其无法起动或延误其起动冲抢时间。这时要特别注意提防对手假动作的诱惑，不宜过早地向篮下撤步，要力争不给对手强行挤抢的机会。

（3）转身。转身是为了第二次堵截。当判定对手确实向某一方向移动起步冲抢时，防守者应同时以距离对手移动方向最近的一脚为轴做后转身，转身角度的大小应以使自己背部接触对手身体产生阻挡效果为宜。

（4）挡靠。挡靠是移步转身的结束动作。防守者在转身面向球篮落位以后，身体重心应稍向后靠，同时用背部迎接对手，以便完成转身和挡靠等动作。这样既收到实效，又恰到好处。对于因挡人而发生身体接触的情况，要在竞赛规则允许的前提下用力顶住，不可有顶肘、拉手、拱腰等犯规动作。转身、挡人后还要靠余光和背部的感觉继续对对手进行监控。

（5）起跳与抢球。防守队员可以观察球的反弹方向以及落点，调整位置，并做到及时起跳，可采用原地上步、跨步或撤步双脚起跳的方法。每一种动作都要求身体伸展，腾空方向尽量接近球的落点，同时注意在剧烈对抗中保持身体的平衡。在起跳前要顺势高举手臂，用挤靠对手的身体和高举、张开手臂迫使对手难以同自己争夺高度和有利空间。手指触球后，应有自上而下短促有力的扣腕、屈肘引球等动作。尽量用双手持球，紧握球并注意保护球，以防对方抢打。落地时屈膝缓冲，两脚最好对着边线方向，以便观察全场情况。防守队员抢获篮板球后应力争在空中将球传给接应队员发动快攻，如不能传球，则落地后应注意稳定重心，以身体保护球，并根据情况及时传、运球。

三、抢篮板球常犯错误及注意事项

1. 常犯错误

（1）没有掌握好起跳时机，失去了抢篮板球的机会或在最高点抢球的机会。

（2）抢位意识差，只看球而忽略了防守人，不能抢占有利位置。

（3）抢篮板球时，出现推人、拉人、撞人等犯规动作。

（4）抢防守篮板球时，容易出现过早的转身看球，不挡人堵位。

（5）抢篮板球获得球后，护球的意识较差，遭对手抢、打球而出现失误。

2. 注意事项

（1）抢篮板球技术应当在战术背景下进行练习，将抢篮板球技术与战术相结合进行训练。

（2）应将抢进攻篮板球和补篮或二次进攻结合起来进行训练。

（3）抢篮板球技术的教学训练应和其他技术相结合，抢进攻篮板球强调先冲抢占据有利位置再进行抢球。

（4）加强抢防守篮板球技术的教学训练与其他技术相结合，抢防守篮板球和传、运球突破技术相结合，抢进攻篮板球和补篮或二次进攻相结合进行训练。

四、抢篮板球教学与训练

1. 抢篮板球教学训练建议

（1）首先使学生明确抢篮板球在比赛中的重要性。在教学训练中，培养学生积极拼抢的意识和勇猛顽强的作风，养成"有投必抢"的习惯。

（2）抢篮板球是一项比较复杂的技术。刚开始教学时可以采用分解的教学方法，先学习原地起跳、抢球，再学习抢位、起跳、抢篮板球的完整技术动作，并逐渐加大难度，最后在对抗的条件下练习，或是在比赛中进行抢篮板球练习。

（3）抢防守篮板球时，应强调先挡人后抢球，不要过早地转身看球。抢到球落地后，应与发动快攻第一传结合练习。

（4）抢进攻篮板球时，要强调每次投篮后都应积极摆脱防守队员的阻挠，冲向篮下抢篮板球。

（5）加强抢篮板球技术与战术结合的训练。

（6）抢篮板球结合弹跳练习的同时，要加强空中身体对抗的训练。

2. 抢篮板球教学训练方法

（1）起跳和抢球练习。原地双脚起跳模仿抢篮板球的动作。此练习要强调抢篮板球的准备姿势、踏跳、空中伸展及落地的动作要领，根据学员的水平，可结合摸篮板、篮网进行练习。

（2）运用上步、跨步、转身、滑步等进行单脚或双脚起跳，进行单手或双手触篮板或篮圈的练习。

（3）自己向头上抛球（高度 5 m 左右），跳到最高点时，手臂伸直，用双手或单手抢篮板球的练习，每组连续练习 10～20 次。

（4）两人一组，其中一人负责抛球，另一人做抢球练习，可规定 10～20 次轮换。

（5）两人一组，站在篮圈两侧，轮换跳起在空中用双手将球拖过篮圈，碰篮板传给同伴。要求判断好起跳时间，跳到最高点托球。连续托传球 15～30 次。

（6）抢占位置练习。两人一组，相距 1 m 左右，对面站立，进攻队员运用假动作设法摆脱防守，抢占有利位置。防守队员利用转身或其他办法设法将进攻方挡住，并起跳模仿抢篮板球动作。做一定次数攻守交换。

（7）两人一组，站在距球篮 3 m 处，一人进攻一人防守。教师在罚球线投篮，开始攻方可以消极移动，防守人练习转身挡人抢篮板球。也可以让防守人消极移动，练习攻方冲抢篮板球。然后逐渐加强对抗性。

（8）半场二对二、三对三的抢位练习。要求攻方只许传球、投篮。投篮后，进攻队员积极摆脱对手，冲抢篮板球。抢到球后继续进攻，守方则积极挡人抢篮板球。可规定守方抢到 5 次篮板球后，交换防守。

（9）半场二攻二，做左投右抢的练习。进攻队员可以站在球篮两侧 45°角，距离球篮 5～6 m，如果左侧投篮，右侧进攻队员要积极冲抢篮板球。当右侧进攻队员抢到篮板球时，将球拿到右侧 5～6 m 处进行投篮，左侧进攻队员冲抢篮板球。防守队员抢到篮板球后，迅速传给靠弧顶的教师。防守队员抢到 5 次篮板球后，攻守进行交换。

（10）半场五对五抢篮板球结合发动快攻第一传练习：守方明确接应第一传的队员和地区，当防守队员抢到篮板球后力争在空中转体将球传给接第一传的队员。空中不能传球的话，落地后再将球传出。如果进攻队员抢到篮板球继续进攻。

第五章　篮球战术的教学与训练

　　篮球战术是篮球比赛中队员所运用的攻守方法的总称，是队员个人技术的合理运用和队员之间相互协同配合的组织形式。在比赛中队员之间采用相互协同行动的方法，其目的是更好地发挥本方队员的技术与特长，制约对方，力争掌握比赛的主动权。

第一节　队员的位置和分工

　　篮球比赛中很早就有队员的位置分工，随着技术与战术的发展和规则的演变，正确分配队员的位置，明确其职责就更为重要。篮球战术中队员的位置从大的方向上可分为中锋、前锋、后卫；按场上队员落地位置细分为控球后卫、得分后卫、小前锋、大前锋、中锋。

一、控球后卫(PG)

　　控球后卫(Point guard)是球场上拿球机会最多的人。他要把球从后场安全地带到前场，再把球传给其他队友，给其他人创造了得分的机会。如果说小前锋是一出戏的主角，那么控球后卫便是这出戏的导演。

　　控球后卫的运球能力要强，他必须要能够在有人防守的情况下，安全地将球带过半场。同时，他要具备很好的传球能力和组织能力，组织本队的进攻，让队友的进攻更为流畅。

　　对于一个控球后卫还有一些其他要求。在得分方面，控球后卫往往是队上最后一个得分者，也就是说，在其他队友都没有机会得分时，他要有颇强的得分能力。

　　总而言之，控球后卫有一个不变的原则：当场上队友的机会比他好时，他一定要将球交给机会更好的队友。对控球后卫的命中率要求也比较高，一般要在五成以上，要比小前锋和得分后卫高，外线和切入是他必备的两项利器。

二、得分后卫(SG)

　　得分后卫(Shooting guard)，由其字义不难得知，他以得分为主要任务。他在场上是仅次于小前锋的第二得分手，他需要队友给他创造空当后投篮。因此，他的外线准头与稳定性要非常好。

　　得分后卫经常要做的事有两件，第一是有很好的空当来投外线，因此他需要非常好的外线准头与稳定性。第二是要在小小的缝隙中找出空当来投外线，所以他需要非常快的出手速度。一个好的得分后卫不能期望每次都有好的空当，应该能在很短的时间内找机会出手，而命中率也要有一定的水准，只有这样，才能让对方的防守有所顾忌，拉大防守圈，这样更利于队友在禁区内发起攻势。

　　如此说，得分后卫的命中率一定要很高吗？其实不然。因为我们虽然希望他有较好的准头，但是别忘了他的出手距离经常都是相当远的，我们不能希望一个射手投外线的命中率要高于前锋、中锋篮下打板的命中率。更何况，得分后卫有时也得要自己找机会单打出手，或是在人缝中找空当，所以他的命中率不会太高，这是可以理解的。一般而言，能到四成七、四成八就算是不错了，五成以上已是上上之选。

三、小前锋(SF)

小前锋(Small Forward)是球队中最重要的得分者。对小前锋最根本的要求就是能得分，而且是较远距离的得分。小前锋一接到球，第一个想到的就是要如何把球投到篮筐里。他可能会抓篮板，可能很会传球，可能弹跳很好，可能防守极佳，但这些都不是最必要的。小前锋的任务，就是得分、得分、再得分。

小前锋乃是对命中率要求最低的一个位置，一般而言四成以上都可以接受，只要四成五就算得上合格。当然这有一个前提，就是他要能得分。如果一个小前锋每场球得个七、八分，命中率还只有四成的话，那还不如叫他去坐板凳。为什么小前锋的命中率可以比较低呢？因为他是队上主要得分者，他经常要积极找机会投篮，甚至以较困难的方式单打对手来提升士气，乃至于给对手下马威，要在某些时刻稳定军心，给予敌方迎头痛击等。因此小前锋会有较多的机会出手，而且可能是不太好的机会，所以只要他能得分，我们可以容许他的命中率稍低。

四、大前锋(PF)

大前锋(Power Forward)在队上的角色就像苦工，抢篮板、防守、卡位都少不了他，但是要投篮、得分，他却经常是最后一个。

大前锋的首要工作便是抓篮板球。大前锋往往要挑起全队的篮板重任，他在禁区卡位，与中锋配合。当进攻时，他又常常帮队友挡人，然后在队友出手后设法挤进去抓篮板，做第二波的进攻。通常仅有少数的时间，会要求大前锋沉底单打，这时候他便在禁区附近来个翻身、小勾射之类的，做些近距离的进攻。既然大前锋一般较少出手，而其投篮的位置又经常很靠近篮筐，那么对其投篮的命中率自然要求也较高了。以场上五个位置来说，大前锋应该是命中率最高的一位了，一般来说应该达到五成以上。不过由于得分不是他的强项，所以他只要篮板抓得多，得分可以不多。此外，防守时的"火锅能力"自然也是大前锋所必备的，因为他要巩固禁区，防守当然重要。总而言之，大前锋就是要做好两件事：篮板和防守。

以往，大前锋往往就是做苦工的，在场上他们少有接球单打的机会。但是现在篮球观念日新月异，大前锋也就慢慢在进攻方面有所加强了，这也正是大前锋今昔最大的差别。

不过，一个好的大前锋，还是要以在禁区的苦工为主的。一个能抓篮板能防守，但是进攻能力不佳的球员，我们会称他是好的大前锋，但是一个很能得分却在篮板、防守上失职的球员，根本不能算是一个大前锋。

五、中锋(C)

中锋(Center)是一个球队的中心人物，不论攻守，他都是球队的枢纽，故名之为中锋。中锋要做哪些工作呢？首先，他既然是待在禁区里面，那么篮板球是绝不可或缺的。再者，禁区又是各队的兵家必争之地，当然不能让对手轻易攻到这里面来，所以阻攻、盖帽的能力也少不得。而在进攻时，中锋经常有机会站在靠近罚球线的禁区内(整个进攻场的中心位置)接球,此时他也应具备不错的导球能力,将球往较适当的角落送出。以上是中锋应具备的基础技能。而在球队中,中锋也经常身负得分之责,他是主要的内线得分者,与小前锋里外对应。

因为他要能单打,所以在命中率上的要求可以低些,但他出手的位置又往往较接近篮筐,所以命中率又应该高些,大致来说,五成二可以作为一个标准。对中锋命中率的要求,是仅次于大前锋的。

一名好的中锋还得多才多艺。在进攻方面,中锋在接近篮筐的位置要有单打的能力,他要能背对着篮筐做单打动作,转身投篮是最常见的一项,而跳勾、勾射则是更难防守的得分方式。在防守方面,要成为一个好的中锋,除了守好自己该守的球员之外,适时帮忙队友防守也是必需的。简单地说,若敌方的球员突破过了队友的防守而往篮下进来,中锋便要有一夫当关之勇,守住己方的禁区。当然,不是说每次都能滴水不漏,但总是要有"能帮忙"的能力,除非对方是超强的进攻中锋,否则若一个中锋只能守住自己的人,那是远远不够的。

中锋有一种变形,也就是所谓的外线中锋。不同于正常的中锋,他的进攻主要是跑到外面去投外线,而少做禁区单打的工作。由于中锋的个头高,其他矮个子根本守不住,所以到外线投篮可以把对方的中锋引出来,故其在前锋较强时也相当管用,而在防守时,他就与一般中锋无异,照样防守对方中锋,照样地抓篮板。

第二节　战术基础配合

一、进攻战术基础配合

进攻基础配合是指进攻队员两三人之间为了创造进攻机会,合理运用技术而组成的合作方法。基本配合方法包括传切配合、突分配合、掩护配合和策应配合。

(一) 传切配合

传切配合是进攻队员之间利用传球和切入技术所组成的简单配合。

1. 传切配合的方法

示例一:一传一切。如图 5-1 所示,⑤传球给④后,立即摆脱对手❺向篮下切入,接④的回传球投篮。

示例二:空切。如图 5-2 所示,④传球给⑤,⑥立即摆脱对手❻向篮下切入,接⑤传来的球投篮。

图 5-1　一传一切

图 5-2　空切

2. 传切配合的要求

传球队员要利用瞄篮、突破、运球或假动作吸引和牵制对手。切入队员要根据情况把握好时机，果断、快速摆脱对手切入篮下，并接同伴的传球。当切入队员摆脱对手处于有利位置时，应及时而准确地将球传给他。

（二）突分配合

突分配合是持球队员在突破过程中受到防守队员阻截时，及时将球传给无人防守或已摆脱防守的同伴，为同伴创造进攻机会的配合方法。

1. 突分配合的方法

如图 5 - 3 所示，⑤从防守者的左侧突破，❹协防，封堵⑤向篮突破的路线，此时④及时跑到有利的进攻位置，接⑤的球投篮，或做其他进攻配合。

图 5 - 3　突分配合

2. 突分配合的要求

突破动作要快速，要随时观察场上攻守队员行动和位置的变化，既要做好投篮的准备，又要及时、准确地传球给同伴。其他进攻队员要及时跑到有利于进攻的位置上接应。

（三）策应配合

策应配合是指进攻队员背对篮筐或侧对篮筐接球，作为枢纽与同伴空切相配合而形成的一种里应外合的进攻方法。

1. 策应配合的方法

示例一：如图 5 - 4 所示，④摆脱防守插到罚球线作策应，⑤将球传给④，并立即空切篮下，接④的策应传球投篮。

示例二：如图 5 - 5 所示，④传球给策应者⑤，并从⑤身边切入篮下，⑥向底线下压后绕出，⑤可将球传给④篮下进攻或传给⑥外围投篮，也可自己进攻。

图 5 - 4　策应配合（一）

图 5 - 5　策应配合（二）

2. 策应配合的要求

策应者要及时抢位接球，接球后两脚开立，要用手臂、身体和腿部挡住防守者。两手持球于胸前，两肘外展保护球，身材较高的策应者可将球持于头上。要随时观察场上情况，以便及时将球传给最有利进攻的同伴，注意自己的攻击机会，根据攻防的实际情况，处理好内外结合的关系。在策应过程中要用转身、跨步、假动作及时调整策应的方向和位置，以便协助同伴摆脱防守，增加策应的变化与成功率。

配合队员要根据策应者的位置，及时传球给策应者远离防守的一侧，做到人到球到；或设法摆脱防守，切入、绕出接球。

（四）掩护配合

掩护配合是掩护队员采用合理的行动，用自己的身体挡住同伴的防守者，使同伴借机摆脱防守，或利用同伴的身体和位置使自己摆脱防守的一种配合方法。

掩护队员给同伴做掩护时，要突然跑到同伴的防守者的移动路线上，保持适当的距离（应按规则的要求，根据防守者的视野所及的范围而定），两脚开立，两膝微屈，两臂屈肘于胸前，上体稍前倾，扩大掩护面积。当同伴利用掩护摆脱防守时，掩护队员应随着防守者移动，转身切入准备抢篮板球或接球。

掩护配合可以在无球队员与有球队员、有球队员与无球队员、无球队员与无球队员之间完成。掩护的种类有前掩护、侧掩护、后掩护，其区别在于掩护队员站在同伴防守者身旁的位置不同。例如侧掩护，是掩护队员站在同伴防守者的侧面，用身体挡住防守者的移动路线，使同伴得以摆脱防守。

1. 掩护配合的方法

示例一：给持球队员做侧掩护。如图5-6所示，⑤传球给④后跑到❹的侧面做掩护，④接球后做投篮或突破的动作，吸引❹的防守，当⑤到达掩护位置时，④持球从❹的右侧突破投篮。⑤掩护后及时移动到有利的位置去接球或抢篮板球。

示例二：给无球队员做侧掩护（反掩护）。如图5-7所示，⑤传球给④后，跑去给同伴⑥做掩护，当⑤跑到⑥侧面掩护到位时，⑥贴着⑤切入篮下接④传来的球投篮。④接到⑤传来的球后，要做投篮、突破假动作吸引自己的防守人和调整配合时间，当⑥借助⑤掩护插入篮下无人防守时，④及时将球传给⑥投篮。⑤掩护后要根据防守的情况和⑥的移动情况及时采取其他战术行动。

图5-6　掩护配合（一）

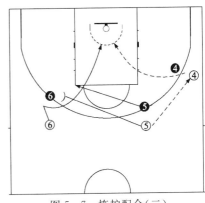

图5-7　掩护配合（二）

掩护配合还有定位掩护、行进间掩护、连续掩护、假掩护等。掩护后经常出现第二次机会，如图 5-8 所示，⑤做掩护后对方换防时，④就不向篮下突破而适当向外拉开运球。⑤则及时利用转身把❹挡在身后而向篮下切入，接④的传球投篮。又如图 5-9 所示，④给⑤做后掩护后，④与⑤换防，④及时转身切向篮下，接⑥的传球投篮。

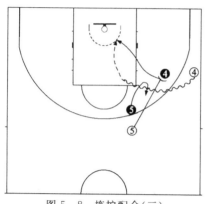

图 5-8　掩护配合（三）

图 5-9　掩护配合（四）

2. 掩护配合的要求

做掩护的队员目的要明确，行动要隐蔽，动作要合理，避免造成犯规；被掩护的队员要配合掩护队员隐蔽行动意图与方向，运用假动作吸引对手，当同伴到达掩护位置时，摆脱对手的动作要突然、快速。掩护配合时队员配合要默契，注意及时行动。应做到节奏分明，动作果断，并根据情况变化，采取应变措施，争取第二个机会。

（五）进攻战术基础配合教学与训练的注意事项

（1）先教传切配合，再教突分配合，后教掩护配合，最后教策应配合。掩护配合先练原地掩护，后练行进间掩护；先练无球队员之间的掩护，后练有球和无球队员之间的掩护。

（2）做进攻战术基础配合练习时，可先不加防守，以便熟悉配合的方法、路线和配合的要求，由固定到变化、由消极防守到积极防守一步步地进行练习。

（3）练习方法的选择要从学生的实际情况和实战需要出发。任何一种配合的练习，都要考虑时机的判断，动作、方向、时间的变化，突然性，合理性这四个因素，并在此基础上，采用不同的进攻基础配合方法组合进行练习，提高战术配合的运用能力。

二、防守战术基础配合

防守基础配合是指防守队员之间为了破坏对方进攻的配合，或当同伴防守出现困难时，及时互相协作和帮助的行动方法。

下面逐一介绍常用的防守战术配合的方法。

（一）关门配合

"关门配合"是两名防守队员靠拢协同防守突破的配合方法。

1. 关门配合的方法

如图 5-10 所示，当⑤从正面突破时，❹ ❺或❺ ❻进行"关门"配合。

2. 关门配合的要求

防守队员应积极堵截进攻者的突破路线，临近突破一侧的防守队员要及时向同伴靠拢进行"关门"，不给突破者留有通过的空隙。关门配合也适用于区域联防。

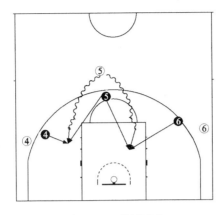

图 5 - 10　关门配合

（二）夹击配合

夹击配合是两名防守队员积极防守一名进攻队员的配合方法。

1. 夹击配合的方法

如图 5 - 11 所示，④从底线突破，❹封堵底线，迫使④停球，❺同时迅速向底线跑去与❹协同夹击④，封堵其传球路线，迫使其违例或失误。又如图 10 - 12 所示，⑤发边线球，❺协同❻夹击⑥，两人积极封堵⑥的接球。

2. 夹击配合的要求

夹击配合的目的是造成对手 5 秒违例或传球失误，因此，要正确地掌握夹击的时机和区域，行动要果断，要出其不意。在形成夹击时要用身体和腿部限制进攻队员的活动，用手臂封堵传球和接球，但要防止犯规。夹击配合一般是在边角区域进行。

图 5 - 11　夹击配合（一）

图 5 - 12　夹击配合（二）

（三）补防配合

补防配合是指防守队员在同伴漏防时，立即放弃自己的对手，去补防那个威胁最大的进攻者。补防配合是漏人的防守队员及时换防的一种协同防守方法。

1. 补防配合的方法

示例一：如图 5 - 13 所示，⑤传球给④后，突然摆脱防守的⑤直插篮下，此时❻放弃对⑥的防守而补防⑤，❺去补防⑥。

示例二：如图 5 - 14 所示，⑤持球突破❺，直接威胁球篮，❻放弃对⑥的防守而补防⑤，❺立即补防⑥。

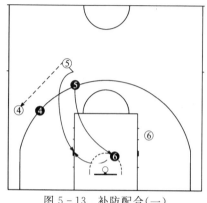

图 5 - 13　补防配合（一）

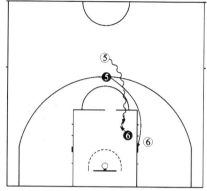

图 5 - 14　补防配合（二）

2. 补防配合的要求

补防时，动作要迅速、果断、及时。漏防队员要积极补防，其他防守队员要密切注意场上情况，及时调整防守位置，随时注意补防和断球。

（四）挤过配合

挤过配合是破坏掩护配合的积极有效的方法之一。防守者在掩护队员临近自己时，要积极向前跨出一步，贴近自己的防守对手，从掩护者前面挤过去，继续防住自己的对手。防守掩护队员的同伴时，要及时呼应，并配合行动，以备补防。

1. 挤过配合的方法

示例一：如图 5 - 15 所示，④传球给⑤后跑去给⑥做掩护，❹发现后要提醒同伴❻注意，❻在④临近的一刹那，迅速抢在④之前继续防守⑥。

示例二：如图 5 - 16 所示，⑤接球后向右侧运球，④上前来掩护，此时❹要及时提醒❺，❺在④临近的刹那，迅速靠近⑤，从④和⑤之间挤过，继续防⑤，❹要配合行动。

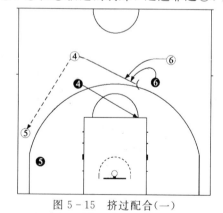

图 5 - 15　挤过配合（一）

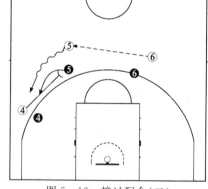

图 5 - 16　挤过配合（二）

2. 挤过配合的要求

挤过时，要贴近进攻者，上前侧抢步的动作要及时、突然、有力。发现对方掩护，一定要提醒同伴。要选择好有利协防的位置，密切注意两名进攻者的行动，及时做好补防。

（五）穿过配合

穿过配合是破坏掩护配合、及时防住自己对手的一种配合。

1. 穿过配合的方法

当进攻队员进行掩护时，防守去做掩护的队员要及时提醒同伴并主动后撤一步，让同伴及时从自己和掩护队员之间穿过，以便继续防住各自的对手。如图 10 - 17 所示，⑤传球给⑥后去给④做掩护，❺要提醒同伴，并离⑤远一点。❹当⑤掩护到位前一刹那主动后撤一步，从⑤和❺中间穿过，继续防守④。

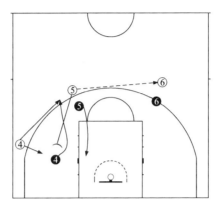

图 5 - 17　穿过配合

2. 穿过配合的要求

防守掩护的队员应及时提醒同伴并主动让路，穿过队员要迅速穿过，并调整防守位置和距离。穿过配合，一般在无投篮威胁时运用。

(六) 绕过配合

绕过配合是破坏对方掩护配合及时防守自己对手的一种配合。当进攻队员进行掩护时，防守做掩护的队员主动贴近对手，让同伴从自己的身旁绕过，继续防住各自的对手。

1. 绕过配合的方法

示例一：如图 5 - 18 所示，⑥传球给⑤并去给他做掩护，⑤传球给④后利用⑥的掩护向篮下切入，❺从⑥和❻旁绕过。

示例二：如图 5 - 19 所示，⑤传球给⑥利用④的掩护切入篮下，❺封堵⑤向球切的路线，迫使其向另一侧切入，此时❹要贴住④，❺从④和❹身旁绕过继续防守⑤。

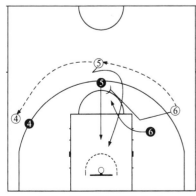

图 5 - 18　绕过配合(一)

图 5 - 19　绕过配合(二)

2．绕过配合的要求

防护者要及时提醒同伴，并贴近自己的对手，绕过队员要及时调整位置和距离，继续防住对手。

（七）交换配合

交换配合是为了破坏进攻队员的掩护配合，防守队员之间及时地呼应交换自己所防守的对手的一种配合方法。

1．交换配合的方法

示例一：如图5-20所示，⑤去给④做掩护，❺要主动发出换人信号，及时封堵④向篮下突破的路线，此时❹应及时调整自己的防守位置，防止⑤向篮下空切。

示例二：如图5-21所示，④传球给⑤，并利用⑥定位掩护切入篮下，此时❻看到❹被掩护住了，应主动招呼同伴换防，❻防④篮下接球，❹调整位置防⑥。

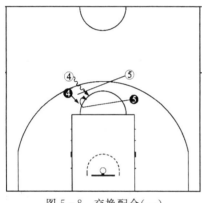

图5-8 交换配合（一）

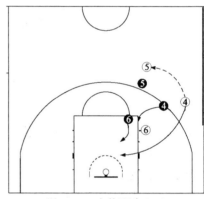

图5-9 交换配合（二）

2．交换配合的要求

交换防守时，防守掩护者的队员要主动发出换人信号，二人准备换防。两防守队员要到位交换，及时换防。运用交换防守后，应在适当时机再换防，以免在个人防守力量对比上失衡。

（八）防守战术基础配合教学与训练的注意事项

（1）先教"关门"配合，后教挤过、穿过、绕过和交换防守配合，最后教夹击和补防配合。

（2）练习防守战术基础配合，一开始应在消极进攻的条件下进行，由固定到变化，再在由消极进攻到积极进攻的条件下提高防守配合能力。在训练中要严格要求，特别要注意配合的时间性、合理性。

第三节　快攻与防守快攻

一、快攻

快攻是由防守转入进攻时，进攻队以最快的速度、最短的时间在对方尚未部署好防守之前，将球推进至前场，争取造成人数上和位置上的优势与主动，是果断合理进行攻击的一种进攻战术。其特点是速战速决，攻其不备。快攻是现代进攻战术中最锐利的武器，最重要的反击得分手段。

(一)快攻战术的组织形式

快攻战术的组织形式,一般分为长传快攻、短传结合运球推进快攻、运球突破快攻三种。

1. 长传快攻

长传快攻指队员在后场获球后,立即把球长传给迅速摆脱对手的快下队员。这是一种偷袭的形式(图5-22),此战术是建立在准确的长传技术和快速奔跑、强行突破上篮等技术的基础之上的。由于长传快攻只有战术的发动阶段和结束阶段,因而进攻时间短,速度快,配合简单,是一种成功率较高的快攻战术形式。

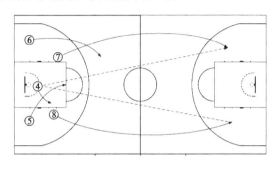

图5-22　长传快攻

2. 短传(结合运球推进)快攻

短传快攻指防守队获球后,立即以短距离快速传球的方式,直逼对方篮下进攻的一种快攻形式(图5-23)。这种快攻具有灵活、多变、机动的优点。参加配合的人数多,容易造成以多打少的局面。常与运球突破结合运用。

3. 运球突破快攻

运球突破快攻指防守队员获球后,利用运球技术超越防守,传球给比自己投篮机会更好的同伴或自己投篮的进攻方法。这一方法应抓住战机,减少环节,加快进攻速度,其主要是个人攻篮(图5-24)。

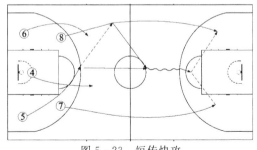

图5-23　短传快攻

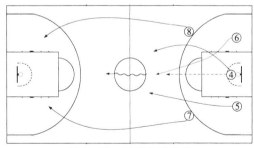

图5-24　运球突破快攻

(二)快攻战术的结构

快攻战术由发动与接应、推进、结束三个阶段组成。

1. 发动与接应阶段

根据篮球比赛攻守对抗与相互交换的规律,发动快攻的时机主要有抢得后场篮板球后、抢断球后、掷界外球和跳球时等几种。其中抢得后场篮板球后发动快攻次数最多,抢断球后发动快攻威胁力最大,偷袭长传快攻成功率最高。比赛时,防守队员获球便是发动快攻的信号。全队队员应及时按既定的快攻战术方案和战术行动路线分散选位。获球队员应快速准确地将球传给前移快下队员或接应队员，或者果断地传出第一传，或者快速运球突破防守自己的对手，或与接应队员紧密衔接。接应队员的任务就是要保证接到第一传后能及时将球迅速转入推进阶段。因此接应队员要灵活机动，选择有利于衔接的位置，抓住时机有意识有决心地加快推进前场，展开快速决战结束进攻。

2. 推进阶段

推进阶段是快攻战术中承前启后的阶段，要抓住时机加快推进速度，提高相互协同配合，关键要做到人、球在位置上的主动。不论运球推进或传球推进，都要突出一个"快"字，有快的行动，有快的意识。

3. 结束阶段

结束阶段是快攻的最后攻击阶段。发动与接应是前提，推进是纽带，快速果断有效地结束快攻则是快攻的根本目的。

（三）快攻的基本要求

树立快攻意识是发动组织快攻的前提，要抓住时机，做到接应快、分散快、转换快、传球快、推进快和攻击快；全队队员要行动一致，积极投入到快攻行动之中，要以压倒对方的气势去完成快攻的任务；在技术运用上要果断、准确，在战术组织上要环环紧扣。不轻易降低速度，纵深队形，三路出击，相互协同，先后有序；注意快攻攻击后积极拼抢篮板球进行二次进攻，在快攻不成时，要与阵地进攻衔接，及时转入阵地环节继续进攻。

二、防守快攻

防守快攻是指比赛中由进攻转入防守时，用于阻止和破坏对方使用快攻的防守战术。防守快攻最根本的方法是提高本队进攻的成功率，减少对方发动进攻的机会，减少不必要的失误，组织拼抢篮板球，以利于本队部署防守。现代篮球比赛速度不断加快，努力提高防守技、战术质量和深入研究防守快攻战术显得越来越重要。防守快攻战术是一个有机的整体，必须根据快攻攻势的展开，有针对性地去防守，力求延缓对方进攻的速度，打乱进攻的节奏，推迟进攻攻击时间，以利迅速组织阵地防守。

（一）防守快攻的方法

1. 拼抢前场篮板球

根据比赛资料统计，抢获后场篮板球后发动快攻的概率最大，因此，积极组织拼抢前场篮板球才有可能获得再次进攻的机会，同时也有利于立即转入封堵对方第一传的防守。

2. 封堵第一传和接应点

及时封锁和堵截对方发动快攻的第一传和接应点是防守快攻的重要环节之一。一般在对方控制后场篮板球、掷界外球和抢断球时采用近身积极封堵、紧逼、夹击等方法。

3. 防守快下队员

在进攻队发动快攻时，防守队员应积极堵截中场，使进攻队员不能直线长驱直入篮下，无论是对徒手队员还是对运球突破队员，都要采取堵中放边的策略，以终止和延缓其进攻的时间，使其失去快攻的时机。所以要求防守队的后线队员要一边扫视观察全场一边迅速快下，在兼顾控制中场的同时，积极运用退守领防抢占有利的路线和位置，并紧逼追截沿边线快下的无球进攻队员。

4. 堵截接应点

当对方采用固定接应方式时，应抢占对方的接应点，截断接应队员与第一传的联系，控制其移动；当对方采用机动接应时，防守队员应迅速紧逼对手，进行机动紧逼人盯人防守，以干扰与控制对方任一队员的接应意图与行动，从而达到破坏和延误对方快攻发动和快攻推进的速度；当进攻队发界外球又无长传快攻的机会时，防守队一方面要就近封防第一传，另一方面要有两名队员就近及时夹击接应队员，并在夹击中抢断球。

5. 以少防多

防快攻时，特别是在以少防多的情况下，防守队务必注意保护篮下，根据进攻队的进攻及时选择有利的防守位置，做到人球兼顾，并适时针对对方的薄弱环节迅速采取攻击行动，大胆运用攻击性防守破坏对方进攻。不论是一防二还是二防三，都要根据进攻情况相应变化与调整防守位置，延缓对方的攻击。

（二）防守快攻的基本要求

在积极防守思想的指导下，要求全队整体布防，队员各司其职，行动一致，积极主动地从不同位置上全面追截，制止对方发动快攻，延缓快攻速度。或阻截接应队员，或封堵对方第一传，或干扰其向接应区移动，或积极追防快下队员和在中场堵截、干扰或抢占其习惯的接应点，或阻挠对方使其不能顺利地传球和运球。力争防守人数上均等，若是以少防多，则应沉着冷静、机智果断、大胆出击，赢得时间上和力量上的均衡；任何位置上的对方投篮，都要积极进行干扰和封防，影响其命中率，并要拼抢篮板球。

第四节　人盯人防守与进攻人盯人防守

在篮球比赛演变发展过程中，人盯人防守战术是出现最早、破坏性相对较强的防守体系，是篮球防守战术中最重要的一个系统，它是以盯人为主兼顾球位，做到人球兼顾，每名防守队员都积极盯住自己的进攻对手，并与同伴进行共同协防的全队防守战术。人盯人防守是现代篮球运动比赛中一种最基本、最常用的防守战术。而这种"以人为中心"的防守原则，既是篮球防守的特点，又是今后篮球防守战术的发展趋势。在现代篮球比赛中，各队都把它作为重要的战术方法和手段加以运用。人盯人防守战术能够有效地发挥运动员个人防守能力和集体防守力量，不断根据人和球的位置及对手移动情况，随时调整防守力量和队员的防守位置，控制进攻队人与球、人与人的联系。

人盯人防守战术根据防守区域的范围通常分为半场人盯人和全场人盯人防守几种形式，而半场人盯人防守可分为扩大人盯人和缩小人盯人防守，运用中又可分为松动人盯人和紧逼人盯人防守。人盯人防守的特点是：以盯人为主，防守的针对性强，有利于破坏和控制对方既定的进攻战术配合。防守的机动性强，易根据对方进攻的情况及时调整防守部署；队员防守分工明确，有利于发挥队员防守的积极性和提高责任心，有效地控制对方的进攻重点和外围投篮。不足之处是篮下防守略为薄弱，个人防守能力弱、协同防守差的队易被进攻队分割后各个击败，不易组织集体的抢篮板球战术。

人盯人防守要求运动员牢固掌握战术的基本组织原则和运用方法，在比赛中根据攻守双方的实际情况，选择有针对性的人盯人防守战术形式；具有强烈的攻守转换及人盯人的防守意识，在以盯人为主的基础上，积极移动选位，兼顾"人、球、区"；具备扎实的防守基本功，良好的身体素质，顽强的战斗作风和熟练掌握、运用个人防守战术；善于观察判断和随机应变，加强与同伴的配合，增强防守的集体性，注意保护篮下和积极拼抢篮板球。

一、半场人盯人防守与进攻半场人盯人防守

（一）半场人盯人防守

半场人盯人防守战术是指由攻转守时，全队用最快的速度退回后场，每人的防守都有明确的被防对象的人盯人防守战术。半场人盯人战术是运用最多的一种防守战术形式，是篮球运动中各种防守战术的基础。这种战术防区较小，协同互补性较强。由于每个人防守的对象相对明确，因此能很快地熟悉对手的技术特长和战术行动，有利于防守过程中根据对方的打法，及时调整防守范围，扩大或缩小防区，针对进攻的侧重点来配备和组织防守力量。

1. 半场人盯人防守的基本要求

由攻转守时，防守队员必须迅速退回后场，找到对手，组成集体防守；根据进攻队员和身高、技术特点、位置分工等配备实力相当的防守力量。遵循人球兼顾、"以人为主"的防守原则，防守队员的位置选择应根据"球—彼—我—篮"进行应变调整，如防守距离应按有球逼、无球截，近球贴、远球堵，近篮封、远篮控，运球追的原则进行调整。防守时眼睛余光要环视到攻守全局，并要经常保持基本的防守站立姿势，在积极移动中进行干扰、堵截、抢打断球。对有球队员要根据对手的位置，积极用手臂挥摆封锁传球路线和干扰投篮出手；对运球队员要积极追防，合理运用有效动作，使对方运球的落点处于自己两脚滑行之间的稍前方，堵卡运球路线，伺机抢打球，迫使其陷于被动，邻近的防守队员要进行协防；对无球队员的防守，应根据对手所处的位置及时调整，通常在外围应做到"球—彼—我—篮"兼顾的原则，这样在便于阻止接球和抢断球的位置上，使对手难于接球，或接球后不易与其他进攻技术衔接，不能顺利地进行攻击。在不同防区运用不同的防守方法，近球区与远球区、强侧与弱侧、内线与外线要有所不同、有所侧重，便于与同伴协防，加强防守的集体性和攻击性。总之，要使五名队员形成一个有机的防守整体。

2. 半场人盯人防守战术的方法

半场人盯人防守战术在实战运用中主要有半场缩小人盯人和半场扩大人盯人防守两种。由于缩小人盯人和扩大人盯人防守的任务和防守区域不同，因此战术形式和方法也不同，然而防守基本原则一致。

（1）半场缩小人盯人防守战术。这是对付中、远距离投篮不太准，突破和篮下攻击能力较强的对手的一种防守形式。它的防区较小，一般为 6～7 m，有利于控制对方篮下进攻和外线突破。

在有组织退回后场进行防守时，首先要控制持球队员，主动迎前防其投篮、传球和持球突破。防无球队员要按"球—我—他"的选位要求控制其接球，特别要加强对中锋队员的控制。全队在防守上要始终做到有球上、防守紧；无球缩、防守松；近球、近篮紧，远球、远篮缩。密切协同配合，控制篮下区域，加强防守的伸缩性和攻击性。由于进攻人盯人防

守战术一般都是采用各种掩护、策应、传切和突分等配合，因此，半场人盯人防守应在正确选择防守位置的基础上，针对进攻方法，积极运用挤过、穿过、交换、补防等配合，来完成集体防守任务。

缩小人盯人防守的战术形式有两种：一是在三分投篮线一带的区域里，呈马蹄形布防（近似于扩大了的"3-2"阵势的落位布阵），作好防守自己对手的准备。这种防守形式，主要是为了控制内线和封堵对手强行突破，以求制造抢篮板球反击机会。二是五名队员在中线稍后一带，有针对性地落位，分别盯住进入自己防区的队员，极力阻挠进攻队员进入本防区采取进击性行动。

(2) 半场扩大人盯人防守战术。这是一种带有紧逼性的防守阵势，一般用于对付外围投篮较准，突破与篮下进攻能力较弱和后卫控制、支配能力较弱的队。主要以夺球为目的，封锁、切断传球路线，阻止三分球投篮，破坏与分割对方习惯性的内外结合进攻配合，给对方造成心理压力，借以适时组织夹击，争取抢、断球反击快攻的机会。由于它的防区扩得较大（一般为8～10 m），所以虽有利于阻止外线进攻，但由于这种防守的重点在外线，相对而言内线防守较为空虚，互补防守较为困难。

下面根据进攻队带球进入的区域，介绍半场扩大人盯人的防守方法。

由攻转守，防守队员应迅速退回后场，并立即找到自己防守的对手。图5-25所示的A区，是防守队员开始紧逼对手的区域范围，特别是对持球队员要封锁其传球路线；对运球队员要阻止其突破，并设法迫使其停球；对无球队员要错位防守，并切断其接球路线，破坏其习惯的进攻配合。这一阶段的防守与半场区域紧逼有所不同，要求防守队员控制对方的进攻速度而紧逼盯人，不要求防守队员在进攻方持球队员刚越过中线时就上去紧逼和夹击。当进攻队员已进入图5-25所示的B区时，每名防守队员均应紧逼对手，根据球的位置，以不让对手轻易接球为目的，阻挠和切断其传接球通路，破坏对方的习惯进攻配合，阻挠对手落位到习惯的攻击点；如果遇到对方掩护时，为了避免出现高矮错配、强弱不均等现象，应尽量运用挤过防守，少用交换防守。

当运球队员被逼入图5-26中的底角时，防守队员可以组织夹击。将运球队员逼向左底角，近球防守队员❶和❷可以下移夹击①，❸准备断①传给②的球，并要防住自己所盯的③切入，❹准备断①传给③的球，并要防止自己所盯的④向篮下切入，❺防止⑤插向异侧进攻。

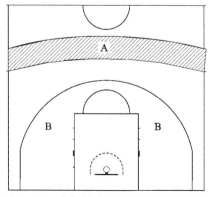

图5-25　半场扩大人盯人防守战术区域

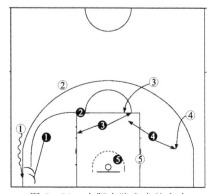

图5-26　人盯人防守中的夹击

（二）进攻半场人盯人防守

由于半场人盯人防守是篮球比赛中运用最普遍的防守战术，所以，进攻半场人盯人战术是一个篮球队必须掌握的基本进攻战术。

进攻人盯人战术是由各种掩护、策应、传切和突破分球等基础配合组成的全队战术。无论以哪种基础配合为主组成的全队战术，都应根据本队的身材、技术条件和特点，调动全队的积极性，发挥每个队员的技术特长，争取进攻的主动权，攻破防守。

1. 进攻半场人盯人战术的基本要求

（1）了解对手的情况，扬长避短地组织进攻。内线进攻与外线进攻相结合，正面进攻与两侧进攻相结合，扩大攻击面，增多攻击点。

（2）队员在场上要保持一定距离或分散队形，拉大防区以便于各个击破。

（3）沉着冷静、合理地组织进攻队形，充分利用基础配合组成全队战术；要在动中配合，注重战术配合的连续性。

（4）注重速度，讲究节奏，快慢、动静结合。控球队员不要急于处理球，特别应注意不要在边、角处停球，应积极组织队友运用传切、突分、掩护和策应等配合，争取局部突破。

（5）组织拼抢篮板球，注意攻守平衡，攻守转换速度要快。

2. 进攻半场人盯人的战术队形

进攻中，必须有一定的落位队形。选用队形应根据本队的条件，特别是中锋的身材条件、技术特点和本队战术打法来确定。进攻人盯人战术常见的基本阵形有以下几种：

（1）"2-3"阵形。如图5-27所示，主要以单中锋策应配合为主及其变化的方法。

（2）"2-2-1"阵形。如图5-28所示，主要以单中锋外策应进攻为主及其变化的方法。

图5-27　"2-3"阵形　　　　　　　　图5-28　"2-2-1"阵形

（3）"1-3-1"阵形。如图5-29所示，主要以双中锋上下站位及其变化的方法。

（4）"1-2-2"阵形。如图5-30所示，主要以双中锋篮下进攻及其变化的方法。

图5-29　"1-3-1"阵形　　　　　　　　图5-30　"1-2-2"阵形

（5）"1-4"阵形。如图 5-31 所示，主要以双中锋上提进攻及其变化的方法。

（6）"1-2-2"阵形。如图 5-32 所示，主要以无固定中锋的马蹄形阵形，机动中锋打法。根据场上防守情况可变换多种。

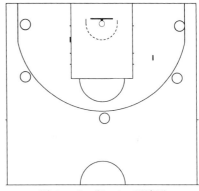

图 5-31　"1-4"阵形

图 5-32　"1-2-2"阵形

3. 进攻半场人盯人防守的战术方法

（1）双重叠掩护（"1-4"落位阵形）。这是"二大二中一小"的人员配备，以两对双重叠掩护为基础，在三分线附近组织三分球外线进攻，逐步向篮下移动双重叠掩护位置，组织内线进攻的战术方法。

如图 5-33 所示：①持球进攻，②与③在左侧三分区，⑤与④在右侧三分区，形成两对双重叠掩护，面对球或侧对球站立，③利用②做定位掩护，切向底角三分区，②切向左侧三分区。谁能摆脱防守接到球，谁即可投三分球。④与⑤冲抢篮板球，①与②准备退防，维持攻守平衡。

如图 5-34 所示：左侧双重叠在篮下落位，右侧双重叠在三分区落位，右侧打外线三分球配合，左侧打内线进攻配合。①持球进攻，将球传给利用⑤做定位掩护而摆脱防守的④，④在底角三分区投篮，或将球传给内线进攻的②或③投篮。

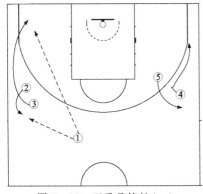

图 5-33　双重叠掩护（一）

图 5-34　双重叠掩护（二）

（2）传切、策应连续进攻法。如图 10-35 所示，②传球给③后，切入篮下。如图 5-36 所示，如果②未能接到球，则③运球突破做一打一。如果③未能突破对手，则运球后转身做策应。此时，由于②切入，③运球突破，防守必然会缩小。①切向③转身策应处，接③递给他的球，在外线投篮。如果不能投篮，④上移，⑤拉到左腰，①传球给④，④传球给⑤（图 5-37）左侧。

图 5-35　传切、策应连续进攻（一）

图 5-36　传切、策应连续进攻（二）

图 5-38 中，五名队员站位与图 5-37 类同，只是从右面传切、策应的进攻队形变到方面。

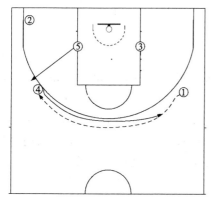

图 5-37　传切、策应连续进攻（三）

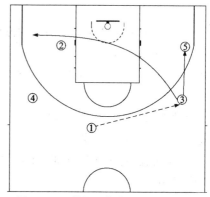

图 5-38　传切、策应连续进攻（四）

图 5-39 中，⑤传球给②后，切入篮下。

图 5-40 中，如果⑤未能接到球，②运球突破做一打一。如果②未能突破对手，则运球后转身到策应处。由于⑤切入，②运球突破，防守必然会缩小，④可以切向②转身策应处，接②递给他的球，在外线投篮。如果④不能投篮，则①上移，③拉到右腰，④传球给①，①传球给③（图 5-41）。

图 5-39　传切、策应连续进攻（五）

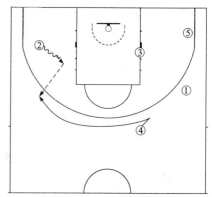

图 5-40　传切、策应连续进攻（六）

图 5-42 中，五名队员站位是经过左右连续传切、策应进攻配合后的落位，又回到第一次发动配合时的落位，只是进攻队员的号码有了变动。

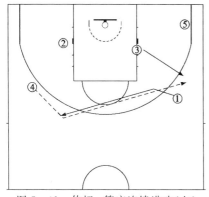

图 5-41　传切、策应连续进攻(七)

图 5-42　传切、策应连续进攻(八)

（3）内外掩护配合。这是内线队员为外线队员做掩护，或外线队员为内线队员做掩护的一种战术配合，现作为打第三高度的全队战术来叙述。如图 5-43 所示，进攻队以"3-2"阵形落位，内线两名进攻队员③与⑤与对方防守队员❸❺高度相仿，实力均衡，而第三高度相差悬殊（2.10 米对 1.90 米，或 1.95 米对 1.80 米）。进攻开始，利用声东击西的传接球先从右侧进攻，试图从③处打开缺口，突然转移到左侧。此时，内线队员⑤为外线队员④做掩护，④切入篮下进攻，如果❺跟防，与❹交换防守，则①可直接传高吊球给④投篮，或①传球给⑤，④在篮下打第三高度。由于❹与④相比，身高相差悬殊，在防守上处于被动局面，那么防守队员势必运用交换防守（图 5-44）。当⑤为④做掩护时，❺交换防守④，则高大队员⑤掩护后切入罚球线附近接①的传球投篮。

图 5-43　内外掩护配合(一)

图 5-44　内外掩护配合(二)

　　如图 5-45，外线队员④跑到内线为⑤做掩护，⑤跑到罚球线附近接球投篮，如果❺挤过，继续防守⑤，则①可将球吊传给切入到篮下的④投篮。

　　以上集中内外掩护配合的全队战术，都是围绕着第三高度、高矮错配的现象而设计和组织的进攻人盯人防守战术。

　　拉空一侧，通过中锋组织配合。如图 5-46 所示，②传球给①后，利用中锋做定位掩护切入篮下，①传球给③，③假做传球给切入的②，使强侧防守队员加强协防，密集一侧。然后③突然回传球给①。由于②跑到强侧，使弱侧位空，中锋⑤成一对一局面，①迅速运球到传球角度最佳位置，传球给中锋⑤投篮。

图 5 - 45　　内外掩护配合(三)

图 5 - 46　　内外掩护配合(四)

二、全场紧逼人盯人防守与进攻

(一)全场紧逼人盯人防守

全场紧逼人盯人防守是现代篮球防守战术中经常使用的防守战术之一,是人盯人防守系统中最具杀伤力和破坏力的战术,是一种攻击性防守战术。在由进攻转为防守时,就区、就地迅速寻找对手,立即展开全场范围内紧逼人盯人。比赛中,通过全场紧逼人盯人防守战术,可以打乱对方的进攻节奏,破坏对方正常的进攻战术,给对方造成巨大的心理压力,甚至让对方出现混乱或失误。全场紧逼人盯人防守要求防守队员具有很强的攻守转化意识,在全场始终贴身紧逼自己的对手,积极阻挠对手的行动,切断无球队员的接球路线,开展短兵相接的抢位防守,并运用抢球、打球、断球技术,利用堵截、夹击、换防、迫防和补防等攻击性防守配合来制造对方带球撞人、失误、违例等。破坏对方有组织的进攻,控制比赛的速度,制约进攻的节奏,力求迅速赢得控球权,争得比赛的主动权。

全场紧逼人盯人防守战术,能充分调动队员的积极性,发挥队员速度快、灵活性好的特点,也是一种利用地面速度来制约高空优势的有效方法。同时,该技术对培养队员顽强的拼搏精神、提高队员的身体素质和促进技术的全面发展都有着重要的作用。但要注意的是由于全场紧逼人盯人防守战术要在整个篮球场地上展开激烈的争夺,因此,防守面积的扩大,防守力量的分散,容易产生漏洞,尤其是漏人以后,难以组织集体协防的力量。所以,在全场紧逼人盯人防守中,增强队员个人防守的责任感,提高全面防守的能力,提高全队协同作战的意识是非常重要的。

1. 全场紧逼人盯人防守战术的基本要求

(1)由攻转守时,全队要思想统一,行动一致,每个队员要以先声夺人的气势,迅速找人,抢占有利的防守位置,投进篮之后要迅速地找到自己固定的防守人,寻找机会在边角一带夹击。

(2)防守无球队员时,以防止对手接球为主,人球兼顾,要抢前防守,迫使对手走外线和远离球。如对方摆脱或掩护时,必须全力追防或挤过防守,尽量少换防。

(3)防守持球队员时,首先要防止对方投篮或突破,要迫使对手向边线运球,并设法让他尽早停球。当对方停球后,要立即贴近防守迫使他远传球,以创造断球机会。

(4)要积极封堵对方的传接球和传球路线,特别是要紧逼对方的第一接应人。

(5)要充分利用球场的区、线和时间,利用规则,比如利用5秒、10秒、球回后场等规则，使对方处于被动状态而造成失误、违例，以夺取控球权，加强防守的攻击性。当球发进场之后，要把球向边线挤，防止对方在中路做曲线运球突破，要堵住中线的策应，防止对方空切直接上篮，防止对方直接将球传到篮下强攻造成本队的犯规。在强迫对方起速以后只允许对方做中远距离投篮，因为对方在高速奔跑中投篮命中率自然会下降，本队拿到篮板球以后就迅速发动快攻。

（6）防守时全队要有良好的配合意识，要照顾全场，与其他的防守战术交替使用。

（7）在紧逼防守中所有队员不能犯规，一旦犯规全场紧逼立即失效，不要企图从别人手中拿到球，而是通过紧逼造成对方恐慌和急躁以及传球失误而抢断球打快攻。

2. 全场紧逼人盯人防守战术的运用时机

全场紧逼人盯人防守战术虽是一种积极主动的攻击性的防御战术，但也有它的弱点，由于是在全场范围内进行的防守，防守的面积大，易被对方选择某一防守弱点作为突破口。如果有人漏防，将会给本队造成被动局面。因此，要根据双方比赛的具体情况，选择合理的运用时机，并尽可能地与其他的防守战术综合运用。一般在下面几种情况下使用：

（1）队员身材比较矮小，但速度快、灵活性较好的队，对付身材高大而欠灵活的对手，以摆脱篮下被动局面时。

（2）突然改变战术，出其不意、攻其不备，需要挽回败局或达到扩大战果的效果。

（3）对方队员控制球能力和突破能力较差，不善于进攻时。

（4）对方队员体力较差，为了有意消耗本方体力时。

（5）对付经验不足或对方替补队员力量较弱的队时。

3. 全场紧逼人盯人防守战术的配合方法

由于全场紧逼人盯人防守战术是在全场范围内与对手展开激烈的对抗与争夺，全场中不同场区的防守任务也有所不同，所以，把球场划分为前场、中场和后场三个区域，如图10－47所示。

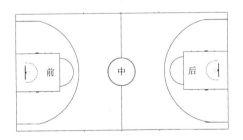

图 5-47 全场紧逼区域图

（1）前场的防守方法。当对方发端线界外球时，有两种紧逼方法。一种是紧逼防守发端线界外球的队员，如图 5-48 所示，在对方①跑到端线外准备发端线界外球的时间里，防守队员应该迅速找到自己的对手，选择好有利的防守位置，❶要挥动双臂，封堵传球角度，迫使①向边侧传球。❷要切断②中路的接球路线，迫使②向边侧移动。❸也要切断③中路的接球路线，迫使③沿另一侧边线移动。❹在中线附近紧逼④。❺在后场盯住⑤，并注意断①远吊给⑤的长传球。如果①将球传给②③，则❷❸都应堵住中路，迫使对方沿边线运球。另一种是放弃防守发端线界外球的队员，如图 5-49 所示，假如②是一名进攻核心队员，❶可以放弃防守掷界外球的①，与❷夹击防守进攻核心队员②，在第一防区就破坏对方组织的进攻。

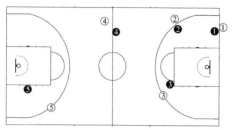

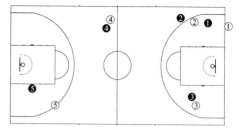

图 5 - 48　前场的防守（一）　　　　　　图 5 - 49　前场的防守（二）

当对方在后场边线掷界外球时，一般不紧逼掷球者，而采用上述方法夹击接球队员。当本方投篮不中，对方抢到篮板球后的全场紧逼，应在移动中就地找人，最主要的是要破坏其接应点的传球路线。对抢到篮板球和接应的队员及时紧逼。

（2）中场的防守方法。比赛中往往由于布阵不及时，使第一防区未能守住，但在第一防区紧逼过程中，为中场组织防守队形赢得了时间。第一防区主要利用中线与边线相交的两个死角，开展带有攻击性和诱导对方进入陷阱的夹击防守和轮转补防。

① 中场夹击与轮转补防。如图 5 - 50 所示，这种中场紧逼盯人与区域紧逼中的一线夹击稍有不同，全场紧逼人盯人防守以"一对一"形式的紧逼固定对手为主，区域紧逼以紧逼不固定的对手、守区盯人为其宗旨，而全场范围内的补防又与半场范围内的补防不同。在图 5 - 50 中，当⑤运球刚过中线时，❼堵住⑤，并与❺一起夹击⑤，❽补防⑦，❻补防⑧，❺应尽量封锁⑤传球给⑥的路线，迫使⑤传球失误、违例。一旦⑤传球给⑥，则❺补防⑥，形成顺时针轮转补防，仍然保持"一对一"形式的全场紧逼人盯人队形。

② 防中路策应。如图 5 - 51 所示，攻方采用高大队员在第二防区的中路策应进攻。掷界外球的队员④传球给⑥，⑥传球给在中场线附近的高大队员⑧，企图用中路策应的配合攻破第二防区。此时❻要积极封堵⑥向中路的传球路线。❽要错位防守，切断⑧策应的接球路线。如果⑧接到球，❻与❺都要防止⑥与⑤从第一防区向第二、第三防区空切。❼要紧盯⑦，割断这个策应队员再度从第三防区中路策应的接球路线，并要防守他的空切篮下。

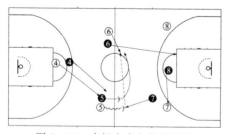

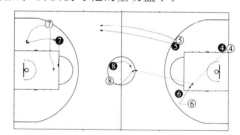

图 5 - 50　中场夹击与轮转补防　　　　　　图 5 - 51　防中路策应

（3）后场的防守方法。在全场紧逼人盯人防守中，一旦球进入第三防区，防守队应按照半场紧逼（扩大）人盯人防守的方法进行后场紧逼人盯人防守。如果在一、二区防守时，由于交换盯人、轮转补防出现防守队员中间高矮错配、强弱不均等现象，可以寻找适当的时机进行调整，以巩固第三防区的防守实力。

（4）后场紧逼的防守方法。防守队在前场和中场防守均未成功，进攻队已推进到防守队的后场时，防守队就要根据场上的具体情况采用相应的防守措施，对应队员应积极地封堵，并要积极破坏对方的习惯打法和进攻节奏，不让对方将球传到篮下。要远离远球区的对手，集中在近球区积极争夺，给对方造成心理上的压力，促使其出错，争取获得球权。后场的具体防守方法与半场人盯人防守方法相同。

（二）进攻全场紧逼人盯人防守

进攻全场紧逼人盯人防守，是指进攻队根据防守队在全场范围内进行紧逼人盯人时所采用的进攻方法和行动，是篮球进攻战术系统中的一种战术。为了能有效地攻破全场紧逼人盯人防守，队员应了解全场紧逼人盯人防守战术的基本方法和特点，认识全场紧逼防守变化规律，并根据本队的实际情况，组织有针对性的进攻配合，争取进攻的主动，破坏对方的防守。由于进攻全场紧逼人盯人防守战术是在全场区域进行的，因此，与半场进行的进攻战术相比，无论是从时间、空间和战术难度上，都有着相当大的差异。

1. 进攻全场紧逼人盯人防守战术的基本要求

（1）当对方采用全场紧逼人盯人防守时，全队要沉着冷静，思想统一，行动一致，伺机进攻。

（2）持球队员不要盲目运球。运球时，要注意观察场上情况，判断好突破的方向，更不要在边角或中线一带停球，以防对方夹击。传球时，尽量少用远传球，多以快传主动调动对手，接球队员要迎前或主动抢前接球。

（3）组织突破手进行突破，快速组织反击，争取在对方还未采用紧逼之前，打乱对方的防守部署。

（4）队员在场上的位置分布，要保持一定距离和分散队形，拉大对方防区，以便各个击破。要尽量让控球能力强的队员拿球，以便运用突破来打乱对方的防守。

（5）战术的组织与配合，力求简练实用。进入前场后应根据攻守双方疏散、落位的情况，迅速落位、布阵，转入阵地进攻。

（6）注意进攻的节奏。无球队员要积极移动，在全场连续进行传切、策应、掩护配合，造成对方在补防、换防时出现漏洞，形成以多打少的优势。

2. 进攻全场紧逼人盯人防守方法

（1）落位阵势。队员的落位是攻击的准备阶段。队员的落位与全队所采用的战术方法是紧密相连的。落位阵势一般有两种类型：

第一种阵式：如图5-52、图5-53所示，由守转攻时，全队五名队员集中于后场或扩大到中线一带区域，以便组织固定的进攻配合，并有意造成前场空虚，以便快速突破和偷袭快攻。

第二种阵式：如图5-54所示，进攻时全队五名队员迅速分散部署在全场，分割防守，分散防守与防守的协同合作，利用防守的薄弱环节和空当，进行个人战术攻击和配合进攻。

图5-52　进攻全场紧逼（一）

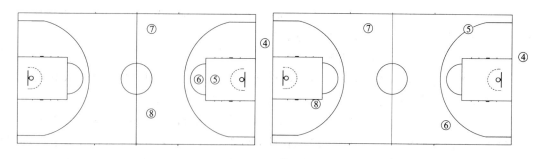

图 5-53 进攻全场紧逼(二)　　　　　图 5-54 进攻全场紧逼(三)

（2）后场进攻方法。后场进攻的关键是接应发球和推进。

（3）中场配合的方法。当球进入中场时，可以采用运球突破进攻法，也可以通过传切、掩护、策应等配合向前场推进，如图5-55所示。

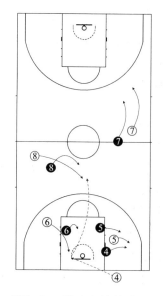

图5-55 进攻全场紧逼(四)

（4）前场进攻紧逼人盯人防守的具体方法与进攻半场紧逼人盯人的方法相同。

①固定配合进攻法。在全场紧逼人盯人防守中，犯规次数多、发界外球的次数多，组织固定配合，有利于接应第一传。

发端线界外球时的固定配合如图5-56所示，①发端线界外球，③④⑤三名队员在罚球线面对①站成屏风式的掩护横队。②假装做接应，突然利用屏风做定位掩护，快速摆脱防守队员切入篮下，接①的平直球上篮。如果没有远传球机会，⑤利用④③做定位掩护，③则利用④做定位掩护，各自到两侧接应界外球。

发边线界外球时的固定配合如图5-57所示，①发边线界外球，④利用③做定位掩护，快速摆脱防守切入篮下。⑤则准备接保险球。②利用③做定位掩护，摆脱防守切入篮下。③则准备接保险球。①可以根据场上变化传球给任何一名队员进攻紧逼盯人。这种一字形的固定配合有多种跑动方法，教练员可以训练跑速最快的队员直接快下上篮得分。

图 5-56　发端线球的配合　　　　　　图 5-57　发端线球的配合

②全场连续策应进攻法。如图 10-58 所示，①发端线界外球，②摆脱防守接应第一传。③面向球、背向篮在中圈前面策应，接②传给他的球。②传球后迅速前跑。④在前场罚球圈顶连续策应，接③传给他的球。⑤可以切入篮下，接策应队员④传给他的球投篮。

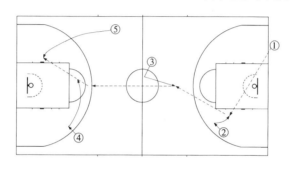

图 5-58　全场连续策应进攻

第五节　区域联防与进攻区域联防

一、区域联防

区域联防是篮球两大防守战术系统之一。区域联防是指由进攻转入防守时，全队队员迅速退回后场，按区分工各自负责防守一定区域的进攻对手，形成一定的防守阵势，把各个防守区域有机联系起来，并随球进行协同移动防守的一种全队防守战术。

区域联防战术最突出的特点是守区防人防球和保篮。区域联防战术随着现代篮球运动战术打法向综合化发展也有了较大的发展和完善。例如，当进攻队员运球突破、空切、溜底线时，则打破防守区域界限而采用人盯人防守的方法，加强防守时的换位、补位和协同防守的配合；扩大防守区域，增加共同防守的职责与区域；在半场、全场不同范围内采用区域联防战术配合，或在半场、全场不同范围内采用区域联防和人盯人防守两种战术相结合的配合，从而派生出对位联防和区域紧逼等攻击性、针对性、机动性与伸缩性较强的防守打法。

（一）区域联防的基本要求

（1）在分工负责防守一定区域的基础上，五个队员必须彼此呼应，及时换位、护送，相互帮助，协同一致，防球为重点，积极地随球移动，经常调整位置，做到人球兼顾。根据情况，队员可以换区、越区防守。

（2）根据区域联防的队形、队员的身高和技术特长，合理地分配队员的防守区域，把快速灵活、善于抢断球、反击快的队员分配在外线防守区域，把身材高大、补防意识强、善于抢篮板球的队员分配在内线防守区域。

（3）对有球队员要靠近防守，按照人盯人防守的要求，积极地防守对手的投篮、传球和运球，阻挠其投篮和运球突破。

（4）对无球队员的防守，对离球近的进攻队员要抢占有利的防守位置，减少对手在有威胁的区域内接球。同时，还要协助同伴进行"关门"、"夹击"、"补位"等防守配合；对离球远的进攻队员要防守其背插、溜底线，还要协助防守篮下有直接威胁的进攻队员。

（5）当进攻队员投篮时，一定要进行"封盖"，并组织好抢篮板球，力争获球由守转攻；当进攻队员采用频繁穿插移动，改变进攻队形时，防守队员不仅要堵截其移动路线，还要针对进攻队形，改变防守队形。

（6）对中锋队员要采取侧前或绕前防守，封锁接球路线，尽可能不让其接球。

（二）区域联防的形式、方法及其变化

1. 区域联防的形式

区域联防根据五个防守队员所占据的防守位置，组成各种不同的区域联防形式。区域联防具有能针对性地加强某些薄弱环节，队员之间易于协同配合，并能根据进攻的特点变换其他防守阵势的优点。随着实践运用，区域联防的形式、队员位置和防区分布比较均匀，防守机动性较大，适用于防守以及正面的进攻。区域联防的常用形式有："2-1-2"，"2-3"，"3-2"，"1-3-1"和"1-2-2"等。这些形式各有优缺点，在运用中必须加以重视。

2. 区域联防的方法

区域联防战术的方法较多，不同的联防阵势决定了不同的防守配合和方法。

以"2-1-2"区域联防为例。"2-1-2"区域联防的特点：五名队员分布比较均衡，以中间的一名高大队员为中心，把前排两名锋线队员和后排两名卫线队员有机地组成一个能够左右联系、前后呼应、便于相互协作防守的阵形（图5-59所示）。这种防守阵势，能有效地对付内外线攻击力量较强的队，适用于阻截正面突破和篮下威胁较大而"两腰"攻击力较弱的队（图5-60所示的斜线1、2、3、4区是防守的薄弱地区）。

"2-1-2"区域联防各个位置队员应具备的条件：如图5-60所示，位于中间的往往要防守对方的中锋，他应是身材高大、善于补位和抢篮板球的队员；突前防守的两名队员应善于抢断球和组织快攻反击，具有快速、灵活的素质；位于后排防守的两名应是身材高大、善于盖帽和抢篮板球、发动快攻的队员。

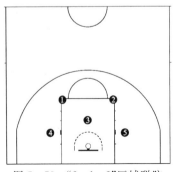

图5-59　"2-1-2"区域联防

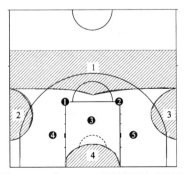

图5-60　"2-1-2"区域联防薄弱区

"2－1－2"区域联防的防守方法如下：

(1) 球在正面弧顶时的防守配合。如图 5-61 所示，①持球进攻，❷应上步防守①，❺应上步防守②，❶应防守③兼防❺，❸应上步防守外中锋⑤，❹防守底线的④。

(2) 球在侧面的两腰时的防守配合。如图 10-62 所示，①传球给③，❶迅速上去防守③。❷退回原来位置或协防⑤，以防⑤下移后②背插进攻。❸要防止⑤下移接球，设法切断⑤的接球路线。❹阻止④接球，❺向有球一侧的篮下移动。运用中，可以抢断③给②的横传球。如果③投篮，❸❹❺在篮下形成三角形包围圈，拦抢篮板球。

图 5-61 "2-1-2"区域联防方法(一)

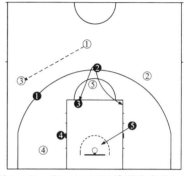

图 5-62 "2-1-2"区域联防方法(二)

如图 5-63 所示，③回传球给①时，防守应按照战术需要来移动。如果①投篮不准，则❷稍上前一步阻挠，准备在①传球给②后追球移动，赶上去防守②。❺应该在❷未赶到前防②，❷赶到后❺则退回篮下防守。也可以采用"伸缩性联防"阵势的特殊移动方法，即❶与❷均采用横滑步移动，封住两腰③②的投篮点，放弃防守弧顶投篮准的①。如果①投篮较准，②投篮欠佳，在①传球给②后，则应部署一名后卫❷上步防守②，但❷松动防守兼守⑤，便于②倒手回传给弧顶投篮手时上步继续防守①。

图 5-63 "2-1-2"区域联防方法(三)

(3) 球在底角时的防守配合。如图 5-64 所示，③传球给底脚④，❹上步防守④。为防止④底线突破，❶应退后协防。❸严密防守，如果⑤在内线接球.则❺向篮下移动防止②背插。❷向限制区中间移动，防止①②插入篮下。

(4) 防守溜底线的配合。如图 5-65 所示，①传球给②，④溜底线向有球一侧切入，❹要跟踪防守④。❺上步防守②，❺等到❷回来防守②时再从腰部撤回篮下，防守溜底线过来的④。

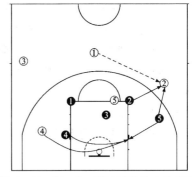

图 5 - 64　"2 - 1 - 2"区域联防方法(四)　　　　图 5 - 65　"2 - 1 - 2"区域联防方法(五)

（5）防守外中锋的配合。如图 5 - 66 所示，①传球给外中锋⑤，❸要上步阻止⑤投篮。❶❷协助防守⑤，❹要防止④插入内线，❺防止②切内线，迫使外中锋⑤将球传上线。

图 5 - 66　"2 - 1 - 2"区域联防方法(六)

二、进攻区域联防

进攻区域联防是针对区域联防的特点、阵势和变化所采用的进攻方法，是篮球进攻战术系统中的重要组成部分。

（一）进攻区域联防战术的基本要求

（1）进攻区域联防，关键是以快制胜，不论何时何地获得球权，都应抓住机会，发起快攻，目的是在对方未落位分区布阵前进行攻击。

（2）快攻不成转为阵地进攻时，有以下几点基本要求：要有针对性较强的进攻区域联防的阵形，在阵地进攻时要注意对方的防守弱点。布置突破口和远投手，外投内抢，内外结合，并针对区域联防重于内线防守的特点，先取外线攻击以扩大其防守区域，形成真空地带，趁机展开移动穿插，投、突攻击，内外结合，使其在跟防、协防、补防的情况下顾此失彼，从中寻找更多攻击机会。

（3）由于区域联防严防篮下，有利于组织抢防守篮板球，因此，在投篮攻击后应组织拼抢进攻篮板球，并注意攻守平衡。

（4）在组织进攻区域联防战术时，应充分运用传切、策应、溜底线、背插、掩护和运球突破配合方法，进行声东击西、内外结合的攻击，借以打乱防守队形，创造投篮机会。

（5）准确的中距离投篮是进攻区域联防的重要手段。进攻队员应该利用两个防区之间的空隙果断地进行投篮。

（二）进攻区域联防的形式与方法

1. 进攻区域联防的形式

进攻区域联防的战术队形常用的有以下几种：

"1-2-2"队形，如图5-67所示。

"1-3-1"队形，如图5-68所示。

"2-1-2"队形，如图5-69所示。

"2-3"队形，如图5-70所示。

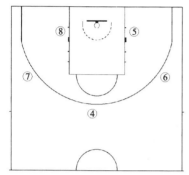

图5-67　攻区域联防"1-2-2"队形

图5-68　攻区域联防"1-3-1"队形

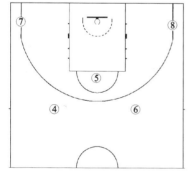

图5-69　攻区域联防"2-1-2"队形

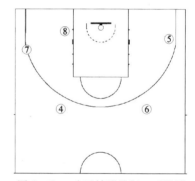

图5-70　攻区域联防"2-3"队形

2. 进攻区域联防方法

进攻区域联防应全面了解区域联防的特点和防守的一般规律，在抓住不同区域联防形式的薄弱环节的基础上，有针对性地组织进攻。

以"1-3-1"进攻"2-3"联防的方法为例。"1-3-1"进攻阵势，主要针对"2-1-2"和"2-3"区域联防。"1-3-1"进攻战术的基本特点是，外围存在三个以上投篮点，中锋、前锋和高前锋和底线队员内外联系，他们频繁移动，灵活穿插。其目的是在一个区域里形成以多打少的局面，结合两侧进攻队员的背插，大大加重对方在局部地区的负担。"1-3-1"阵势还能较容易地根据防守阵势的改变，灵活地进行战术变化。例如：对方由"2-1-2"联防改变为"1-3-1"联防时，两侧队员的位置移动较大，一个上提，一个落底，及时变为"2-1-2"进攻阵势。因此，"1-3-1"阵势是进攻区域联防的最基本的战术阵势。

"1-3-1"进攻"2-3"联防时，如图5-71所示，在防守队员❶❷前面部署三名进攻队员①②③，以"单对双"，以"三对二"，形成外线正面和侧面以多打少的局面，进攻阵型成

"1-3-1"落位。在图 5-72 中，"2-3"联防的薄弱地区是 1、2、3 斜线区。因此，进攻"2-3"联防的队员①应落位于 1 斜线区，②与③应落位于左、右斜线区，④落位于斜线区 1、3 交合处，⑤落位于篮下左侧中锋位置。

图 5-71　"1-3-1"进攻"2-3"联防落位

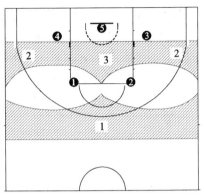

图 5-72　"2-3"联防的薄弱区

以"1-3-1"进攻"2-3"区域联防各个防区队员应具备的条件：如图 5-71 所示，①应是一名核心队员，传球技术娴熟，善于根据场上的形式组织进攻。②与③应是两名善于中、远距离投篮和能妙传给内线的得分手。④应是一名外中锋，需要较高的转身跳起投篮的命中率而且善于在罚球线附近进行策应。⑤应是一名中锋，善于在篮下进攻和抢篮板球，当然身材高大是很有必要的。

"1-3-1"进攻"2-3"区域联防的方法：如图 5-73 所示，①与②③在外线倒手传接，迫使防守队员扩大范围，防守队员❸出来防守③。此时，①可以传球给外中锋④，迫使❺上前防守④。"2-3"联防是为了加强篮下防守而设计的阵势，通过外线频繁传球，把两名防守篮下的❺❸都调动出来，迫使"2-3"联防朝"2-1-2"或"3-2"阵形转化。把高大防守队员调离篮下，这就给⑤创造了篮下进攻的机会，善于中投与传内线球的③，可传球给防守薄弱地区的⑤投篮。

图 5-74 中，①瞄篮时❷上步防守，则①传球给③。③瞄篮时❸势必要上来防守③，外中锋④就可以插入新出现的防守薄弱地区进攻。如果❺跟防④，则内中锋⑤可以插入新的防守薄弱地区进攻；如果④跟防⑤，则②可切向④移动后出现的新薄弱区，接③的平吊球，较顺利地投篮。

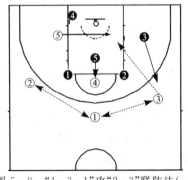

图 5-8　"1-3-1"攻"2-3"联防法(一)

图 5-9　"1-3-1"攻"2-3"联防法(二)

以上是"1-3-1"进攻区域联防比较典型的方法。一般来讲，进攻区域联防经常运用

"以双对单"、"以单对双"落位于各种区域联防薄弱区的方法，利用外线进攻，连续地向新出现的薄弱区移动，迫使防守扩大而攻取内线，或加强内线进攻，迫使防守缩小防区而攻其外线。在不断调动防守队员扩大防守或缩小防守的情况下，迫使防守队的阵形发生较大变化，即迫使防守"变阵"，攻其薄弱的、不擅长的防守阵形，就会取得良好的进攻效果。应用这种"以双对单"、"以单对双"的方法进攻单数突前和双数突前防守的各种区域联防，在方法上大致雷同。一个队如果较熟练地掌握了一套基本的、主要的进攻战术方法，就可以在运用中举一反三。

第六节　区域紧逼与进攻区域紧逼

一、区域紧逼

区域紧逼是两大防守战术系统综合发展而成的防守战术系统。防守队按预定的战术阵势分区落位，守区盯人，连续组织封堵夹击，力争获得控球权。它具有区域联防和人盯人防守的优点，体现了在区域中紧逼盯人，在紧逼盯人中守区的战术，是一种富有攻击性的整体防守方法。

区域紧逼的特点是：在防守实践中具有整体性、双重性和攻击性。整体性表现在队员的个人防守行动服从于整体，任何一个防区都从属于全场范围的防守，即既有分区界线和任务，又有区区相连形成整体区域防守，因此，训练时必须加强队员整体行动意识的培养；双重性表现在既要在区域中盯人，又要在盯人中守区，即要更好地完成区域紧逼的双重防守任务，队员必须具备个人防守和协同防守两重意识和能力；攻击性表现在积极主动地在全场展开争夺，争取时间，控制比赛节奏，展开紧逼、追防、夹击和抢断等攻击行动。

区域紧逼的缺点是：由于落位部署需要一定的时间，因此，不能及时影响攻守转换意识强的队的攻势，也不利于控制对方有组织的抢篮板球发动反击的速度。

（一）区域紧逼的基本要求

（1）防守时必须遵循"守区盯人兼顾"的原则，要求由攻转守时，全队积极移动，控制中取，逼走边角，快速出击，迅速按区落位，展开紧逼行动。

（2）在防守中要根据球的转移，保持"防球为主、兼顾盯人"的原则，近球区以多防少，远球区以少防多。

（3）在全队防守中，处于前线的防守队员，对有球队员要积极紧逼，堵中放边，迫使对方边角停球，形成追堵夹封的攻击性防守。在前场防守时，如果球向后场传并已经越过自己的防区时，不论原来分工的防区有无对手，都要以最快的速度、最短的路线向后场回防，使球处于自己的前方，轮转补位，伺机抢断。

（4）处于后线的防守队员，要根据前线有球队员的行动，对自己防区的进攻队员错位防守，注意堵截、夹击和抢断球。

（二）区域紧逼的基本阵势与方法

根据区域紧逼防守范围和落位队形的不同组合，构成防守重点不同的战术阵势，主要有"1-2-1-1"（图5-75）、"1-2-2"（图5-76）、"2-2-1"（图5-77）和"2-1-2"（图5-78）等。根据比赛需要和本队的条件，区域紧逼防守可以分为全场区域紧逼、四分之三区域紧逼和半场区域紧逼。

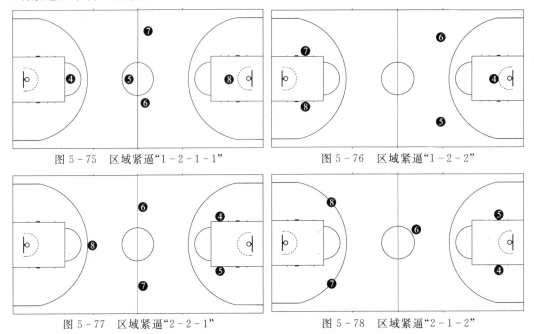

图 5-75　区域紧逼"1-2-1-1"　　　　图 5-76　区域紧逼"1-2-2"

图 5-77　区域紧逼"2-2-1"　　　　图 5-78　区域紧逼"2-1-2"

1. 区域紧逼防守方法

以全场紧逼"1-2-1-1"阵形为例。

（1）防守的落位。全场区域紧逼防守时，每名队员必须首先按照所采用的防守阵势迅速落位，注意进入自己区域的进攻队员，以便开展区域中盯人、盯人中守区的防守配合。

明确防守任务与分区分工。如图5-79所示，❹❺❻❼❽站成"1-2-1-1"阵势，❹的防区最靠前，离球最近，处于第一线。❺与❻守住两翼，落位于❹的后面。❼守住中场，落位于中圈附近，❽看家，离球最远。所有队员都落位于自己的防区，守住进入自己防区的对手。

（2）队员（个人）的防守。根据全场区域紧逼防守的一般规律，每名队员的防守方法如下：如图5-80所示，❹处于第一线，由攻转守时，要立即抢占最前的中区，根据不同的防守任务，一是紧逼发端线界外球的队员，迫使他把球传向有利于夹击的边侧；二是紧逼接球队员，并与❺围守夹击④，切断其接球路线，如果④在边上接到球，❹则与❺夹击之。❺的防守任务是阻止④接球，或当④接到球时与❹夹击之，如果④向前运球突破，则紧紧地追防。当❼在中场堵住④的运球或迫使其停止运球时，❺与❼要在中场附近"死角"对④进行夹击。❻堵截⑤的移动路线，切断其接应点，或当❽向有球一侧移动时，退回后场补位防守。❽阻止⑥或⑦的接应，或与❺夹击④，或与❻夹击⑤。❺与❻处于两翼，由攻转守时，其防守任务是立即抢占各自的半个虚线区域，并与❹保持三角形队形，努力协助❹阻止④或⑤接球，或与❹夹击接球者；如果④或⑤接到球时，则应迫使其沿边线死角运球，不让他向中间突破，以便与中场的❽进行夹击。当球已沿边线一侧推进时，另一侧的防守队员应迅速退回后场，协助后线队员防守篮下。❼处于中场区域，由攻转守时，其防守任务是控制中场虚线区域，抢断传球，并与两翼❺❻保持三角形队形，堵截中场区域的运球，或与❺夹击④，或与❻夹击⑤。一旦球越过中场，当后场❽补防时，❼应退回后场协助篮下。❽处于后线，离球最远，由攻转守时，其防守任务是控制后场虚线区域，抢断长传球。由于后线防守，往往要以少防多，故❽应以防守篮下为主。

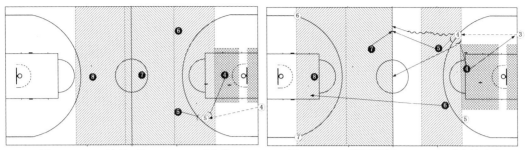

图5-79 区域紧逼"1-2-1-1"落位　　图5-80 区域紧逼"1-2-1-1"队员防守

（3）全队的防守。全场区域紧逼，一般可分为前、中、后场三段区域进行防守。球在不同区域，全队防守有着不同的要求。

① 球在前区时。当对方在端线掷界外球成掷球入场时，分队要做到"以势压人"，给对方以心理压力，造成紧张和慌乱，要全队统一起来，主动出击，迅速落位，积极滑步，控制防区，紧紧防住进入自己防区的对手，阻止球轻易越过自己的防区；以"逼球"、"夺球"为目的。紧逼有球队员，逼他按照防守的意图运球推进和传球，控制球的走向和速度，打乱对方习惯的进攻部署；抓住时机组织邻近同伴进行夹击，近球区的防守队员要与持球者的防守队员形成组合进行夹击，封堵传球路线，其他队员要积极错位防守，切断接应路线。要做到近球区紧逼，阻止接球；远球区松动，给持球者以"空当"的假象，让他们远传高吊球，以便伺机断球。

② 球在中场时。这种情况下主要是对有球队员向前推进时的防守。要求全队做到逼向边线，堵住中路，迫使持球队员朝边线运球。对无球队员要抢步、错位防守，防止其插入中区接应。轮转换位，防止传球到底角。当对方突破一线防守时，全队要向球的方向进行轮转补位防守，并防止持球者向对面底角或篮下空当处传球。球在二线时的防守任务，如图5-81所示，主要由❼❺来完成，❹和❻要及时轮转补位，做好协防。当④运球时，❺要尽力逼迫他沿边线推进，不让他向中路变向。❼要及时果断地移向中线边角，迎堵④并迫使其停球，以便与❺进行夹击。此时，❽要抢占⑥的侧前方，控制其接④的传球。④开始运球时，❹和❻要及时以最快的速度退防篮下和到三线进行协防，防止持球者进行远传球。

③ 球在后区时。当进攻队把球推进到后区时，由于防守人数不同和球的位置不同，防守要求也不一样。

以少防多：在后场的两名防守队员，经常以"1-1"落位在后场罚球弧圈顶和篮下，如图5-82所示，当球已越过中线时，两人往往以少防多。在二防三时，❼要迎堵⑧的运球，减低其运球速度。如果⑧传球给⑥，则❽防守⑥，❼向篮下移动，拖延进攻的投篮时机（一是要以少防多，二是拖延进攻时间），让同伴❻追防。如能阻止对方快攻，则再转入阵地防守。

利用底角进行夹击：当球进入底角时，如图5-83所示，后区防守队员可以组织夹击，球在左侧底角进攻队员⑦手上时，❼要阻止其底线突破，❽要错位防守⑧，❻要协防篮下，暂时放弃离球最远的⑥，全体防守朝持球者⑦作顺时针方向的轮转移动。❹果断地放弃对④的防守，下去夹击⑦，迫使⑦传高吊球给同伴。❺向夹击方向移动，准备断⑦传给④的高吊球。❻埋伏在断球路线上，随时准备断⑦传给⑥的高吊球，并注意协防中锋，打掉⑦吊传给中锋⑧的高吊球（图 5 - 84）。当球在右侧底角时，要求同上。

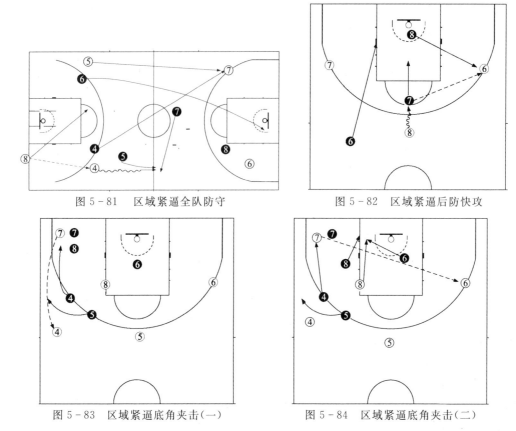

图 5 - 81　区域紧逼全队防守　　　　　　图 5 - 82　区域紧逼后防快攻

图 5 - 83　区域紧逼底角夹击（一）　　　图 5 - 84　区域紧逼底角夹击（二）

2. 半场区域紧逼

在后半场范围内，也可以组织各种类型的半场区域紧逼。半场区域紧逼的主要阵形有以下四种："1 - 2 - 2"形，"1 - 3 - 1"形，"2 - 1 - 2"形和"2 - 2 - 1"形。

二、进攻区域紧逼

进攻区域紧逼是针对区域紧逼的特点所采用的一种进攻战术。随着区域紧逼防守的出现，进攻区域紧逼经过多年的实践、改选和发展，已由主要依靠个人运球突破推进逐步形成了快速三角推进、回传跟进、弱侧反跑、中区策应和突分接应等配合打法，并逐渐完善，形成了一套完整有效的进攻区域紧逼的方法。

1. 进攻区域紧逼的基本要求

根据区域紧逼战术"逼球边路，缩小防区"的防守策略，进攻区域紧逼防守可采取"以快制逼，中路突破"的对策，采取相应的回传跟进、转移攻向、运球反跑、中区策应、组织空切等方法进攻。进攻区域紧逼首先要沉着冷静，不要被对方的紧逼声势所压倒，掌握好进攻节奏，减少失误；由守转攻时，要争取在对方队员到落位区展开堵截之前发动反击快攻，多运用短而快的传球，尽量减少长传球和高吊球；要少运球，特别是少向边角运球，更忌在边角停球；传球后要迅速移动选位，以利再次接球后进行配合。

2. 进攻区域紧逼的基本阵势与方法

进攻区域紧逼战术按进攻区域的大小不同，可分为进攻全场区域紧逼、进攻 3/4 紧逼和进攻半场紧逼类型的战术，针对防守的各种阵势，可采用"1-2-1-1"、"1-2-2"、"1-1-2-1"和"2-1-2"等各种不同落位阵势的进攻方法。进攻区域紧逼通常用快速转移球展开进攻的方法，即在对方尚未形成区域紧逼阵势前，以快速的越区传球来攻破之。

进攻"1-2-1-1"全场区域紧逼示例如图 5-85。进攻队员④往往是最靠近篮下的中锋，一般让他发界外球，⑤应是控制球和支配球能力最强的核心后卫，⑥是一名后卫，⑧是一名快下的前锋，⑦是一名高前锋。当对方投篮得分后，④快速拿球跑到界外去发球。⑤在接界外球前已观察好前场进攻形势，争取在守方尚未落位、布阵就绪时抢接界外球，争取第二次传球就能越过二线防区。如果二线防守队员❼落位靠前，阻止接球，则争取第二传就超越中线，⑤直接传球给超越过中线的⑥，⑥传给场角的⑧投篮，⑦跟进抢篮板球。如果二线防守队员阻止接球，则三线❽处于一防二位置，⑤可以传快速的平吊球给⑦或⑧攻破区域紧逼。这种快速的平吊传球进攻法是一种攻破全场区域紧逼威力较大的一种方法。

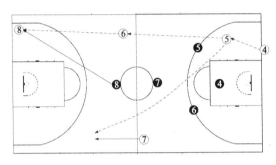

图 5-85　进攻"1-2-1-1"全场区域紧逼

另一种传球进攻法，即在进攻区域紧逼时，采用稳健传球，不丢球，不断改变进攻节奏的方法来寻找薄弱区域、单人队线和突破口来击溃防守。

进攻"2-2-1"全场区域紧逼示例如图 5-86。"2-2-1"全场区域紧逼，前场、中场有四名防守队员，后场只有一名队员防守，而其前四名队员往往以"2-2"落位，中间有空隙，后线空虚。针对"2-2-1"防守阵形，部署"1-2-2"进攻阵形。在后场部署两名进攻队员，并以三角形站位来对付前场的两名防守队员（图 5-87）。⑤发端线界外球后，迅速插到后场右侧❷的位置处，形成三角形的三打二传球队形。②接到界外球后不轻易运球，这就使防守队员❷进退两难，如果他上步紧逼②，则②可稳当地传球给⑤；如果他不让进入一线右侧的⑤接球，则②可传球插入中间空隙地区的策应队员③。此时，一线已被越区传球所攻破，处于一线的进攻队员①和⑤可以快下，进入中场、前场，中场进攻队员④可以朝前场篮下快下。进攻队员②留在后场，万一不能朝前推进，他可留在后面接保险球。当策应队员③接球时，中场防守队员❸上来防守他，则中场左翼已出现空隙，后场❺不会轻易到中场补位。此外，策应队员③可以利用双手头上传球给快下中、前场的①，如果后场防守队员❶对③进行夹击，则可以运球下篮；如果前场❺阻止，则①可以传给④上篮。

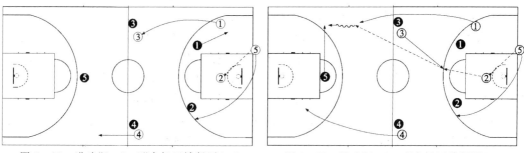

图 5 - 86　进攻"2 - 2 - 1"全场区域紧逼(一)　　　　图 5 - 87　进攻"2 - 2 - 1"全场区域紧逼(二)

三、区域紧逼的训练

区域紧逼防守,作为一种结合了盯人和联防的综合防守战术,以显著的防守效果和很强的攻击性获得了很多教练的重视。但区域紧逼防守,对全队的战术素养和战术协同的要求非常高,常常是长时间的训练也很难取得预期的效果。

这里介绍一种由徐国富教授提出的,高效的区域紧逼防守训练方法。徐教授通过全场区域紧逼防守新方法的训练,全面提高了校男子篮球队的攻防意识及技术、战术水平,在比赛中给进攻造成了极大的威胁,加快了攻防节奏,使对方在打法及体力上不能适应。

1. 练习准备

如图 5 - 88 所示,练习者排好队站在底线处,一名队员①运球突破,一名队员❸防守,即领防队员,教练员❾站在后场弧顶处,设一名二线队员❹即堵截队员站在罚球线前。

2. 区域紧逼

练习开始时,持球队员用各种运球方法摆脱防守者,而防守者快速移动,采用堵中放边,设法迫使运球者从边线突破,接近中线时要尽力靠近运球者;二线队员观察运球者的突破情况,等运球者已确定突破方向接近中线时,快速起动上前堵截突破路线形成夹击。如图 5 - 89 所示,这时在中场角造成四防一的局面,即领防队员、堵截队员、中线、边线。

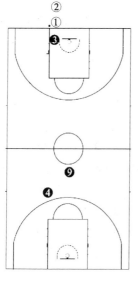

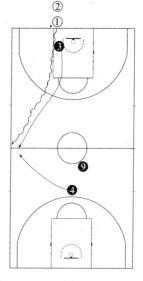

图 5 - 88　区域紧逼练习准备图　　　　图 5 - 89　区域紧逼练习夹防图

　　领防队员和堵截队员随着持球者的传球动向，快速挥动手臂，使持球者很难把球准确地传给同伴，造成持球五秒违例或传球失误。防守者切记不要犯规。

3. 攻防转换

　　持球者将球设法传给教练员，传球后变为下一轮练习的防守夹防队员。当教练员接球刹那间，领防队员后转身，成为一线快攻队员，快速起动反击，接教练员长传球上篮，原二线堵截队员，转变为二线快攻队员，快速紧跟原领防队员，一要注意接回传球篮，二要抢篮板球，要求球不能落地，如图 5 - 90 所示。

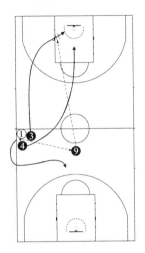

图 5 - 90　区域紧逼练习反击图

4. 循环练习

　　二线队员抢到篮板球后，传给篮下等待的下一名队员。二线队员在传球后，立刻成为下一轮练习中的一线领防队员，防守持球队员的突破，第二组开始，以此类推。

　　这一练习从防守到反击，从进攻变为防守，并反击拼抢篮板球，再进行防守领防，领防后再转身反击快攻接球上篮。

　　这一攻守转换综合练习方法的特点是：练习强度大，变化速度快，要求速度耐力好，结合实战，应用紧密，领防、堵截配合默契，是以小打大进行全场争夺的极好训练方法。通过此方法训练，充分调动了练习者的积极性，对提高运动员的身体素质，紧逼夹击战术意识以及技术水平可起到积极作用。

第六章　篮球意识及其培养

意识属于心理学的范畴,是客观事物在人们头脑中的反映,是人类特有的一种思维能力,它反映着事物的本质和固有的规律。马克思主义哲学认为:人脑是意识的本质器官,意识是人脑的机能,是人脑对客观存在的反映,这就是意识的本质。也就是说意识的形式是主观的,而意识的内容是客观的,意识是客观内容和主观形式的统一。而意识的形式是主观的指的是种种意识反映客观世界,并不仅仅反映出某种物质,它是经过人脑的加工而变成人的观念。

第一节　篮球意识概述

篮球比赛是一项高强度集体对抗性质的竞技项目,它不仅要求运动员具备良好的身体素质,而且要求运动员具备良好的篮球意识。运动员具备了良好的篮球意识,就能在比赛场上根据攻守态势,采取恰当的对策和行动,最大限度地发挥本人和本队的优势,主动寻找和掌握瞬息万变的战机,克敌制胜。现代篮球比赛的实践证明,运动员水平越高,这种趋势越明显。美国篮球专家也认为:篮球比赛的取胜,60%靠思维,40%靠体力。在实践中发现,有好多队员个人技术是非常好的,然而到场上就不能正确发挥其技术,简单地说就是不会动脑子打篮球,其结果势必不会对队员个人的战术水平和技术有很多提高,还会降低全队的攻防质量。可见,篮球意识的培养应成为篮球训练中极为重要的一个方面。

一、篮球意识的定义及其表现

(一)篮球意识的定义

所谓篮球意识,是指篮球运动员在从事篮球实践活动中(包括学习篮球理论知识,练习技、战术和参加比赛),经过大脑积极思维过程而产生的一种反映篮球运动规律性的特殊机能和能力,它是通过实战训练逐渐形成的。也就是运动员在长期篮球实践活动中经过认识过程的提炼,积累起来的一种正确的生理和心理机能的反射性行动的总和。运动员借助这种特殊机能正确运用与应变技、战术并能动地发挥自己的聪明才智,所以它被认为是队员最宝贵的"精髓",是制胜因素,是比赛中指导正确行动的"活灵魂"。

篮球意识是一种自觉的心理活动,是运动员在球场上进行感知(主要通过视觉)、分析、思维、判断等心理活动的综合反映。当前,篮球界对"正确篮球意识"的见解,大体有以下三种观点:一种观点认为,"正确篮球意识"就是战术配合的意识,也是运动员在比赛中决定自己行为的正确判断,也就是比赛经验。另一种观点认为,"正确篮球意识"应从当前篮球运动发展趋势的角度上进行理解,它应是现代篮球比赛中高速度、高强度、高技巧、多变化的行动意识。而把"快"的行动、"对抗"的行动、在活动中寻求配合的攻守行动、"应变"行动等意识都统称为"现代篮球意识"。还有一种观点认为,篮球运动员在球场上的任何一个行动都是有意识的活动，不管运用与应变任何一个技术动作或战术配合方法都是带有一定目的的意识。因此，根据比赛中运动员具体运用、应变各种技战术，而把篮球意识按篮球技、战术结构分类分为进攻意识、防守意识，在进攻中又分为快攻意识、投篮意识、突破意识、助攻意识、抢篮板球意识等。

（二）篮球意识的分类

篮球意识的内容极为广泛，涉及整个篮球技术和战术。因为篮球运动员在球场上的任何一个行动都是有意识的活动，不管运用与应变任何一个技术动作和战术配合方法，都具有一定目的的意识性。

篮球意识按篮球运动的训练内容可分为技术意识、战术意识和心理意识。

按行动主体分类可分为整体意识、个人战术行动意识。

按篮球技、战术结构分类分为进攻意识、防守意识。

在防守系统的分项中有选位意识、调位意识、补防意识、抢篮板球意识等。

在进攻系统的技术分项中分有：投篮意识、突破意识、助攻意识、抢篮板球意识、假动作意识、配合意识、快攻意识、移动选位意识、攻守转换意识等。

（三）篮球意识的具体表现

一般来说，篮球意识主要表现为技术的目的性、行动的预见性、判断的准确性、进攻的主动性、防守的积极性、战术的灵活性、动作的隐蔽性和配合的集体性等方面。这几方面既密切联系，又相互区别，共同体现意识的好坏程度。

良好的篮球意识具体表现在：

（1）善于帮助同伴创造进攻机会，帮助同伴协防对手，弥补同伴的不足之处。

（2）视野开阔，观察球场情况全面、敏锐，分析情况快速、精确，决断及时、灵活，并能根据球场情况的变化随机应变。

（3）接受能力强，学习动作快，并能把掌握的技、战术动作合理运用。

（4）懂得篮球运动的规律和规则，能掌握和利用裁判员掌握规则的尺度。

（5）比赛经验丰富，能驾驭比赛的全过程。

（6）头脑清醒，善于领会和贯彻教练员的意图。

（7）配合主动、有效。

（8）队员反应快，跑位及时，传球准确有威胁。

二、篮球意识的作用

球场上运动员一切正确的行动都是运动员在自身正确意识指导下的客观反映，起着以下具体性作用：

（1）支配性作用。具有正确篮球意识的运动员，通常在训练和比赛中，能以正确的潜在意识支配自己合理行动，决断应变时机，自觉主动并创造性地根据已经变化或预测可能变化的情况，及时调整自己的作战思路，从而更有效地、更针对性地发挥与发展自己和全队的特长，表现出高度意识化的主观行动、触动性作用和对篮球技、战术与谋略运用的放大性作用，在激烈复杂的比赛对抗下始终把握全局的主动性。

（2）行动选择作用。运动员在比赛过程中，某一时刻意识到的攻守对抗情况不是笼统的，而是依据比赛分层次、分轻重缓急和有选择的。在复杂的情况下，会重点意识到与自身行动意向最为密切的信息，进而做出准确的判断和选择，为朝向攻守的个人动作做出正确的定向。不过在一般情况下，运动员首先会意识到当时攻守对抗态势。

（3）行动预见作用。篮球意识不但是对比赛对抗现实情景的主动反应，而且可预见攻守态势的下一个发展和某种可能。通过对攻守态势发展做出合理的预判，来决定采取的个人战术形式，进而实现对技、战术的主动调节。

三、篮球意识的特点

人的意识不能直接观察与测量，只能通过在实践过程中的表现来反映。运动员的篮球意识也是如此，只能在比赛的技、战术行动中表现出来。因此，人们可以从篮球意识的外在表现——战术行动来概括它的构成要素，篮球意识有以下几个特点：

（1）协同性。篮球是一个集体运动的项目，要求运动员的认识高度统一。假如场上队员的战术意识水平参差不齐，就会影响全队技战术水平的发挥，配合就很难协调一致，甚至会影响团结，导致比赛失败。所以对一个球队来说，不仅要有一流水准的个体战术意识，还要有协同一致的整体战术意识。

（2）灵活性。篮球场上的战术丰富多样，场上形势变幻莫测，一旦运动员为预定的战术设想所束缚，固执己见、死板机械，往往就不能根据场上情况的变化做出恰当的反应，必然会被对方牵制，难以获得比赛胜利。因此，在激烈的篮球比赛中较高层次的篮球意识表现为具有灵活性和随机应变的能力。

（3）实践性。篮球意识是在运动过程中形成和实现的。篮球意识的体现与修订，必然要以运动实践的需要为根本原则。任何战术意识必须符合比赛实际情况和行动规律。同样的技术，不同的运动员使用出来，其效果会有差异。所以在比赛场上，必须有迅速做出合乎客观实际的抉择的能力，不能盲目或错误地判断，这样才能有效地发挥技、战术。

四、篮球意识结构要素

人的意识不能直接测量，只能在实践的过程中观察。运动员的篮球意识，也必然通过比赛的技、战术行动表现出来。因此，人们可以从篮球意识的外在表现——战术行动来概括它的构成要素。

（1）分析判断能力。分析判断能力是指对事物变化的预见能力，是意识行动的前提。好的分析判断应正确、及时并有精准的预判性。篮球比赛十分激烈、瞬息万变，即使运动员观察到了场上变化，但如果不能作出正确判断，往往不能收到良好的效果。在训练中，应要求运动员首先理解技、战术的特点及变化规律，并结合场上的具体情况进行预测和判断，以便能准确地判断出其行动意图，从而提高分析判断能力。因此，在培养篮球意识中，提高运动员对场上情况的分析判断能力，具有极其重要地位。

（2）战术思维能力。战术思维能力是指在实施战术方案前或同时，充分运用自己的各种心智能力去预见可能发生的情况及预测形势的发展，并迅速准确地考虑对手的策略，然后明确自己的战术意图、选择战术手段的一种能力。战术思维能力是增强战术意识的主要基础和内容。正确的战术思维能力能准确、及时、迅速地判明情况，周密、灵活、有针对性地选择自己的战术手段，保证战术的正确运用和获得好的效果。

（3）观察能力。观察能力是培养篮球意识的门窗，是形成正确篮球意识的前提和条件。

因为任何一种反应以及随之所采取的一切行动都来源于观察所获得的信息。训练观察能力，最重要的是对运动员视野范围的训练，一开始就应注意对运动员进行观察判断能力的训练。在一般观察能力的基础上，要进一步培养运动员视觉的选择能力，即在全面观察的基础上，把视线集中在特别引人注意的位置、区域和人身上。因而必须要加强对运动员视野范围的训练，要善于把场上其他几个队员的行动收入自己视野范围内，并从中进行选择与分辨，然后决定下一行动决策，这样才能做出正确行动的瞬时判断。

（4）自我控制能力。自我控制能力是篮球意识形成的重要心理基础，也能保证运动员在各种复杂情况下克服外界环境的影响，有目的性地调节自己的情绪、身体、思想、技术等，使之更好地适应比赛的需要。

（5）应变能力。应变能力是指对临场极其复杂的球场情况进行分析判断后，针对变化的情况及时、合理地采取相应行动对策的能力。它是分析和评价篮球意识好坏程度的重要因素。运动员的应变能力愈强，其技、战术水平才能愈正确、合理地运用和发挥，从而表现出的战术意识也就愈强。

（6）快速反应能力。良好的"篮球意识"要求运动员必须对观察判断好的情况做出快速反应，及时、准确地抓住转瞬即逝的战机。从观察场上情况到分析判断，然后大脑皮层又将分析判断的结果，经运动神经传导到肌肉产生相应的行动，这是一个复杂的神经活动过程，训练可以加速这一活动过程的进行。

五、篮球意识的形成和发展

运动员正确"篮球意识"的形成，不只是通过比赛和训练自然形成，也不是通过几次理论课或集中一段时间进行场上意识的专门训练所能获得的，而必须要重视在整个篮球训练过程中，在技术、战术、心理、身体、智力各个方面训练的同时，始终贯穿"篮球意识"的培养，从而使运动员具有在比赛中自由而正确地驾驭技术支配战术行动的意识和能力。总之，篮球意识发展的过程是由观察感知——思维判断——行动应答——效果反馈等环节有机构成的。篮球运动员所具有的特殊的意识修养水平的高低，已被实践证明是衡量队伍实力强弱的重要标志之一。具体过程包括以下几方面：

（1）激烈对抗条件下做出的瞬时思维判断与决策。篮球运动规律决定了比赛场上的情况瞬息万变，运动员的思维与决策行动必须与此相适应，要时刻意识到球场瞬息万变的改变。运动员应在观察感知比赛情景的基础上，善于在瞬间完成对情况的分析、综合等思维过程，通过思维对情况做出准确的判断，进而做出行动的决策。运动员的瞬时判断、思维与决策过程是篮球意识活动的核心，培养篮球意识必须重视围绕提高瞬时思维与决策能力来进行。这一过程是在瞬间实现的。具有良好篮球意识的运动员，通常能够准确把握复杂的比赛对抗情况下的不断变化，做到行动胸有成竹，判断大胆而有效。这是他们在多年训练和实践比赛中积累起来的高度精密的意识活动反应。

（2）意识行动效果的评价与反馈。在篮球比赛中，运动员的篮球意识强弱与攻守对抗行动的激烈程度是始终相互伴随的。依据意识的规律和特点，由于大多数技术动作是由无意识机能控制的，因此，运动员往往意识不到行动的过程，而行动的结果常常成为意识活动的重点。在运动员的大脑中枢，存在与行动结果相对应的智能评价模型，这个模型是篮球意识的核心。这是由于运动员攻守行动的结果与行动的意向目标密切相关，所以，运动员会始终意识到攻守过程的成效。具体来说，运动员依据评价模型能够意识到哪些行动是奏效的，而哪些是失败的，因此，评价与行动时刻相伴。成功的行动可对意识进行强化，失败受挫的行动可使意识中的智能模型得到修正，运动员的篮球意识在不断的评价—反馈过程中得到完善。

（3）积极、合理、准确的行动应答。篮球意识对比赛的能动作用，表现在运动员能够针对场上情况做出准确合理的攻守行动的强烈欲望应答。对比赛事态的观察感知与思维判断的目的，是为了进行决策和行动，因此，行动的合理性、积极性，是篮球运动员的意识水平和实战对抗能力的标志。在篮球意识与对抗行动的相互作用关系中，尽管行动是第一性的，但行动离不开意识的主导，行动只有在意识的作用下才能够发挥出其应该有的成效。否则，就会使行动失去目标，成为无意识的或是错误意识指引下的盲目行动，应该指出，意识主导下的行动需要一定的物质条件。比赛中运动员的行动受自身身体素质和机能能力的影响，当运动员身体状况不佳、心态不平衡而使体能下降时，行动会受到影响，常常出现"心有余而力不足"的情况。这种现象更进一步说明，在篮球运动的物质与精神、存在与意识的关系中，物质与存在是第一性的，精神与意识是第二性的。没有物质与存在作为基础，意识与精神就不能发挥应有的作用。

（4）在训练比赛现实中的观察感知。感知是运动员意识到比赛现实客观存在的前提条件，没有感知就不可能产生意向和思维。篮球运动员主要是通过视觉观察的感知来获得场上信息。比赛中的诸多信息，可能同时进入运动员的视野，但不可能都被注意到。哪些信息值得被注意，哪些信息应该被忽略，这需要根据场上的情况作出合理的判断。目标意义相关程度高的信息，被首先感知到的可能性较大；反之，可能性则小。通常优秀篮球运动员都具有良好的观察能力，他们的视野范围超过普通人，这是在多年训练实践中反复磨炼的结果。另外，篮球运动员的观察感知具有选择性。一般情况下，运动员在主观意向的指引下，首先感知到视野范围内的是那些与主观意向相关的攻守对抗信息，而对于其他信息则忽略不计。可见，篮球运动员的视觉感知受主观意向的指引，而视觉感知又是意识过程的必要条件。

六、影响篮球意识形成的因素

篮球意识作为运动员的一种心理状态，必然受到客观环境与自身生理心理状态等众多因素的影响。影响运动员篮球意识的因素如下：

（1）技战术水平。运动员技战术水平是运动员比赛的最基本的本钱，尤其是强对抗条件下的技战术水平。长期的技战术训练，尤其是接近比赛的对抗性训练，可以形成相应的动力定型，有助于篮球意识的形成与提高。所以说，技战术水平的掌握程度对于篮球意识的形成起到决定性作用。只有具有了较好的技战术能力，才能更好地使用战术。

（2）智力因素。篮球运动不仅是比技术、比体力，它还是一种脑力劳动。现代篮球比赛高度集体化和综合化，需要运动员具有极高的才智和雄厚的知识基础。美国以及南斯拉夫等国的优秀运动员，大都是具有相当文化知识的大学生，有的还具有其他学科的学位，有的还在不断补充新的知识，增强自己的知识储备。只有具备良好的基础理论与专项知识，才能把握篮球技战术发展的最新动态，充分地理解规则，运用规则，准确地理解教练的战术意图，才能对比赛进行有效地总结，有效避免所犯的失误。雄厚的知识基础，有助于运动员对篮球文化和篮球运动本质规律的认识，有利于快速准确地理解教练员的意图与确立现代篮球意识。当今国际篮球劲旅，都十分重视运动员文化知识结构的培养。

第二节　篮球意识的培养途径与评定

从篮球意识过程来看，从对信息的感知（观察场上情况），到以"概念模式"为依据的瞬时判断，直至战术行动的意识过程，都与运动员的快速反应能力、观察能力、分析判断能力、战术思维能力、自我控制能力、应变能力密切相关；而这些能力又恰恰是篮球意识的结构要素。篮球意识过程，从心理学的角度来分析，又正好是运动员智力活动的表现。"概念模式"内容越丰富、越巩固，从对信息的感知，到以"概念模式"为依据的瞬时判断，直至战术行动意识过程就越敏锐、越准确。在运动员形成"思维模式"的训练过程中，通过有效的训练手段和方法，可以使运动员全面掌握技术和战术配合方法，理解其运用的时机和条件的规律性以及多种变化形式，形成牢固的记忆系统；同时，在训练过程中，应注意培养运动员所应该具有的篮球意识结构要素几方面的能力，即判断分析能力、反应能力、观察能力、应变能力、战术思维能力、自我控制能力。并且，在技战术训练中，可以使运动员智力活动的各种能力得以改善、提高。所以，培养运动员的篮球意识，就是要在训练中强化和巩固"思维模式"。通过知识掌握能力的培养而形成巩固的"认知结构"，运动员的知识技能的迁移能力及应变能力必将提高，篮球意识就能不断提高。

一、篮球意识的培养途径和培养内容

培养与提高篮球意识，不是一日之功，应通过日积月累的比赛磨炼实现，并不断完善。

加强智力训练，改善和提高运动员的知识结构，是培养篮球意识的条件，长期训练是培养篮球意识的重要保证。篮球意识的形成有其独自的规律性，只有对运动员进行有计划、有目的的培养，才能使运动员的意识与身体和技战术得到有效和谐的发展。篮球意识的培养要贯穿于技战术训练的始终，因为运动员的技战术只有在应用中才有实际意义。在技术训练中渗透篮球技术训练是培养运动员篮球意识的主要途径；战术配合的反复磨炼，是培养意识的有效手段。

（一）加强理论学习

运动员所具有的知识结构是影响其形成篮球意识的重要因素。篮球运动员不仅要加强专项理论的学习，也要增加对文化知识和专业理论基础知识的学习，增强分析问题和解决问题的能力。篮球比赛瞬息万变，作为运动员不仅仅要有扎实的篮球知识和篮球规则，而且还要特别重视通过训练把这些知识充分地运用到篮球实践中，从而使每个队员成为具有共性又有个性的不同知识结构的人，要求篮球运动员必须时刻保持一个清晰的头脑以应对各种各样的突发情况。例如，出现比分落后、领先，裁判判罚问题，主力队员的受伤等情况，要采取怎样的对策来应对，这些复杂的心理思维活动，必须要有一定的理论作基础。所以，在平时的训练和学习中，教练员必须要注重对篮球运动员心理素质的历练，同时提高理论知识水平，只有这样才能有利于提高战术意识，其次，要发展队员的战术思维，提高队员的判断能力，从而掌握比赛的主动权，最终获取比赛的胜利。

（二）篮球兴趣培养

在教学训练中，教师应讲解篮球意识的概念及作用，要组织运动员观看高水平的篮球比赛，帮助他们分析比赛场上的各种打法，让他们读懂比赛。在训练课上，教师要采用多变的训练方法以提高运动员的训练兴趣。

（三）在技术训练中渗透篮球意识训练

在技术训练中渗透篮球意识训练，是培养篮球意识的基础。教练员在安排篮球基本技术的练习中，重视潜移默化地进行意识熏陶，把学、练与用、变结合起来。不能只让队员独立地练习技术动作，应贯穿篮球意识的内容，把球技融合在篮球意识之中。运动员在比赛中用正确的"篮球意识"作指导，能使技术、战术在运用与应变中转化为巨大的物质力量。这样既加快了篮球意识的养成又可以帮助队员提高技术。篮球意识是在长期的、有计划的训练过程中潜移默化地、科学地形成的。一个篮球运动员从开始接触篮球活动起到结束篮球比赛生涯，教练员都应对其不间断地采取各种途径和手段进行篮球意识的培养和深化，在不同的阶段运用不同的方法，这个过程在最初的技术基础训练阶段比较关键。

在技术训练阶段培养运动员的篮球意识应着重培养运动员的观察能力、分析判断能力和应变能力。

1. 培养观察能力

在比赛过程中，篮球运动员对任何一项技术动作、战术的运用，都取决于能否周密地在瞬间做出正确的观察、判断。为此在技术训练的初期就必须重视观察能力的培养，加强运动员的视野训练。观察能力训练中，要逐步扩展自己的视野。例如，运动员要多利用余光照顾到球，而不是一直看球，视野的重点是观察场上全面移动情况。培养观察能力是培养正确"篮球意识"的门窗，是形成正确"篮球意识"的重要条件。

（1）培养视觉的选择力。培养篮球运动员的视觉选择力，就是要训练善于把场上其他几个队员的行动收入自己视野范围内，并从中进行选择与分辨，以便正确做出决策。视觉选择力是在全面观察的基础上，把视线集中在特别重要的位置、区域以及重要对手的能力。实践证明，篮球运动员在比赛中对攻守信息的获取是有先后顺序的。例如，在突破和投篮时要重点看到篮圈下的变化；抢到后场篮板球时，观察的一般规律是首先观察前场，然后观察中场，最后观察后场这种依次"观察模式"；抢篮板球时，要考虑投篮队员的距离以及自己和篮圈所形成的角度、篮球的弹出方向、对方队员抢篮板球的组织特点和队员的位置等，但观察重点是球的落点。在技术训练中，不断总结带有规律性的"观察模式"并组合成某种练习方法应用于教学训练之中，是培养运动员篮球意识的重要任务和有效方法。

（2）加强视野训练，提高眼睛余光的观察能力。篮球比赛瞬间万变，绝大多数情况下主要是利用眼睛余光来观察全场变化，捕捉战机，随机应变，如观察运动员的面部表情、移动速度、方向、节奏、球的落点、角度、配合的路线、攻守特点等。所以特别要注意培养运动员用眼的余光来扩大视野，提高用余光观察的能力。在技术训练中，可以特别训练余光观察力。例如，在练习传接球技术时，采用多人快速传接球（加防守），要求用余光观察接球人及其防守情况，接球后立即将球传出，并要求传出的球及时、准确；在练习运球技术时，要求用余光照顾球或不看球，视野的重点是观察场上双方的攻守情况及同伴移动情况。在两个技术动作以上的组合性技术衔接中，要十分注意衔接的技巧，培养动作的感觉。例如，运球突破——传球或运球突破——急停跳投，要求运动员不仅要考虑自己被对手的防守情况，而且还要观察场上同伴的位置、移动及其防守的情况，以便及时、准确作出判断。

2. 培养分析判断及应变能力

基本技术中的每个动作方法都有一定的特点、应用范围、条件及"规格"标准要求，在比赛中具有相对的战术价值。分析判断能力既是运动员在比赛中意识活动的物质基础，又是技术训练中培养运动员篮球意识的重要内容。通过技术动作的实战运用训练，可培养篮球运动员的分析判断能力与运用技术的应变能力。

篮球比赛激烈多变，每个技术动作在运用方式上不可能一成不变，同一动作在球场不同时间地点条件下都可能千差万别。锻炼运动员爱动脑筋，提高运动员对球场复杂变化情况的分析判断能力，对培养篮球意识有很重要的影响。通过技术动作的实战运用训练，可培养篮球运动员的分析判断与运用技术的应变能力。从而正确分析判断对手的进攻意图，保持沉着冷静的头脑，密切注视球的传递变化和进攻队员的活动。一时的大意很有可能造成很严重的后果。运动员通过观察，预测出进攻者将采取的真实意图，对其动作的真假虚实才能有合理判断，以便在必要时间内用必要的防守动作，先发制人地阻挠进攻，也只有做到这一点，才能真正使防守变被动为主动，发挥防守的攻击性。从心理学角度讲，运动员必须具备在篮球场上进行感知、分析、判断和思维等综合性心理活动的能力，才能准确地判断出对手的配合意图，有的放矢，调动对方，避其所长，攻其所短，采用针对性强的进攻和防守对策。在防守的技术训练中强调"观察判断，意在动前"的防守意识，就是防守对手的意图应在防守对手动作之前，只有做到根据对手的意图，采取先发制人的防守手段才能真正实现攻击性防守。如果不注意观察判断，及时发现、分析对手意图，一味盲目地跟随对手动作进行"应答性"防守动作，就很难摆脱防守固有的被动性。

(四) 在战术训练中强化篮球意识

篮球运动是一项集体性的运动项目，必须充分地体现集体的力量、配合和智慧；篮球战术正是场上队员紧密结合、协同作战的纽带。战术训练的主要目的，除了使运动员熟悉一种或多种战术的模式组合外，还要增强篮球意识与篮球技术。在战术训练阶段培养篮球意识应着重培养运动员的战术思维能力、应变能力、视觉选择力。在篮球场上的各种信息进入运动员的大脑以后，需要他们经过思维的判断后做出相应的反应。只有做出快速正确的判断，才能够打好比赛。在同伴间的战术配合中，篮球意识起着支配行动和战术衔接及变化的作用，它关系到战术的实现和成功与否，所以，应在战术训练中强化篮球意识训练，要重视战术思维在日常训练中的练习。比赛中每一个行动都属于战术性的活动，都有其明显的战术目的。教练员要启发运动员开动思维，想练结合，激发运动员的战术思维，这对形成和提高队员的篮球意识有很大的作用。

(五) 提高教师自身业务水平及培养、发挥教师的主导作用

篮球意识是运动员通过学习、训练和实践逐步形成的，整个过程是一个双边活动过程。在这个过程中教师起着主导作用，教师水平的高低，直接影响到运动员篮球意识的形成。作为现代大学高水平篮球运动队的教师，应积极转变思想观念，加强自身对篮球运动的研究，不断总结积累经验，使自己在理论和实践等各方面都达到较高水平，在实践过程中把篮球意识的培养贯穿于每节课中，把篮球运动的特点与本质正确地讲解传达给运动员，使他们明确在不同情况、不同位置职责的具体要求，同时对训练中出现的问题要准确

地指出、正确地解决、及时地发现，这样才利于运动员篮球意识的培养和提高，有利于高
校篮球水平的发展和提高。

（六）通过心理训练培养篮球意识

心理训练是逐步培养和提高篮球意识的主要辅助手段。通过心理训练，不仅可以培养
运动员的自我控制能力，还能使篮球意识得以正确、及时地运用或超水平地发挥。而心理
训练的主要目的也正是如此，它们相互辅助和促进，还相互依赖。篮球意识是随着技战术
训练而产生的，加之自信心训练、认知训练、动机训练、意志训练和心理调整训练等，使篮
球意识逐渐成熟、完善。而比赛期间的心理训练，则是培养和提高篮球意识的主要促进手
段，即通过赛间、临赛的心理训练，使运动员的心理处于最好的状态，促进运动员的篮球
意识得以正确、及时地运用或超水平地发挥。这是篮球教学与训练中不容忽视的重要手段
之一。

想象训练法是流行于篮球界的训练手段之一，在训练或比赛开始之前或结束之后，教
练员有针对性地引导队员进行比赛过程的想象，对比赛进行模拟，并做出有意识的判断和
处理，帮助队员提高对技战术的理解程度和战术意识，增强其在实践中阅读比赛的能力。

（七）要重视意识培养与作风训练相结合

凶悍的拼搏对抗是现代篮球比赛的基本特点，因此，比赛中正确的行动需要以顽强的
作风做保障。所以说技巧强、体能强，才能队伍强，意识强、作风强、队员强，最后构成实
力强。篮球意识与良好比赛作风都是运动员头脑中必备的精神素质，是一个事物的两个不
同侧面，这两个侧面虽然有一定的区别但是最根本上是一致的。要培养优秀的运动员，并
非是鲁莽地蛮干，而是"智谋"与"勇敢"行动相结合。战斗作风好，才能敢于斗争，遇强不
弱，遇弱不懈。而"谋略"正来源于篮球意识，是篮球意识具体而生动的反映。然而长期以
来，在训练工作中并未能真正理解这种辩证关系，把作风训练与意识培养有机地统一起
来，所以有些优秀运动员，在关键时刻该"抢"而"抢"不下来，该"拼"而"拼"不上去，其原
因固然有技术等方面的因素，但平时缺乏敢拼敢抢的作风才是最根本的原因。

二、篮球意识的评定

（一）篮球意识评定的意义

由于篮球比赛是一项集体的对抗项目，如果运动员没有良好的篮球意识，在比赛中，
制约和反制约的应变能力就会受很大影响，若具备良好的篮球意识又掌握了完善的技术和
战术，就能在比赛中合理地支配自己的行动，发挥自己和整个团队最大的能力。

较为客观地评定运动员的篮球意识，是教练员控制意识训练过程的一项重要内容。通
过对运动员篮球意识的评定，找出运动员篮球意识上的问题，向教练员提供分析资料，以
便对运动员进行有针对性的培养。这对改变教练员在训练中单凭经验、直观感觉的传统方
法，使之能较客观地、因人而异地调节和控制意识训练过程，加快提高运动员的篮球意识，
会起到积极的促进作用。

如果能对运动员的篮球意识水平作出客观的评定，就能有计划、有目的、有针对性地
对其进行篮球意识的培养，教学训练中有计划、有步骤地培养运动员的篮球意识，必须改
变对意识自然成长的传统认识，建立科学培养运动员篮球意识的观念与观点。同时，还能
检验培养方法的实际效果。

（二）篮球意识的评定原则

意识是人的头脑中主观观念的形式和客观实在的内容的对立统一，虽然意识的形式是主观的，但其反映的内容是客观的，并且人的行动是受意识支配的。通过观察行动表现，可以间接地了解意识活动的情况。篮球意识以主观观念的形式存在于运动员的大脑中。意识活动是在大脑中进行的，人们不能直接看见意识活动的内容，但可以对篮球意识进行评定。篮球运动员在比赛中的判断、观察、思维决策等意识活动内容，只能通过运动员在篮球意识支配下所做出的"应答式"行动来反映。因此，是否能够做出正确的反应是篮球意识的评定信息，是评定篮球意识的主要依据。运动员的篮球意识应以在其意识指导下行动的正确性为原则来评定。

个人行动也不能仅理解为单独存在的、无意识的活动，任何行动都处在集体配合当中。篮球比赛中每一个人的每个行动，都带有一定的战术目的，都属于战术性活动，是篮球意识支配下的行动。技术的合理运用和应变，完全是通过战略决策和战术组织体现出来的，球场上每项技战术的运用，都是受一定的篮球意识的支配。因此，对于比赛中运动员的每一个行动，都必须超脱单纯的技术概念，而一定要将它们视为体现篮球意识的反馈信息。

运动员在良好篮球意识支配下的行动应表现为：行动的目的性、行动的预见性、行动的正确性、行动的应变性、行动的创造性、行动的隐蔽性、行动的实效性和配合的协调性。通过观察判断这几方面信息的反馈，便能较客观地评定出运动员的篮球意识水平。

（三）意识的评定方法

目前，教练员在评定运动员的篮球意识时，大多是依靠自身的经验或临场技、战术行动效果统计分析，但实际上并没有一个标准的量化的评定方法。通常采用战术录像片的方式，为运动员提供一些"逼真"的战术配合场景，让运动员根据战术场景确定自己的决策行动，以此考查运动员的意识水平。还可采用战术配合示意图的方法测试评价运动员的意识水平，这也只是战术录像方法的简便替代。从测试的内容及方式来看，它们都不十分准确，并且战术情景示意的仿真程度较低。篮球运动是一种对抗性极强的项目，队员之间的对抗是动态的，而非静态的，完全脱离比赛的实际情况，而单独对运动员的意识水平作出评定，不仅不能客观，而且这样的评定结果也是无意义的。因为，行动是篮球意识的根本归宿和最终表现，篮球意识的评定应以在意识指导下行动的正确性为原则来进行。只有把篮球意识的评定与比赛有机地结合起来，才能够客观地真正地评价出一个人篮球意识的高下。对运动员的篮球意识评定是一个难以定量的问题，目前还没有一种客观的定量评定方法，尚需进一步探讨和研究。

第七章　篮球运动的生理学和心理学基础

第一节　篮球运动的生理学基础

一、篮球运动中的物质代谢和能量代谢

（一）篮球运动中的物质代谢

物质代谢，是指机体从外界摄取营养物质，经过消化吸收和利用后转变成自身的组成成分，同时将代谢产物排出体外的过程。

1. 糖代谢

糖代谢是指糖在体内的代谢过程。食物中的糖多半是多糖和双糖，必须分解成单糖才能被吸收。单糖被吸收后进入血液，经门静脉到肝脏后，一部分合成肝糖原，一部分随血液传送到肌肉合成肌糖原储存起来，另一部分则被组织直接氧化而利用。糖代谢过程见图7-1所示。

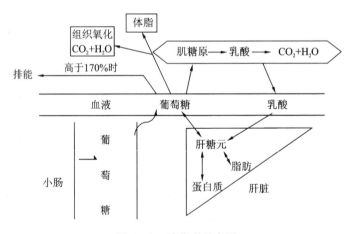

图7-1　糖代谢示意图

体内各组织中糖的氧化方式主要有下述两种：

（1）有氧氧化。糖原或葡萄糖在有氧条件下彻底氧化而生成二氧化碳和水的过程，称为有氧氧化，其过程可分为三个阶段：第一阶段，糖原或葡萄糖分解成丙酮酸；第二阶段，丙酮酸被氧化、脱氢、脱羧形成乙酰辅酶A；第三阶段，乙酰辅酶A经三羧酸循环氧化成二氧化碳和水。

以上每个阶段均有脱氢反应，脱下的氢原子会与氧化合生成水，因此，糖的有氧氧化是需氧过程。此外，氢和氧化合成水的过程中会产生大量能量，供应给ADP及磷酸用来合成ATP。

　　乙酰辅酶 A 不单是糖氧化分解的产物，同样也是蛋白质和脂肪分解的产物。所以三羧酸循环实际是三大营养物质在体内氧化供能的共同途径。

　　糖的有氧氧化是机体内糖分解产能的主要方式。糖酵解所产生的能量是很有限的，不足以补充人体活动需要的全部能量，这主要是因为乳酸分子中包含的能量没有被充分利用的缘故。糖的有氧氧化，释放的能量较多，1 mol 葡萄糖完全氧化时，释放的能量可合成 38 mol ATP，而 1 mol 葡萄糖糖酵解时释放的能量只能合成 2 mol ATP，所以糖的有氧氧化的能量是糖酵解产能的 19 倍，是机体在正常情况下的主要供能方式。

　　然而，糖酵解时不需要氧，所以在缺氧条件下，也是人体能量供应的一种有效方式。在剧烈运动时，人体急需大量能量，肌肉中糖的有氧氧化急剧加快，这时就需要大量氧，此时呼吸和循环机能虽然大大增强，但仍旧不能满足机体对氧的需要，肌肉处于暂时缺氧状态，于是糖酵解就迅速加强，释放出一部分能量以应急需。

　　（2）无氧氧化。它是指人体在供氧不足或缺氧的情况下，组织细胞内的糖原，仍旧能经过一定的化学变化，产生乳酸，并且释放出一部分能量的过程。

　　糖酵解是一系列酶促反应的过程，剧烈运动的时候，体内的供氧不足，糖进行无氧代谢，经过一系列反应生成乳酸。在这个过程中，一分子葡萄糖可以转变为两分子乳酸，并且释放出能量。这些能量由二磷酸腺苷（ADP）接受而生成三磷酸腺苷（ATP），ATP 是肌肉运动的直接能源。

　　运动员在进行剧烈运动时，肌肉内无氧代谢很旺盛，会产生大量的乳酸。这些乳酸除一部分在氧充足的条件下又氧化成丙酮酸，并继续分解为二氧化碳和水外，另一部分乳酸则进入血液而到肝脏，重新转变成糖原或葡萄糖，葡萄糖会再进入血液，运送到肌肉后，又能够被循环利用。

　　2. 蛋白质代谢

　　蛋白质经过消化转变成氨基酸才能被吸收入血，进入体内后主要是合成组织蛋白，为组织的建造和补修提供原料，另一部分氧化分解释放能量，同时还可转化成酶或脂肪。蛋白质代谢从氨基酸开始，经过转氨酶的转氨基作用，脱去含有氨的氨基（脱去的氨最终变成尿素和尿酸由尿排出）后加入三羧酸循环，生成二氧化碳和水或转化为其他营养物质。成人蛋白质的最低需要量，每日每千克体重 1 g。在儿童、青少年的生长发育期间及运动训练过程中，由于组织增长和再建的需要，蛋白质的供应量需要增加到每千克体重补充 2.5～3 g。

表 7-1　不同状态下人体蛋白质转换[mg/(kg BW·h)]

状态	合成速率	分解速率
安静	33.0±2.0	26.5±2.1
运动	28.4±1.6（下降 14%）	40.9±2.6（上升 54%）
运动后	40.3±1.9（上升 22%）	35.4±1.2（上升 34%）

　　（1）运动时蛋白质净降解。正常情况下，成人体内蛋白质处于稳态转换状态，即蛋白质分解速率等于合成速率，绝大多数蛋白质的数量是保持不变的。体育活动会引起人体蛋白质的代谢速率改变，耐力运动时机体的蛋白质分解速率和糖异生速率会加快，代谢总量远远超过机体游离氨基酸的库存总量。由此推测，参与代谢的氨基酸主要是组织蛋白质释

放或者转换提供的。长时间运动引起肌、肝内非收缩蛋白质分解代谢速率加快，收缩蛋白质的分解代谢速率减慢，蛋白质整体表现为分解代谢加强。

（2）运动后蛋白质净合成。运动后骨骼肌内蛋白质代谢改变，大多研究结果表明，蛋白质合成代谢增强，但起始和终止的时间尚不明确。根据实验结果统计：第一，运动后恢复 1 h 内，骨骼肌内蛋白质合成会明显减弱；第二，运动后第 2 小时蛋白质合成速率会上升，并在尚未确定的时间内持续上升。可见，运动后蛋白质合成速率对运动应答是双向的。应用亮氨酸追踪技术进行研究，发现运动后人体肌肉蛋白合成速率增加，至少会持续增加 24 h。有关报道显示，高负荷大运动量运动后 3 h 肌肉蛋白质降解的增加只有 50%，而合成却增加近 100%。

3. 脂肪代谢

脂肪在小肠内进行消化后，一小部分变成微小的脂肪颗粒，绝大部分会分解成甘油和脂肪酸。吸收后的脂肪，有四个归宿：

（1）以"储存性脂肪"的形式存留起来，以备后用。

（2）参与构成人体内的组织。

（3）再分解成为甘油和脂肪酸等，最后直接氧化成二氧化碳和水，或转变为肝糖原等。

（4）被各种腺体利用，生成其特殊的分泌物，如外分泌腺所产生的乳汁、皮脂，内分泌腺分泌的类固醇激素等。图 7-2 所示为脂肪代谢示意图。

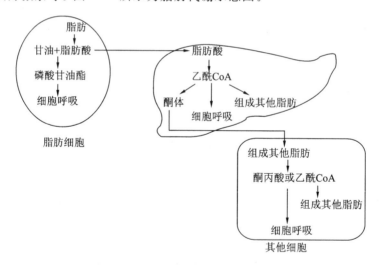

图 7-2　脂肪代谢示意图

（二）篮球运动中的能量代谢

1. 运动时能量的来源

人体运动时，需要有能量供应。人体活动的直接能量来源是三磷酸腺苷（ATP）的分解，而最终的能量则来源于糖、脂肪和蛋白质的氧化分解。糖是人体内主要的能源物质，主要是以血糖和肝糖原的形式存在的，机体 60% 的热能都是由糖来供给的。人体内脂肪储量很大，同时脂肪又是含能量最多的物质，脂肪最主要的功能就是氧化供能，也是长时间肌肉运动的主要能源。蛋白质是生命的基础，是修补、建造和再生组织的主要材料，蛋白质参与人体各种生理和机能的调节，它分解时产生能量，也是体内能量的来源之一。

2. 人体运动时的三大供能系统

众所周知，在运动中人体有三种供能方式。而不同的运动负荷强度，其能量代谢特点也不同。第一种是磷酸原（ATP-CP）系统供能（<10 s）；第二种是无氧糖酵解（乳酸能）供能（40 s 左右），第三种是糖和脂肪的有氧分解供能。

（1）磷酸原系统（三磷酸腺苷-磷酸肌酸，简称 ATP-CP）。磷酸原系统由细胞内的 CP和 ATP 这两种高能磷化物构成。它的特点是持续时间很短，供能绝对值不大，但是它的供能速度非常快，三磷酸腺苷（ATP）是细胞唯一能直接利用的能源，它的能量输出功率也最高。在篮球运动中，急停、急起、跳跃、转身、摆脱、跳投等技术动作都属于爆发性的动作，全部依靠 ATP-CP 的储备供能。

（2）无氧糖酵解（乳酸能）系统。无氧糖酵解系统的能量产生是靠肌糖原的无氧酵解，最后产生乳酸，而放出的能量被 ADP（二磷酸腺苷）接受，再合成三磷酸腺苷（ATP），它是机体处于缺氧情况下的主要能量来源。乳酸能系统地对人体进行能量供应，它的作用与磷酸原系统一样，能在暂时缺氧情况下迅速供能。英国 Hamllton 等的研究认为，运动员在篮球比赛中，10% 的能量来源于有氧氧化，90% 来自无氧代谢。由于篮球比赛的强度大，所以在激烈运动动时，大强度活动主要靠肌肉中的储能物质——糖原的无氧酵解及三磷酸腺苷（ATP）的无氧代谢。在激烈的活动之后出现短暂的间歇，CP、ATP 得到恢复，糖酵解所产生的乳酸也逐步被消除。由此可见，篮球运动的供能方式是以无氧供能为主、无氧供能和有氧供能交替进行的代谢方式。因此，从生理学角度出发，要提高运动竞技水平，关键在于提高篮球运动员的无氧代谢能力。

（3）有氧氧化系统。有氧氧化系统供能是指糖和脂肪在供氧充分的情况下，分解成水和二氧化碳，同时会产生大量的能量，使二磷酸腺苷（ADP）再合成三磷酸腺苷（ATP）。有氧氧化系统生成丰富的 ATP，且不生成乳酸这类导致疲劳的副产品，它是人体进行长时间耐力活动的主要供能系统，如田径运动中的马拉松、长跑等项目主要靠有氧氧化供能，作为一般的健身跑，如 10~50 min 或半小时慢跑也是有氧氧化系统供能。

二、篮球运动对运动生理机能的影响

（一）篮球运动对神经中枢及反射弧的影响

1. 运动中枢

控制人体运动的神经中枢主要由感受运动皮质、基底神经节、小脑、脑干与脊髓组成。其中脊髓是最基本的运动调节中枢。

神经系统支配随意运动的下行道路主要是锥体系与锥体外系。锥体系，也称为皮质脊髓束，曾认为它与所有"随意"肌肉运动的启动与控制有关。目前，认为皮质脊髓束主要与肢体远端技巧性运动有关，特别是促进 α、β、γ-运动神经元支配远端屈肌群。锥体系或皮质脊髓束沿脊髓将脑部神经冲动从上向下传递，然后支配 Ⅱ-运动神经元来控制骨骼肌运动。组成锥体外系的下行神经元因其起源的区域与终止的部位而得名。例如，前庭脊髓束，起源于小脑前庭核，红核脊髓束起源于中脑的红核，网状脊髓束起源于网状结构。所谓网状结构是指从延髓、脑桥及中脑直到丘脑底部这一脑干中央部分的广大区域，其中神经细胞与神经纤维交织在一起呈网状，故叫"网状结构"。锥体外系的神经传导束主要控制人体的姿势与运动协调性。

基底神经节由大量神经元组成，它们与皮质下行神经元联系并与脑干神经元联系。尽管基底神经节的确切功能还不清楚，但至少可以肯定的是它与随意和无意识的运动控制有关。

小脑位于脑干的后侧。它是依靠复杂的反馈环路发挥作用的，监控与协调和运动有关的其他脑区。它接受来自皮质的关于运动的输出信号，同时接受来自肌腱、肌肉、关节、皮肤和听觉及视觉和前庭感觉的感觉信息。小脑影响自皮质到脊髓所有的运动中枢，它提供一种特殊的阻尼作用，否则人体运动会出现急动和震颤。小脑具有对人体姿势的运动、运动速度的感知、调整、保持平衡和其他与运动有关的反射功能，小脑是最主要的比较、评价与整合的运动中枢。

2. 反射弧

反射弧由感受器、传入神经、中枢、传出神经与效应器五部分组成。图 7-3 所示为反射弧的结构模式图。感觉（传入）神经元通过背根将感受器的感觉信息传入脊髓，感觉神经在脊髓内与中间神经元联系，中间神经元作为接力站将信息传递给脊髓的不同水平。然后前角运动神经元将神经冲动通过前根传递给效应

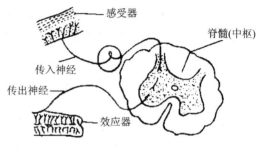

图 7-3　反射弧的结构模式图

器，即肌肉。例如，当手指不小心触到燃烧的蜡烛时，疼痛感受器将受到刺激，并将信息通过传入神经传递给脊髓，运动神经元受到神经冲动而产生相应的动作，使手迅速收回。同时信息沿脊髓向上传导至脑感觉区，产生痛觉。在上述反射活动中的各个水平，感觉信息的输入、处理与运动信息输出的操作，发生在痛觉产生之前，使手离开热的物体。很多肌肉的活动是通过脊髓的反射活动和其他中枢神经系统区域在无意识下完成的。

（二）篮球运动对部分激素的影响

运动期间，需要为活动肌群提供大量能量，需要尽力地保持内环境的稳态。激素在其中担当着至关重要的角色。因而，急性运动期间，激素水平，尤其是应激激素水平必然会发生剧烈地应答性反应。同理可知，在长期训练的影响下，内分泌功能必然也会通过自身结构、形态和机能的一系列适应性变化，对抗运动负荷对机体的强烈刺激。

运动对激素的影响分为两种情况，一种是长期训练的影响，另一种是一次性急性运动的影响。激素对前者会发生相应的应答性反应，对后者会产生相应的适应性变化。

下面通过分析几种与身体运动关系比较密切的激素在运动中的变化，总结激素对急性运动中的应答特征和对长期运动训练的适应特征。

1. 儿茶酚胺对急性运动和长期运动的反应

儿茶酚胺是肾上腺素与去甲肾上腺素的统称。儿茶酚胺属于应激激素，由肾上腺素髓质所分泌，在机体对内外环境变化发生时的应答性反应中起着非常重要的作用。

由于肾上腺髓质是受交感神经支配的，故从生理学角度而言，它同交感神经系统的功能状态密切相关，在运动应激状态下，交感神经就会被激活，所以在运动期间儿茶酚胺必然会升高，且升高的程度与运动程度密切相关，即运动强度越大，升高的幅度也越大。研究发现，男女受试者在进行最大运动期间儿茶酚胺的增加相似。男子完成反复性最大强度

运动后，血中肾上腺素水平明显升高，可达安静水平18倍，去甲肾上腺素也表现出类似变化。实验还揭示了儿茶酚胺对长期运动训练的适应性。这种适应性表现在随着运动训练进行，儿茶酚胺对同一运动强度增高的幅度会越来越小。儿茶酚胺的量值随训练经历所发生的大幅度下跌现象是甲肾上腺素跌幅达50％，肾上腺素跌幅达75％，以及儿茶酚胺对多次的训练刺激发生适应性变化的快速性。受试者仅经过一周训练，肾上腺素水平幅度便下降了40％，去甲肾上腺素水平幅度也下降了25％。而经过一段时间训练后，完成同等运动负荷时，儿茶酚胺的反应会降低（即升幅会变小）。这表明运动员的运动能力得到改善，机体面对同样负荷刺激的"总量"变小，从而不需要发生如同过去那样强烈的应答性变化。由这一事实至少可以部分地解释他们完成同等负荷时的心率不断降低这一现象。

2. 胰岛素和高血糖素对运动的反应

研究发现：

（1）训练程度高者和训练程度低者（未经训练者）在完成3 h的中等强度运动时会有不同的表现，训练程度高者一直未见降低反应，略有升高，而训练程度低者血糖水平持续下降。

（2）在运动刚开始的20 min，训练程度高者和训练程度低者胰岛素水平几乎同步降低。但随后，训练水平低者一直持续降低，但训练程度高者胰岛素水平不再明显降低。

（3）在运动开始20 min，训练程度低者开始阶段反而略有降低，尽管随后有所回升，但仍一直在安静水平左右徘徊，但训练程度高者胰高血糖素水平明显上升（几乎可达安静时的2倍）。

对上述研究进行总结可见，未经训练者对持续性运动的应答特点为：胰高血糖素基本上在安静水平徘徊，胰岛素水平持续下降，并且到运动结束时降至不足安静水平一半，而两种激素作用的结果是血糖水平在运动过程中持续下降，下降幅度达80％之多。

相比之下，训练程度高者对同等负荷持续运动具有良好的适应性，表现在：胰岛素虽有所降低但下降幅度明显较小，胰高血糖素水平明显增高（上升幅度几乎为安静水平两倍），而在两种激素的综合作用下，运动过程中血糖水平不仅未见降低，反而略有上升。

3. 生长激素对运动的反应

运动期间，腺垂体所分泌的生长激素（GH）在血中的浓度升高，并且升高幅度与运动强度呈正比，即运动强度越大，升高幅度就会越明显。图7-4为递增负荷运动过程中生长激素的水平变化，递增负荷运动过程中生长激素的水平变化显示了生长激素（GH）对不同强度运动所发生的反应。

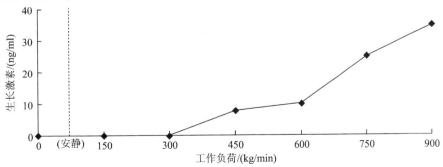

图7-4　递增负荷运动过程中生长激素的水平变化

在这个研究中，受试者在功率自行车上以轻、中、重三种不同强度运动 20 min。结果发现，在完成轻负荷（300 kg/min）运动时，血中生长激素（GH）水平几乎没有变化；然而当工作负荷达到 900 kg/min 时，血中生长激素水平增加到安静水平的 35 倍之多。这表明，引起生长激素（GH）升高同样存在一个强度阈值。

生长激素（GH）对长期运动适应主要表现在：第一，受过训练者与未受过训练者相比，力竭性运动后，前者血液中生长激素的下降速度明显快于后者；第二，在完成相同强度负荷时，前者血液中生长激素浓度的增长幅度明显小于后者。

4. 抗利尿激素和盐皮质激素对运动的反应

抗利尿激素（ADH）是由神经垂体分泌，而盐皮质激素（醛固酮，AID）则由肾上腺皮质释放。其皆参与体内电解质平衡、水代谢以及维持体液容量的调控过程。运动期间，人体会失去大量的水分和钠离子，尤其是长时间在热环境下运动，这时，机体便会动员激素调控机制维持血浆容量。

其调控过程为：

（1）运动会引起神经垂体释放抗利尿激素（ADH），促进肾脏的特定细胞释放肾素（一种可分解蛋白质的酶）。引起上述变化的刺激因素是：交感神经兴奋性升高，钠的丢失以及血浆渗透压升高。

（2）抗利尿激素（ADH）通过作用于肾脏集合管，加强体内保水。肾素作用于血管紧张素 I 的血浆蛋白使之变为血管紧张素 I；血管紧张素 II 可刺激肾上腺素皮质释放醛固酮。

（3）盐皮质激素（醛固酮，AID）会促进肾脏远曲小管加强对钠的重吸收作用，而钠的重吸收会加强对水的被动重吸收。至此，通过一系列的调控过程，最终使得体内的钠和水得到保留，即起到了抗利尿的作用。

研究证实：抗利尿激素（ADH）和盐皮质激素（AID）在完成急性运动后明显升高。但研究也发现，完成同等强度运动时，训练水平高者与缺乏训练者血中抗利尿激素（ADH）升高的水平相似。这表明，即使经过长期训练，这种激素也许并不能产生降低效应。

（三）篮球运动对血液中红细胞及血红蛋白的影响

1. 安静状态时红细胞和血红蛋白含量变化

很早就有人进行了关于运动对血液的影响研究，但至今未有肯定的结论。根据日本学者吉村寿人（1959）和国内王锦文、陆如祥等人报道，运动员的红细胞数量和 Hb 含量都较一般人稍高，在正常范围内的上限水平。日本山冈（1960）和白井（1965）及我国江苏省体工队科研组（1978）报道过运动员在训练时或比赛期间含量和红细胞数量会减少，有贫血倾向。

表 7 - 2　运动员的血液值表

指　　标	性别	人数/人	运动年限/年	均值±标准差
红细胞数量（10^4/mm³）	男	46	4.20	508±4.90
	女	19	4.79	420±8.93
Hb 含量（g/dl）	男	46	4.20	14.08±0.10
	女	19	4.79	14.05±0.10

注：摘自依据吉村寿人，1959 年。

表 7 – 3　青年速滑运动员安静时红细胞数量和 Hb 含量

指　　标	亚运会运动员(174 人)	一般学生(106 人)
红细胞数量($10^6/mm^3$)	5.14 ± 0.40	4.97 ± 0.30
血红蛋白含量(g/dl)	16.34 ± 1.83	15.73 ± 1.65
白细胞数量(个/mm^3)	6205 ± 1546	5750 ± 1497
全血比重	1.0575 ± 0.0023	1.0569 ± 0.0013
血浆比重	1.0267 ± 0.0023	1.0276 ± 0.0012

注：摘自王锦文，1964 年。

运动性贫血，是指在比赛期间或训练期间(特别是训练初期)Hb 含量和红细胞数量减少，出现暂时性的贫血现象，称为运动性贫血。产生的原因有：第一，蛋白质补充不足。如果调整运动量或补充足够的蛋白质和铁，即可使贫血好转或预防贫血的出现。第二，红细胞破坏增多。运动时由于脾脏分泌卵磷脂使红细胞脆性增加，细胞膜抵抗力减弱，加之血流加速，增大了摩擦力，而使红细胞破碎。第三，由于运动时体内产生代谢产物和化学物质等，而引起红细胞破坏。由于缺铁，而引起贫血。表 7 – 4 所示为不同项目运动员血液主要指标。

表 7 – 4　不同项目运动员血液主要指标

运动项目	人数/人	血清总蛋白含量/(g/L)	胆固醇含量/mg	血红蛋白含量/(g/dl)	红细胞比容/%	红细胞数/($10^4/mm$)
男跳水队	5	6.32	191.6	10.76	40.7	412.7
男体操队	4	6.38	191.5	11.07	41.75	404.2
男篮球队	10	6.28	165.9	11.42	43.73	456.8
女击剑队	6	6.51	176.0	10.35	39.73	400.9
男网球队	3	6.4	163	13.5	—	495
足球队	18	6.4	167.4	12.88	—	466.6
举重队	10	6.44	176.3	12.81	—	471.6
男自行车队	6	6.44	197.9	12.63	—	425.5
女自行车队	6	6.14	179	11.83	—	393
女乒乓球队	7	6.74	194.5	11.3	—	388.2
女网球队	7	6.04	162.4	11.2	—	424.6

注：摘自江苏省第一届体育科学报告会《论文汇编》第七分册，1980 年。

2. 运动后红细胞和血红蛋白含量变化

国内外有许多人进行过关于运动后红细胞和血红蛋白含量变化的研究，但尚未得出变化的规律。曾有人报道运动能引起红细胞和血红蛋白含量增加，而增加的程度与运动的种类、强度和持续运动的时间都有密切联系。

王锦文(1964)报道田径运动后红细胞数和血红蛋白含量的变化不明显，并观察到运动后红细胞与血红蛋白含量有上升、下降和不变三种现象。1975～1977 年在儿童少年万米长跑运动员中也同样观察到这三种变化情况，其变化与运动成绩没有明显关系。

关于运动后红细胞数量增加的原因，有人认为主要是储血库释放血液进入循环血，其次由于运动引起交感神经和脾脏收缩，肾上腺素分泌增多，使储存在脾脏的浓缩血液进入循环血，运动后红细胞暂时性增加，停止运动便开始减少，1～2 h 即可恢复到正常水平。还有一种原因是运动时水分减少，因此，红细胞浓度相对增高。

运动后红细胞数减少，可能是由于长时间运动增加了红细胞的机械性破碎和化学性溶解，从而引起运动后红细胞数减少。

（四）篮球运动对呼吸的影响

1. 运动中的呼吸方法

正常人安静时是经过鼻呼吸的方式进行呼吸的，鼻腔对空气具有温暖、湿润和净化的作用。但在运动时，为增加散热途径，提高呼吸的效率，常采取鼻嘴并用的呼吸方法。据研究，运动员运动时增加嘴的通气，肺通气量由仅用鼻呼吸的 801 min^{-1} 可增至1731 min^{-1}。当人体进行慢跑时，对氧需求量不是太大，采用以嘴吐气、鼻吸气的方式为佳，随着速度的加快，可增加嘴吐气的深度和频率。对于健身锻炼者来说，主观感觉必须使用嘴帮忙时说明跑步太快，此时应适当放慢运动速度。

2. 运动中的呼吸形式

人体主要的吸气肌为肋间外肌和膈肌。当膈肌收缩时腹部随之起伏，肋间外肌收缩时胸壁随之起伏，因此以膈肌收缩为主的呼吸称腹式呼吸，以肋间外肌收缩为主的呼吸称胸式呼吸。人体一般都是采用混合式呼吸，即腹式和胸式都参与的呼吸方式。在篮球运动过程中，是否采用合理的呼吸形式，对于完成技术动作是非常重要的。例如，在完成需要固定胸廓而便于发力的动作时，应以腹式呼吸为主；在完成需要腹肌紧张的动作（仰卧起坐、直角支撑等）时，应以胸式呼吸为主，有些运动项目的呼吸形式比较复杂，如太极拳、射击、举重和游泳等，则要求呼吸形式与技术动作相互配合，使之与运动动作精确地整合为一体。

3. 运动中过度通气

过度通气是指人体在运动时通气量超过合理深度的一种呼吸，在运动期待、焦虑以及呼吸紊乱时都可能出现过度通气的现象。过度通气使血液中氢离子和二氧化碳下降，降低了肺通气的动力，但不会使血液中的氧含量升高。例如游泳运动员在短距离比赛前，为了减少呼吸窘迫的痛苦和屏息时有利于爆发力的发挥，通常要进行过度通气，虽然这样能使他们在比赛的前 8～10 s 对呼吸的欲望减弱，但是肺泡与动脉血中氧含量严重下降，不利于肌肉能量物质的氧化，反而会影响运动成绩。因此，从生理学的角度来考虑是不提倡在运动中进行过度通气的。

4. 运动中憋气

胸膜脏层与胸膜壁层之间的腔隙称为"胸膜腔"，它的内部存在的压力被称为"胸内压"（intrap-leural pressure）。在正常情况下，胸内压总是低于大气压，因此称之为胸内负压，它是由肺的回缩力形成的。胸内负压可以保持肺的扩张状态，维持人体正常的呼吸，还可使胸腔内壁薄且使胸导管扩张和静脉扩张性增大，从而促进血液和淋巴回流。运动时呼吸深度加大，胸内压起伏的幅度也会随之加大，这对促进静脉回流起到了极好的呼吸泵的作用。但在运动时，如果在吸气后关闭声门用力呼气产生憋气动作，胸内压就成为正压。

　　憋气能反射性地引起肌张力加强，使胸廓固定，为上肢发力的运动获得稳定的支撑。但憋气时，胸内压呈正压，因此会导致静脉回流困难，心输血量减少，血压下降，致使心肌、脑细胞、视网膜供血不足，会产生头晕、恶心、耳鸣等感觉。憋气结束后出现的反射性深吸气，使胸内压骤减，留于静脉的血液迅速回心，血压骤升。这对于儿童少年的心脏发育和缺乏心力贮备者或老年人的心血管功能会产生非常不利的影响。为此，憋气在运动中一定要谨慎应用。

第二节　篮球运动的心理学基础

一、篮球运动动机和情绪

（一）篮球运动动机

　　能引起、维持人的活动，并将该活动导向某一目标，以满足个体某种需要的念头、理想、愿望等称为动机。动机是人体的内在过程，行为是这种内在过程的结果，动机有始发机能、指向选择机能、强化机能。引起动机需要两种条件：一是外在条件；二是内在条件。前者是人体之外的各种刺激，这些刺激包括物质因素，也包括社会因素，可统称为环境因素，它们也是引起动机的原因之一；后者就是"需要"，即因个体对某种东西的缺乏而引起的内部紧张状态和不舒服感，动机就是由这些需要构成的，需要使人产生欲望和动力，引起活力。

　　1. 动机与需要

　　需要与动机紧密联系。如果把需要本身看作动机，我们也不能认为这就是错误的观点，因为人的绝大部分动机，都是需要的具体表现，但是需要和动机也有以下两点细微的差别：

　　（1）动机是需要的动态表现，需要处于静态时不能成为动机。或许也可以这样理解：当需要未转化为动机之前，人是不可能有所活动的；只有当需要转化为动机之后，人才能开始活动。

　　（2）行为并非全部由需要引起，这些并非属于需要的心理因素（如一时的情绪冲动、偶尔产生的某个念头等），也有可能成为行为的动因。例如，某运动员正在埋头训练，突然联想到一位朋友的不幸遭遇，心里十分难过，于是可能中断训练。这种干扰的念头与情绪也是一种动机，但不是需要，至少不是当前活动的需要。

　　2. 动机与目的

　　动机与目的是既有区别又有联系。动机是驱使人们去活动的内部原因，而目的则是人们通过活动所要达到的结果。动机与目的的关系表现为：

　　（1）动机和目的是可以相互转换的（因此目的也常常具有动机的功能）。

　　（2）动机和目的可能是完全一致的。

　　（3）有时，动机相同，目的不同；有时，目的相同，动机不同。

　　比如，同样以选择篮球运动专项为目的，有的人是因为篮球运动专项人才缺乏，有的人则是因为这一专项适合自己的兴趣，还有的人却是因为这一运动专项有一个知名的教练。

（二）篮球运动情绪

　　情绪是指有机体受到生活环境中的刺激时，其生物需要是否获得满足而产生的暂时性的较剧烈的态度及体验，包括悲哀、忧愁、愤怒、恐惧、愉快、赞叹等。客观事物的不同特点及客观事物与人之间的不同关系，使人在情绪上产生不同的态度和体验。篮球运动能促进产生脑啡肽，刺激下丘脑，进而产生愉快的情绪体验，这是篮球运动对情绪产生的积极调解作用。另外，经常从事篮球运动的运动员，在运动中可以享受成功的喜悦，也会承受挫折的压力，可以大大提高情绪的适应性，也有利于以更积极的态度迎接生活的挑战，适应各种生活环境。针对运动中情绪的调节有以下几种方法：

（1）表象调节。表象调节是指通过表象控制行为和情绪的方法。比赛中或者上场前，运动员在脑中清晰地重现自己过去获得成功时的最佳表现，体验当时的身体感觉和情绪状态，这有利于增强信心，提高运动成绩。研究资料（全国体育学院教材委员会，1988）表明，有的马拉松运动员运用了表象重现法，比赛成绩因此提高了 3 min。表象重现是一种积极的意念，它可以间接地使自主神经系统活跃起来，进而促进心跳加快，呼吸加强，从而使新陈代谢过程的血流量加大，糖分解加速，热能供应充足，使全身增力感觉和增力情绪加强。

（2）表情调节。表情调节是有意识地改变自己面部和姿态的表情以调节情绪的方法。情绪状态与外部表情存在着密切有机的联系，情绪的产生会伴随一系列生理过程的变化，并由此引起面部、姿态等外部表情。如愉快时笑容满面，兴高采烈，手舞足蹈；愤怒时咬牙切齿，横眉竖眼，紧握双拳；沮丧时肌肉松弛，垂头丧气，萎靡无力等。既然情绪状态与外部表情存在着密切而有机的联系，我们就可能通过改变外部表情的方法相应地改变情绪状态。例如，当感到紧张焦虑时，可以有意识地放松面部肌肉，不要咬牙，或者用手揉搓面部，使面部肌肉有一种放松感。当情绪低落、心情沉重时，可以有意识地做出笑脸，强迫自己微笑；假使自己做不到，可以看看别人的笑脸，或者想一想自己过去高兴的某件事，也可以想一想自己过去最得心应手的比赛情景。

（3）活动调节。活动调节是指通过调节身体活动的方式以达到控制情绪的方法。大脑与肌肉的信息是双向传导的，神经兴奋可以从大脑传至肌肉，也可以从肌肉传至大脑。肌肉活动积极，从肌肉向大脑传递的冲动就多，大脑的兴奋水平就高，情绪就会高涨。反之，肌肉越放松，从肌肉向大脑传递的冲动就越少，大脑的兴奋会降低一些，情绪就不会高涨。

这样，采用不同强度、速度、幅度、方向和节奏的动作练习，也可以调节运动员临场的情绪状态。例如，在篮球赛即将上场时，如果情绪过分紧张，可以采用一些幅度大、强度小、节奏和速度慢的动作练习，做一些准备动作，降低情绪的兴奋性，消除过度紧张状态；情绪低沉时，可采用一些幅度大、强度小、节奏和速度慢的变向动作练习，通过反复练习，提高情绪的兴奋性。

（4）呼吸调节。呼吸调节是指通过调节呼吸的深度、频率的方式控制情绪的方法。深沉的腹式呼吸可使运动员的情绪波动稳定下来。情绪紧张时，常有呼吸短促现象。特别是过于紧张时，运动员常有气不够喘或者吸不上气来的感觉，这是呼气不完全造成的。这时可以采用缓慢的呼气方式。

（5）暗示调节。暗示调节是用语言对心理活动施加影响的方法，也可以用手势、表情或其他暗号进行。暗示现象在日常生活中有广泛的作用。例如：在比赛前你可以暗示自己"我站得很稳"、"我很镇定"，或者通过别人的暗示，"你今天状态很好"、"你很优秀"等。

二、篮球运动中的心理活动过程

人脑对客观现实的反应过程是心理活动的主要方面，由认识过程、情绪过程和意志过程三个方面构成。人脑的认识过程又称"休息加工活动"，由知觉、感觉、思维、记忆等活动组成。人在认识客观事物时所产生的态度体验称为"情绪"或"情感"。而根据对客观事物的认识，自觉地确定目标、克服困难、力求实现的心理过程，则被称为"意志"。认识过程、情绪过程和意志过程显然有区别，但又相互联系。认识过程是其他心理活动的基础。例如，人们认识到篮球运动能增强体质，并且在亲身体验中验证了这一点，由此产生了喜爱的情感，从而更加自觉、主动地进行自我锻炼，使体质在进一步锻炼中得到增强。篮球运动心理过程包括感知过程、记忆过程、思维过程。

（一）感知过程

感知过程包括感觉和知觉。知觉是对感觉信息进行选择、组织和解释的过程；感觉是感受器及对应的神经系统从外界环境中接受和表征刺激信息的过程。感觉是知觉的基础，知觉是感觉的延续；感觉反映的是客观事物的个别特征；知觉反映的则是客观事物的整体特征。感觉发生在前，知觉发生在后。尽管感觉和知觉有这样的本质区别，但在日常生活包括运动活动中，感知觉是统一的、连贯的过程，没有感觉的知觉或没有知觉的感觉几乎是不存在的。

（1）动觉。动觉也称"运动觉"或"本体感觉"，它负责将身体运动的信息传入大脑，使个体对身体各部位的位置和运动有所觉知。动觉由腱觉、肌觉、平衡觉和关节觉四者结合而成。身体活动时，关节之间的压迫，以及肌肉与肌腱的扩张与收缩，产生刺激并引起神经冲动传入中枢神经系统。

（2）视觉。视觉是通过眼睛、视传入神经和视觉中枢产生的，对波长约为 $380\sim740$ nm 之间的电磁辐射产生的一种感觉。视觉对绝大多数运动项目来说都是至关重要的，在对抗性的项目中，视觉的行动定向和行动调节作用更为明显。例如，在篮球运动中，球、对方球员、同伴队员始终都在不停地运动，只有准确地观察这些空间、方位和距离上迅速变化的各种关系，才有可能建立正确的行动定向。

广阔的视野对于大场地的集体球类项目是十分重要的。视野是指当头部不动，眼睛注视正前方某一点时所能知觉到的空间范围。有专门的视野计可测量单眼或双眼的视野，以度（°）为单位。实验表明，不同项目运动员和体育系学生瞬间知觉客体的数量是不同的，足球运动员为 3.5 个，田径运动员为 2.7 个。另外，还有文献曾报道过，橄榄球四分卫和篮球后卫的视野范围要大于其他位置的运动员。

（3）触压觉。触压觉是由非均匀分布的压力在皮肤上引起的感觉，分为触觉和压觉两种。外界刺激接触皮肤表面，使皮肤明显变形，引起的感觉叫做"压觉"；使皮肤轻微变形，引起的感觉叫做"触觉"。触压觉常常简称为"触觉"。

球类运动项目对运动员的触觉敏感性有很高的要求。篮球运动员的触觉敏感性体现在手掌和手指皮肤上，皮肤触觉敏感性仅仅是基础，还要经过长期专项训练才能发展出来这种能力。皮肤触觉敏感性的测量通常可采取"两点阈"调试。方法是排除被试的视觉域，同时给予被试某一部分皮肤强弱相等的两点刺激，这两点之间若达到一定距离，被试者就会知觉为两个点；如果逐渐缩小这个距离，到某一程度，被试者就会分辨不出是两个点而产生一个点的感觉，这一临界值就被称为"两点阈"。研究表明，全身各部位的两点阈有很大差异，个体间的差异也很大。

（4）空间知觉。空间知觉是反映物体空间特性的知觉，包括大小知觉、形状知觉、距离知觉、方位知觉、立体知觉等。我们看到一个篮球，就可以知道它是圆的，比排球、足球、手球都大，还可以知道它距离我们有多远，是一个球体，在我们的什么方向。可以设想，运动场上的所有活动，如传球、抢断球、突破过人、投篮等随时都需要在空间知觉的帮助下进行。在完成这些活动前，运动员必须首先判断出球、对方球员、同伴队员和自己的空间特征情况和彼此间的关系。例如跳高、跳远和跨栏运动员为了在助跑和栏间跑的最后一步准确地踏在预定的位置上，在整个跑的过程中，始终要通过空间知觉来控制自己的步幅。在一些投掷项目中，运动员要在高速旋转后将器械按照一定的方向和角度投出去，必须在旋转过程中保持清晰、准确的空间知觉。

（5）时间知觉。时间知觉反映客观事物运动和变化的延续性和顺序性，是一种感知时间快慢、长短、节奏和先后次序时间知觉关系的复杂知觉。时间知觉与时机掌握是运动比赛中经常遇到的情况。例如，篮球中的抢篮板球和盖帽等都需要运动员依靠准确的时间知觉帮助掌握最佳的起跳时机。

人对时间的估计所产生的误差常常与主题的情绪和态度有关。在篮球、足球等以单位时间内的成绩判定来决定胜负的比赛项目中，处于比分领先的运动员和处于比分落后的运动员在比赛快要结束时对时间的快慢会有不同的知觉。前者倾向于知觉时间过得慢，后者则感觉时间过得快。

（二）思维过程

马拉多纳盘球突进的时候，几乎吸引了全场队员和全场观众的注意力。在对方三个后卫围追堵截，守门员高度紧张的时候，眼看马拉多纳到了对方禁区右侧，正当球迷准备欣赏他突破过人和奋力射门的英姿的时候，他却巧妙地向左后传球，迅速跟进的队友卡吉尼亚接到妙传，起脚射门，足球应声入网。这两个人的绝妙配合使全场球迷欢呼沸腾。那一场面让观众无比着迷。若干年后再看这场比赛的录像，或许连马拉多纳的对手都可能对他充满敬意。那么，他究竟是如何在那一瞬间进行判断，作出传中决策的呢？

这类比赛情绪使人们很容易联想到战术意识和战术思维这类问题。运动训练领域和体育科学领域从来都不乏对战术意识和战术思维的兴趣，但许多论述和研究往往流于表面的、概念的、经验的探索，缺乏深入的、实证的和理论的研究。幸而有认知运动心理学的出现，使我们对这类问题有了新的研究思路、新的研究手段、新的研究成果。

（三）记忆过程

学习是人类通过实践获得适应环境、改变环境的能力的过程。由于学习是一个过程，在时间上有持续性，因此经过一定时间，仍具有的这种能力就叫记忆。记忆的内容不能保持，或者提取记忆内容时产生困难，则称为遗忘。

人们的一举一动，举手投足，都是与运动记忆有关的。日常生活离不开运动记忆。例如，说话的功能就与面部的肌肉运动记忆紧密相关，平时刷牙、使用筷子、骑车、游泳、操作计算机，哪一样也离不开运动记忆。失去了运动记忆，人将寸步难行。

1. 短时运动记忆的遗忘曲线

遗忘曲线是通过统计方法表示停止练习之后，遗忘速率随时间变化而变化的曲线。其特点是遗忘的进程先快后慢，但识记的内容不会全部忘光。这一规律最初由德国心理学家艾宾浩斯（Hermann Ebbinghaus，1850—1909年）通过无意义音节记忆试验而获得。但这一规律是否也适用于运动记忆呢？

亚当斯和迪克斯特拉（Adams&Dijkstra，1966）曾经做过一个直线定位反应实验。实验要求那些被试者蒙上眼睛，用手向前移至一个主试者规定的目标点，然后返回起始处，间歇一段时间后，再将目标点移开，最后让被试者移至自己认为是原目标点的地方停住，测量该点与原目标点的误差。他们选择了三组被试者，分别练习 1 次、6 次、15 次以后再做记忆测试，结果如图 7-5 所示。

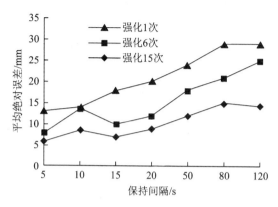

图 7-5　短时运动记忆的遗忘曲线

这一实验表明：回忆误差会随测验间隔时间的增加而增加，在间隔时间为 80 s 时，误差会增加至最高值。以后，回忆误差就不再随间隔时间的增加而增加，而是基本稳定在该水平上。也就是说，同言语反应类似，运动反应的记忆也会有一个遗忘过程，大致在 1 min左右完成。该实验还表明，随着练习次数增加，遗忘的程度就会下降。克瑞蒂认为，如果训练以后紧跟着对该技能进行心理演练，可能会有助于短时记忆的改善或短时记忆转为长时记忆（Cralty，1973）。

2. 长时记忆的遗忘曲线

许多实验室的实验涉及人的长时运动记忆，较有代表性的是弗里什曼和帕克的实验（Fleishman&Parker，1962）。他们利用了一个三维互补追踪作业，让被试者每天练习 3 次，每次 4 min，共练习 17 d，总计 51 次。然后 A 组间歇 9 个月，B 组间歇 12 个月，C 组间歇24 个月，再分别测验回忆成绩。尽管间歇时间差别较大，但三组被试间歇后回忆成绩都大致相同，即使间歇 24 个月后被试者开始成绩略差，但仅仅经过 3 次练习，就迅速恢复到与其他两组大致相同的水平。初学时和三种保持间隔后三维追踪任务的平均成绩大致相同（Fleishman&Park，1962）。

三、篮球运动个性心理特征

心理学认为，人在通过认识、情感和意志反映客观世界的过程中会形成各种各样的心理特征，造成人与人之间的心理差异。人的心理活动过程既有共性又有个性，个性就是心理个别差异，特征是个人在人生道路上，在他的行为模式中表现出来的内心活动和精神面貌。个性有明显的特征，即复杂性、独特性、稳定性、完善性及积极性。个性的形成与发展受到先天及后天诸多因素的影响。而经过篮球锻炼，要求机体在生理和心理上能承受较大强度的应激刺激，有的还与追求优异成绩的积极意向相联系。同时，篮球运动对于发挥人的主观能动性及增强社会交际能力具有明显的促进作用，可以塑造和改善一个人的能力、气质和性格。

1. 能力

能力是一种个性心理特征，是顺利实现某种活动的心理条件。能力的发展和发挥要在具体的社会实践中表现出来，身体的整体素质水平是能力发展的条件，身体器官系统功能的健全是能力发展的基础，环境和教育对能力的发展有着重要的作用。

2. 性格

人的性格是在一个人生理素质的基础上，通过社会实践和体育运动逐步形成的。由于每个人所处的具体环境和教育条件的不同，他们所形成的性格具有不同的特征。性格一经形成就比较稳定，也正因为性格的稳定，性格才能突出反映一个人的心理面貌和风格。由于环境的变化，性格也可能发生改变，特别是对处于形成过程中的性格具有较大的可塑性，也就为教育提供了良好的条件，篮球运动对性格的影响是巨大的，在运动环境条件和运动教育中，公平公开的竞争、相互间的协调和尊重、集体的委托和依赖、严格的规则等，对人的性格形成和发展起着特殊的作用。

研究表明：一方面，体育活动不仅使神经系统的兴奋和抑制过程更加有效，使其对各种刺激的反应更加迅速准确，为智力的发展奠定物质基础，而且可以提高人的视觉、听觉、个人感觉、神经传导速度及神经过程的均衡性和灵活性，促进神经系统功能的增强。另一方面，由于运动健身能有效地促进血液循环，增强心肺功能，使大脑争取更多的氧气，给大脑的记忆和思维能力提供必要的物质保障，因而能够提高脑力劳动的效率。

3. 气质

气质是心理活动稳定的动力特征，主要表现在心理过程的强度、速度、稳定性、灵活性及指向性上，如情绪的强弱、思维的快慢、注意力集中时间的长短、注意力转移的难度，以及心理活动倾向于外部事物还是内心世界等。

气质是人的心理活动在动力方面的特点。心理活动的动力则是指心理过程的速度、强度、稳定性、指向性等。根据情绪和行为方式上的典型表现，气质可分为多血质、黏液质、胆汁质及抑郁质等四种类型。气质类型本身并无好坏之分，它只表明一个人心理活动的动力特征而不影响人的行为方向和内容。每一种气质均有其积极的一面，又有其消极的一面。体育活动能完善人的气质，即可在行为规范的控制下或在群体激情的鼓励下，发挥其积极方面而去掉其消极方面。篮球运动可以改善人的气质。例如，对于胆汁质者，在参加篮球运动时应发扬其积极进取、敢于拼搏的精神，杜绝其任性、粗暴、冒失等缺点；又如抑郁质者则应发挥其谨慎细心的长处，克服犹豫、迟缓的弱点，培养自己大胆、灵活、泼辣的作风，增强自信心。

四、篮球运动对心理的影响

(一) 篮球运动对心理的有利影响

1. 与改善心境状态有关

心境又叫心情，是指一种具有感染力的微弱而持久的情绪状态。保持良好的主导心境是心理健康的重要标志之一。有研究表明，30 min 的篮球运动可使困惑、紧张、焦虑、疲劳、愤怒和抑郁等不良情绪状态显著改善，同时能使精力感保持在较高水平。

2. 与培养健康幸福感有关

健康幸福感也称心理自我良好感或感觉良好现象，是心理健康的重要标志之一。它是指与积极参加身体锻炼有关的某种自尊、自信和兴奋的情绪和态度体验，并且没有消极情绪。研究表明，健康幸福感与长期身体锻炼成正相关关系，积极参与身体活动者比不运动者的自我评价和感受更积极，其中女子比男子相关程度更高。这一正相关的原因可能是身体锻炼产生内心乐趣和愉快，也可能是因为女子比男子在活动中有更高的感情色彩和更具有自我投入的倾向。

应该注意的是：健康幸福感的增加，与实质上消极情绪的减少有密切联系。焦虑、紧张、困惑、抑郁、气愤、疲劳等消极情绪的减少或者精力感的增加，本身也就意味着健康幸福感的增加。

3. 与治疗焦虑、抑郁症有关

抑郁与紧张、焦虑等消极情绪相比，属于更深层次的复合性负情绪（孟昭兰，1989），抑郁有可能是伴随人的失落感而产生的恐惧、悲伤、羞愧、焦虑甚至负罪感，它持续的时间更长，给人带来的痛苦就更大。抑郁症的临床特点为悲伤、悲观、低自尊、失助感和绝望（Dish man，1986）；轻微疲劳、优柔寡断、易怒、回避社交甚至厌世（Sime，1984）。有研究报道（Hannaford et al.，1988），在 8 周的三大球运动后患者的身体状况得到了改善。比如对老年人而言，抑郁或许是最大的精神健康问题。但是，并非所有的研究都支持身体锻炼减缓抑郁的假设。一项对中老年人身体锻炼与抑郁关系的研究（毛志雄等，1966）表明：身体锻炼既不能缓释抑郁-沮丧情绪，也无助于提高精力感。原因可能是：（1）抑郁、沮丧等深层负性情绪即使可能通过锻炼手段而得到暂时缓解，但从长远意义上看，远非身体锻炼所能彻底解决的问题。（2）中老年人的情绪比年轻人稳定，不易随环境的改变（如锻炼）而波动。（3）对于情绪健康的人来说，通过身体锻炼很难继续使心境状态得到大幅度地改善。尽管长期身体锻炼与抑郁的关系问题目前尚有争议，但多数研究仍表明：球类运动对焦虑和抑郁病情的改善有着积极的作用。

4. 与完善人格有关

有研究（mcDonald&Hodgdon，1991）指出：有氧适应性训练提高了自我满足感和智力的分数，降低了不安全感的分数。

另一研究（Ismail&Oung，1973）表明，长期球类运动的锻炼不仅增强了中年男子的体质，而且使他们具有更多的控制感，更高水平的自信心，增强的想象力和更大的自我满足感。

Fox（1997）指出，球类运动锻炼和身体活动可能和参与者的自尊心、自我观念以及自我效能感的提高相联系。但由于自我效能感、自我观念等概念的复杂性，这类研究中的被试者在文化水平、健康状况以及性别、年龄等方面都有差异，因此研究的结果尚不统一。

5. 与提高认知能力有关

篮球锻炼与认知能力的提高具有一定的正相关关系，长期的篮球运动与认知功能的提高有更加密切的关系。人的认知能力是指人们认识世界的能力，实质就是中枢神经系统对身体内外环境信息的加工能力，主要包括记忆、感知觉、想象、思维与注意力等。

人体免疫缺陷病毒又叫艾滋病病毒，目前医药界都认为它的出现将最终导致艾滋病情的发生，有证据（Ironson et al.，1990）表明，无症状的男同性恋者如果得知自己艾滋病毒呈阳性，其焦虑和其他痛苦分数会显著提高，而且越来越多的证据表明，焦虑和抑郁之类的情感因素与艾滋病毒感染的加速有关。还有学者(Goodkin，1988)指出，可以将焦虑和抑郁的升高视为促进艾滋病发展的危险因素。

长期进行三大球类运动锻炼可以在不损害免疫系统的前提下，增强艾滋病毒携带者的身体素质，促进其心境状态的改善并降低抑郁、焦虑等消极情绪，因而有利于延缓艾滋病毒在体内的感染速度，从而延缓艾滋病的发病进程。目前已有一些研究(Chneiderman et al.，1992；Klimas et al.，1990；Rigshy et al.，1995)支持这一观点。

(二)篮球运动对心理的不利影响

1. 心理耗竭

心理耗竭是一种训练应激症状，它是指锻炼者在运动中由于长期无法克服的运动应激而产生的一种耗竭性心理生理反应。众所周知，过多的运动锻炼或训练无助于提高成绩或增强体质。相反，它不仅损害免疫系统，并且会增加消极情绪或心境，甚至造成身心伤害。从实用的角度看，我们可以把运动量看作一个连续体，从运动量不足到运动过度连续变化。过少或者过多的运动，都与负面的心理学和生物学效果相联系(Cox，1998)。

其实，练多少为过度训练是一个复杂的问题。对于锻炼者和运动员来说，过度训练会使人产生疲惫甚至心理耗竭。心理耗竭是运动员对过度训练缺乏应对策略的最终产物，它往往意味着运动员因为训练应激的积累而退出他积极参与的运动项目。

2. 锻炼迷瘾

锻炼迷瘾是对有规律的锻炼生活方式的一种心理和生理依赖(Crossman et al.，1987)。广义上说，锻炼迷瘾可以分为两种，即积极的和消极的。通常所说的锻炼迷瘾都特指的是消极迷瘾。从归因的角度理解，有积极锻炼迷瘾的人能够控制锻炼行为，而有消极锻炼迷瘾的人则反过来会受锻炼行为的控制(Anshell，1991；Sachs et al.，1981)。总体上说，如果24～36 h不参加自己已形成规律的运动锻炼活动，锻炼成瘾的人就产生"戒断症状"(如烦躁、焦虑、内疚、肌肉颤抖、神经质以及肿胀感等)，此种情况可称为锻炼迷瘾(Sachs&Sachs，1981)。或者，即使在身体疼痛或受伤时也坚持锻炼的人，也可以被定义为锻炼迷瘾。

一项研究(Anshell，1991)比较了有锻炼迷瘾的人与非锻炼迷瘾的人的差异。这些差异表现在以下四个方面：

(1)为完成某种训练计划倾向于忽视身体的不适、疼痛或伤病(特别是男子)；

(2)锻炼迷瘾者练习后更难以休息并产生更多的应激；

(3)当错过一次活动机会后产生高度的抑郁、焦虑和愤怒的情绪体验；

(4)参加身体活动后体验到高度积极的情感。

积极锻炼迷瘾的标准(glasser，1976)是：

(1)活动并非竞争性的和个人自己选择的，每天从事1 h；

(2)参加者相信坚持活动会致使某种能力提高；

(3)活动只需很少的技能和精神努力；

(4)参加者相信活动具有价值；

(5)活动不依赖他人，可最大限度地独立进行；

(6)活动后不会带来妄自菲薄。

消极迷瘾发展的高峰是锻炼依赖性。锻炼依赖性指锻炼者对身体活动产生了类似于对药物、酒精和毒品的精神上依赖并难以摆脱。其标准(DeCoverly Veale,1987)是:

(1) 个体为保证锻炼活动,日益把其放在优先于其他活动的突出地位;

(2) 活动单一导致每日身体活动的刻板模式和固定的时间表;

(3) 日益表现出对大运动量承受能力上的增加。

第三节　篮球运动的营养消耗与补充

一、篮球运动中糖的消耗和补充

(一)糖的消耗

篮球运动时,运动员需要的能量增加,但常常会伴有供氧量不足。与脂肪、蛋白质相比,糖在体内会很容易氧化,糖氧化时的耗氧量少。虽然糖产生的能量不如脂肪高,但糖的氧热价却高于脂肪,即在消耗等量氧的条件下,糖的产能效率会比脂肪高出 4.5%,这一优点在运动时氧供应不足的情况下尤为突出;并且,糖氧化代谢的终产物为二氧化碳和水,可分别通过呼吸和排汗不断排出体外,对体内环境影响较小,不会增加体液的酸度;运动时糖的供能速率快,糖在氧供应充足和不足时都可以充分分解供能。糖是高强度剧烈运动时主要的能量来源。在高强度运动时,氧化磷酸化释放能量的速率不能满足运动员的运动需要,此时,糖的无氧酵解供给是非常关键的。骨骼肌糖原或由血液运输至肌肉的葡萄糖可在无氧条件下酵解,生成乳酸并释放出能量供运动需要。所以,糖是运动过程中消耗最多同时也是最理想的能源物质,被称为运动中的"优质燃料"。

短时间大强度运动时的能量绝大部分由糖供给,长时间中低强度篮球运动也是利用糖氧化供给能量的。运动中,肌肉摄取的糖量可为安静时的 20 倍或更多。大脑的活动基本上也只能依靠糖氧化来供应能量。长时间运动时,运动员的血糖下降,大脑糖供应不足,影响大脑的正常活动,是运动型疲劳的重要因素之一。

(二)糖的补充及食物来源

运动前补糖应该安排在赛前数日内,应该避免在赛前 15~45 min 补糖。可通过饮食中增加糖比例至总热能的 60%~70% 和赛前服用含糖饮料或高糖食物。运动中补糖多数要采用少量多次(每隔 15~60 min)的方法,可以饮用含糖饮料或食用易消化的含糖食物。在炎热环境中,运动员大量出汗的情况下,糖的浓度应以 2.5% 为宜,在寒冷环境下糖浓度可增加到 10%~15%,一次液体总容量<600 ml,温度 5~15 ℃,补糖的类型以低聚糖为好。补糖的量应限于 50 g/h 或体重 1 g/kg BW。

运动后补糖的时间应该越早越好,因为糖原合成酶的活性在运动结束后的最初 5 小时时是最高的。如果在运动后 2 小时内(至多 6 小时)摄糖,摄糖量为 0.7~1 g/kg BW,则可使肌糖原储备达到最大值。在运动后头几小时内食用的单糖糖原再合成率高于复合糖,如有条件可在运动后补充些葡萄糖和低聚糖为主(可含些果糖)的饮料。为适应耐力训练的需要,使肌糖原储备尽快恢复,应立足于在每日摄取高糖(占总热量 60%~70%,总量达500~600 g/d)的基础上进行。

食物来源:

(1) 谷类和根茎类食物,如各种豆类、粮食和薯类,其中含有大量淀粉和少量单糖或双糖。

（2）蔬菜和水果。

（3）各种食糖，如蔗糖和麦芽糖等。

部分食物中糖的含量如表7-5所示。

表7-5　部分食物中糖的含量

食　物	数　量	碳水化合物含量/g
早餐麦片粥(冷)	1/3～1/2 杯	15～20
早餐麦片粥(热)	1/2 杯	15
粗碾玉米片	1/2 杯	15
煎饼	12.5 cm，薄	15
小圆甜面包	1/2	15
面包圈	60～85 g	30～45
切面包片	1 片	15
面包卷	1 小卷(30 g)	15
米饭	1/3 杯	15
玉米粒	1/2 杯	15
面条等熟面食	1/2 杯	15
土豆泥	1/2 杯	15
烤土豆	1 个(中等大小)	30
苹果汁	1/3 杯	15
混合水果汁	1/2 杯	15
橘子、桃、梨	1 个(中等大小)	15
苹果或香蕉	1 个(大的)	30
不含淀粉的蔬菜汁	1/2 杯	6
牛奶	1 杯	12
加水果的酸奶酪	1 杯	40～45
补充用流质饮料	1 杯	15～19
水果汁或柠檬水	1 杯	30
汽水	355 ml	40～45
能量棒	1 根	40～60
糖	1 茶匙	4
果酱、果冻、蜂蜜	1 茶匙	15

二、篮球运动中脂肪的消耗和补充

(一)脂肪的消耗

脂肪是除糖和蛋白质以外的另一种维持运动员能量摄入均衡的物质。运动员日能量摄入量的20%～30%应该是脂肪。但是，有一点需要明确：对于有高能量需求的运动员来说，如果其摄入的能量中30%～35%来自脂肪时，它仍然能够维持糖和蛋白质平衡。建议运动员食用坚果，摄入奶油、鳄梨、种子、橄榄、橄榄油、芝麻等富含单链和多链不饱和脂肪酸的食物，避免食用肥肉、黄油、全脂奶制品和方便食品等饱和脂肪酸高的食物。

另一方面，运动员应该认识到他们的膳食中的脂肪含量不应该过低。近期的研究表明，脂肪太低的膳食(低于日能量需求的15%)能引起血清中的甘油三酯升高，破坏人体的免疫能力，造成女性运动员运动性闭经，而且还可能因肌肉内部脂肪沉积减少导致运动能力下降，因为在耐力性运动中肌肉的脂肪沉积是向骨骼肌提供自由脂肪酸的前提条件。认为含有食用脂肪的热量平衡膳食会促进体重增加、造成脂肪堆积和肥胖的观念是错误的。

（二）脂肪的补充和食物来源

运动员膳食中适宜的脂肪含量应为总能量的 $25\%\sim30\%$。饱和脂肪酸、单不饱和脂肪酸和多不饱和脂肪酸的比例应保持在 1:1:1。脂肪摄入过多会影响蛋白质和铁等一些营养素的吸收，还会带入外源性的胆固醇引起高脂血症等并发症，因此，应当适量限制运动员膳食中过多食用脂肪。如果摄入量过低，食物的质量和色香味受影响，会造成运动员的食物摄取量减少，而且运动员的膳食要求量少质精，发热量高，所以又不可过多减少脂肪的供给量。对于经常处于缺氧条件下的运动员，在膳食中脂肪数量应当要少一些，相反经常在寒冷条件下进行运动的人，因机体散热量大，食物中脂肪量可以增加一些，但也不宜超过总热量的 35%。

胆固醇对于人体的生理功能具有重要作用，因此人体需要摄入适量的胆固醇。由于胆固醇在人体内可以合成，所以不需要从食物中获取大量的胆固醇。一般主张胆固醇的摄入量每天不超过 $300\sim500$ mg。

食物中脂肪的主要来源有两类：动物性食物和植物性食物。动物性食物包括动物油，如鱼油、猪油、羊油、牛油、鸡油、奶油等；植物性食物包括植物油，如花生油、菜籽油、芝麻油、豆油、橄榄油等。此外，各种果仁和种子，如榛子、杏仁、松子、葵花籽、核桃、西瓜籽、芝麻和大豆等，也含有丰富的脂肪。膳食中的胆固醇主要来自动物食品。表 13-6 所示为常用食物中不饱和脂肪酸和饱和脂肪酸的含量。

表 7-6　常用食物中不饱和脂肪酸和饱和脂肪酸的含量

食物名称	脂肪含量占比/% 多不饱和脂肪酸(P) /饱和脂肪酸(S)/ 单不饱和脂肪酸(M)	食物名称	脂肪含量占比/% 多不饱和脂肪酸(P) /饱和脂肪酸(S)/ 单不饱和脂肪酸(M)
菜籽油	21.5 / 4.54 / 78	猪肠	18.0 / 33.0 / 0.55
豆油	62.8 / 14.8 / 4.24	大黄鱼	20.2 / 37.3 / 0.54
芝麻油	46.6 / 12.5 / 3.73	带鱼	15.7 / 37.3 / 0.42
玉米油	48.3 / 15.2 / 3.18	对虾	15.4 / 37.2 / 0.41
棉籽油	55.6 / 27.9 / 3.11	瘦猪肉	13.8 / 34.9 / 0.40
花生油	37.6 / 19.9 / 1.89	猪肝	15.6 / 45.7 / 0.34
米糠油	35.2 / 20.8 / 1.67	羊肉	12.1 / 42.4 / 0.29
猪心	44.7 / 34.3 / 1.30	松花蛋黄	8.7 / 31.4 / 0.28
墨斗鱼	37.5 / 30.0 / 1.25	鸭蛋黄	5.7 / 27.7 / 0.21
鲤鱼	22.2 / 18.6 / 1.19	肥猪肉	8.7 / 41.7 / 0.21
鸡肉	29.9 / 25.6 / 1.17	猪油	8.5 / 42.7 / 0.20
鸡油	26.0 / 25.9 / 1.00	牛肉	9.0 / 46.3 / 0.19
鸭肉	23.8 / 25.2 / 0.94	牛油	6.3 / 51.6 / 0.12
鲫鱼	20.4 / 26.1 / 0.78	牛乳	6.7 / 59.6 / 0.11
鲢鱼	22.8 / 30.4 / 0.75	黄油	5.8 / 58.3 / 0.10
猪肾	28.2 / 44.7 / 0.63	全脂奶粉	4.9 / 62.1 / 0.08
兔肉	26.8 / 44.6 / 0.60	脱脂奶粉	4.5 / 63.10 / 0.07
鸡蛋黄	14.7 / 25.8 / 0.57	羊油	3.4 / 62.6 / 0.05

三、篮球运动中蛋白质的消耗和补充

(一)蛋白质的消耗

蛋白质在运动员营养中具有特殊的重要性。研究报道,运动员在大运动负荷训练时,蛋白质的分解代谢增强,血液中非蛋白氮和尿中氮排出量会增加,并出现负氮平衡,在剧烈运动时,皮肤排汗还会丢失大量的氮。系统的体育运动使肌细胞的蛋白质增加,这在成年运动员中表现为瘦体重增加,在儿童、青少年中则表现为促进生长发育。研究还表明,氨基酸可为运动时的能量消耗提供热能 $5\%\sim15\%$。人体组织蛋白的更新以及运动员组织损伤的修补亦需要蛋白质。

综上所述,运动员蛋白质供给量比一般人高,儿童运动员为 $3.6\sim3.4$ g/kg BW,少年运动员为 $2.0\sim3.0$ g/kg BW,成年运动员为 $1.8\sim2$ g/kg BW。按百分比计算,运动员的蛋白质营养不仅应满足数量的要求,在质量上应保证有 1/3 以上的优质蛋白质。

(二)蛋白质的补充

运动员在进行剧烈运动训练的初期,由于细胞破坏的增加,红细胞和肌肉蛋白再生等促使代谢亢进,以及神经调节和应激时激素等反应,常发生负氮平衡甚至运动性贫血,而经过一段时间适应后氮平衡改善。因而,在大量运动训练的初期应适当加强蛋白质营养。据日本资料报道,蛋白质摄入量达 2 g/kg BW 以上,就可以防止运动性贫血。长时间剧烈力量训练、耐力运动训练以及练习次数多、强度大的训练,均应增加蛋白质的供应量,此外,糖原储备量少和热量短缺将会增加蛋白质的需要量。

研究表明:蛋白质摄入量过多,对肌肉功能的壮大没有良好的促进作用。蛋白质的代谢产物会增加肾脏和肝的负担,引起疲劳;大量蛋白质会使机体脱钙、脱水,还可诱发痛风;高蛋白对水盐代谢不利,有可能引起便秘和泌尿系统结石;高蛋白食物经常会伴随高脂肪的摄入,会增加中年后形成高血脂和动脉硬化的危险。因此,运动员在平衡膳食的情况,不必要额外补充蛋白质。

蛋白质的食物来源分为动物性和植物性两大类。动植物蛋白混合食用可以提高食物的营养价值。因为动物性蛋白质在进化和分类上与人更接近,所以其氨基酸比例的可用性更高,而植物性蛋白质则相对较差。粮谷类食物存在着氨基酸比例不平衡和某些氨基酸含量过低而限制了此类蛋白质的营养价值。表 7-7 所示为常用食品中蛋白质的含量。

表 7-7　常用食品中蛋白质的含量表

食物名称	蛋白质含量/(g/100 g)	食物名称	蛋白质含量/(g/100 g)
猪肉	$13.8\sim18.5$	稻米	8.5
牛肉	$15.8\sim21.7$	小米	9.7
羊肉	$14.3\sim18.7$	面粉	11
鸡肉	21.5	大豆	39.2
鲤鱼	18.1	红薯	1.3
鸡蛋	13.4	大白菜	1.1
牛奶	33	花生	25.8

四、篮球运动中矿物质和维生素的消耗和补充

(一) 矿物质的消耗

在运动训练和比赛中,机体会从汗液中丢失大量的钙(汗液中钙离子含量约为2.55 mmol/L)。因此对于进行篮球运动的人群来说,及时补充钙离子有助于运动员运动能力的保持和加快钙离子的恢复速度。运动会加快铁在机体中的代谢,长期的运动训练使组织内储存的铁的含量出现明显的下降。在运动中大量出汗时,汗液中也含有一定量的铁,这也使得铁丢失量增加。短时间、大强度的无氧或者缺氧运动,可以使血清锌升高,而长时间的有氧运动后血清中的锌就会下降。前者血清锌升高的原因可能是剧烈运动导致肌肉出现损伤,锌从肌肉细胞中溢出入血,或者是机体锌需求量增加,将锌通过从血液向需要锌的组织器官转移,使锌出现重新分布。

机体在运动过程中还有很多矿物质的消耗,如硒、铜、铬、氟、碘等。这些矿物质对机体有着必不可少的作用。

(二) 矿物质的补充

经常参加篮球运动的运动员要注意矿物质的补充。其中比较重要的矿物质有钾、钠、氯、钙、磷和铁。钙是构成骨骼、牙齿的主要成分,同时也是维持神经肌肉正常兴奋和心脏跳动的元素。青少年每天需要钙1~1.3 g。含钙多的食物有牛奶、虾皮、豆类等。磷和钙一起构成骨的主要成分,也是体内许多酶的主要成分,一切神经、肌肉活动以及糖和脂肪的代谢都需要磷的参与。同时,磷在维持血液中酸碱平衡的缓冲体系中也起着非常重要的作用。因此,肌肉活动愈多,磷的消耗愈多。青少年每天需要磷2~2.5 g,运动量较大时,可适当增加摄入量。含磷多的食物有牛奶、鸡蛋、肉类、豆类及绿色蔬菜。铁是构成血红蛋白、肌红蛋白等物质的重要元素,缺铁容易发生贫血,影响体内氧的运送,使运动能力降低。青少年每天约需要铁15 mg,经常参加体育运动的人,每天可增至20~25 mg。含铁多的食物有动物肝脏、蛋黄、豆类、绿色蔬菜等,其中以动物性食物中的铁营养价值较高。钠和钾能维持水的平衡和酸碱及渗透压平衡,它们与肌肉活动也有着很大的关系。如果血中钾钠的浓度下降,表现为肌肉软弱无力,容易出现疲劳;急剧减少时,还会发生肌肉痉挛。钠主要由食盐提供,每人每天需要10 g左右。在剧烈运动和气候炎热大量出汗的情况下,尤其要注意多补些钠。钾主要由蔬菜、水果提供。

1. 钙的来源

奶和奶制品是钙的主要来源。日常生活中主要由食物补充。表7-8所示为部分食物中钙的含量。

表7-8　部分食物中钙的含量表

食物	分量	钙含量/mg	食物	分量	钙含量/mg
牛奶	1杯	300	酸乳酪	1杯	400
切达干酪	28克	200	强化豆奶	1杯	200~500
强化钙谷物食品	28 g	200~250	绿叶蔬菜汁	1/2杯(熟)	70~100
杏仁	1/4杯	94	芝麻酱	2汤匙	128
强化钙果汁	1杯	100~300			

2. 铁的来源

铁主要来自于动物的肝脏，肉类、全血、豆类和绿色蔬菜等。表 7-9 所示为常见食物中的铁含量。

表 7-9　常见食物中的铁含量表

食物	分量	铁含量/mg	食物	分量	铁含量/mg
瘦牛肉末	100 g	2.4	牛里脊肉	100 g	3.4
鸡肉（白）	100 g	1.2	鸡肉（黑）	100 g	1.4
鳕鱼肉	85 g	0.3	鳟鱼肉	85 g	1.6
金枪鱼肉	85 g	1.3	羊腿肉	100 g	2.1
猪里脊肉	100 g	1.3	大豆汁	1/2 杯（熟）	2.7
利马豆	1/2 杯（熟）	2.0	红菜豆汁	1/2 杯（熟）	1.8
小扁豆	1/2 杯（熟）	1.6	豌豆汁	1/2 杯（熟）	1.5
燕麦片	1 杯（熟）	1.7	浓缩面食	1 杯（熟）	1.4
糙米	1 杯（熟）	0.8	全麦面包	1 片	0.8
绿色甘蓝	1/2 杯（熟）	1.0	西红柿	1 个（中等大小）	0.8
土豆	1 个（中等大小）	0.8	葵花籽	28 g	2.2
杏仁	28 g	1.3	花生	28 g	1.0
李脯	5 个（大）	1.7	西瓜	1 片	1.5
草莓	5 个（大）	1.0	葡萄干	28 g	1.0

3. 锌的来源

锌主要来自于动物食品。表 7-10 所示为不同食物中锌的含量。

表 7-10　常见食物锌的含量表

食物	锌含量/(mg/100g)	食物	锌含量/(mg/100g)	食物	锌含量/(mg/100g)
小米	1.87	韭菜	0.43	瘦猪肉	2.99
大米	1.70	大白菜	0.61	鸡腿肉	1.12
大豆	3.34	蘑菇	0.93	鲤鱼	2.08
绿豆	2.18	香菇	8.57	带鱼	0.70
黑豆	4.18	橘子	0.09	奶酪	6.97
芸豆	2.07	香蕉	0.16	炒葵花子	5.91
豆腐	1.11	山核桃	12.59	蝎子	26.7

（三）维生素的消耗

运动员对维生素的需求量要比一般人高得多，主要是因为运动训练会使肠道对维生素的吸收量降低，使体内维生素的周转加速，运动中人体会大量出汗，使维生素排出量增加等造成维生素需求量增加。

（四）维生素的补充

日常生活中有一些食物可以补充维生素，运动员可以根据自己的需求适量补充身体所需维生素。表 7-11 所示为维生素 A 和胡萝卜素含量较高的食物。表 7-12 所示为富含维生素 B 的食物分布。

表 7 - 11　常见食物中维生素 A 和胡萝卜素含量较高的食物

分类	名称	含量/(mg/100g)	名称	含量/(mg/100g)	名称	含量/(mg/100g)	名称	含量/(mg/100g)
富含维生素 A 的食物	牛肝	56403	鸡蛋粉	525	奶油蛋糕	113	带鱼	63
	猪肝	10756	黄油	406	鸡肉松	90	玉米油	61
	鸡肝	10228	鹌鹑蛋	345	鲮油	351	雪糕	45
	鸭肝	1040	鸭蛋	294	牛乳粉（全）	68	肉鸡	42
	羊肝	13143	鸡蛋	180	豆腐粉	64	鲫鱼	32
富含胡萝卜素的食物	西瓜	12.00	小叶桔	2.64	菠菜	13.32	圆白菜	0.24
	韭菜	7.99	柑橘	0.82	番茄	0.38	扁豆	0.60
	小白菜	5.33	青豆	0.79	黄瓜	0.30	豆油	0.52
	小葱	5.33	榨菜	0.75	海带	0.24	绿豆	0.45
	胡萝卜（红）	4.81	柿子椒	0.62	紫菜	1.23	豆腐粉	0.44

表 7 - 12　富含维生素 B 的食物分布

维生素 B	分　　　布
维生素 B_1	干酵母中含量丰富，豆类、瘦肉、米糠和麦麸中含量也较多
维生素 B_2	动物肝脏中含量丰富，酵母、鸡蛋和绿色蔬菜含量较多
维生素 B_3	肉类、谷物、花生、酵母、鱼
维生素 B_6	蛋黄、肉、鱼、乳制品、谷物、花生、大豆、酵母

五、篮球运动中水的消耗和补充

（一）水的消耗

出汗在体温调节中，特别是运动员在高温环境和产热大幅度增加的情况下，起着重要的作用。而大量出汗对人体最直接的影响是脱水，使机体降温能力下降，体温升高，循环衰竭；大量脱水还可造成水电解质平衡紊乱、中暑，甚至死亡。

脱水是造成机体生理障碍的主要原因。脱水使体内循环血量下降，血容量减少，体温调节能力下降，肌肉血供不足；为了维持心输出量，心脏只能靠增加心率来代偿，这样就加重了心脏负担。脱水的主要表现为：心率加快、口渴、疲劳及血压下降、体温升高等。随着脱水程度的加重还会出现恶心、呼吸频率增加，容易激怒、厌食、精神活动减弱、肌肉抽搐和昏迷等症状，对健康有严重的威胁。脱水还可导致肾脏缺血、损害，引起少尿，无尿，血尿等。运动员脱水时，维持最大吸氧量和最大耗氧量减少的时间明显缩短，训练水平高的运动员对脱水有较强的适应能力。发生中暑时的主要表现是：体温升高、头痛、面红、虚弱、脉快以及晕厥等，中暑甚至发生死亡。因而，在观察到一些早期表现时，应立即送医院，同时可采取喝冷水、冰按摩、去除外衣等降温措施。

（二）水的补充

运动员水补充应遵循保持水平衡和少量多次用量至无口渴感的原则。即水分的摄入量和失去量应该保持基本平衡，采取少量多次的方法可以使体内的水分逐渐恢复到平衡状态。如果补水太多太急，在热环境中反而会增加出汗量，导致水分和电解质的进一步丧失。短时间内的大量饮水，会使胃液被稀释，胃部扩张，影响消化和呼吸运动；并且使血容量增加，从而大大加重了心脏和肾脏负担；还可使矿物质和维生素等大量丢失，导致神经肌肉机能降低，造成恶性循环，既影响运动能力，又妨碍体力恢复。

要维持体内的水平衡，不断地补充水是必要的。体内的水来源主要有三个方面：

（1）食物中所含的水；

（2）代谢水，即糖类、脂肪、蛋白质三大营养素代谢的过程中产生的水分；

（3）饮料水。

其中饮料水是人体所需水的主要来源，食物中的水和代谢水变动比较小，主要是以饮料水来调节身体需求的。

六、篮球运动的科学营养膳食

（一）营养膳食的概念

营养膳食可总结为 8 个字——合理营养、平衡膳食。

合理营养是一个综合性概念，它既要求通过膳食调配提供满足人体生理需要的各种营养素及能量，又要考虑合理的膳食制度和烹调方法，以利于各种营养素的消化、吸收与利用，与此同时，还应避免膳食构成比例的失调。某些营养素摄入过多，或在烹调过程形成有害物质或损失营养素，都会影响身体健康。

平衡膳食又称健康膳食，是指膳食种类齐全，比例适当，营养充足，并且与机体的需要保持平衡。随着生活水平的提高，人们的食品结构发生着变化，食物中的肉类、禽、蛋、鱼类有所增加，五谷杂粮的摄取减少，但仍然需要讲究营养平衡。现实生活中食物的种类繁多，有的含营养素很少，有的含营养素很多，有的所含营养素比较全面，有的又不甚完全。我们的日常膳食是由多种食物混合而成的混合型膳食，食物中各种营养成分可以取长补短，相互补充。理想的膳食必须含有人体所需的全部营养素，其数量能够满足人体需要并以一定比例摄入，保证机体正常发育和身体健康。

（二）营养膳食的原则

营养膳食的主要目的就是满足人体正常生理需要，有利于吸收和利用，又不增加机体负担。营养膳食的基本原则可以概括为——全面、平衡、适当、针对。

1. 全面

全面是指各种营养摄入要全面。人体所需的营养有糖、蛋白质、脂类、水、维生素、纤维素、矿物质等。任何一种营养素都对人体的健康有独特的贡献，任何营养素的欠缺都会直接影响机体健康。饮食全面，才能够获取全面的营养。任何一种单一的食物都不能完全满足人体的需要，因而必须有多种食物来源，要注意粗细、荤素、主副食物全面搭配，克服偏食和挑食的不良习惯，达到全面营养。

2. 平衡

营养的平衡是指人们通过膳食摄取的各种营养成分应与身体的生理需求之间形成的相对平衡，使膳食的质和量都能适应人体的生理、劳动、生活和其他一切活动的需要。运动员需要大量的高能量食物，不同的运动员身体素质是不一样的，需求量也是不一样的，每个运动员每天的需求量也是不一样的。一日不同时辰、一年不同季节、不同生活工作节奏和对不同环境的适应需要，所致饮食营养需要也有差异。所以运动员的营养需求与补充应保持相对的平衡，营养的摄入量既不应欠缺，又不应过量。

3．适当

营养适当是指人所摄取的各种营养之间的配比要合理，即在全面和均衡的基础上，进行一些适当的饮食搭配。人体对各种营养需求量是不尽相同的，也是有一定比例的。只有合理搭配各种饮食，不过量饮食，也不缺乏饮食，确保各种营养素按比例供给，才有利于人体更好地吸收利用，才能保证机体的各种需要，确保身体健康。

4．针对

营养的针对性是指营养的摄入应该符合个体在不同时期对营养需求的不同特点。每个运动员的遗传因素、年龄阶段、身体状况、工作性质各不相同，因此在营养摄入和补充方面也应区别对待。另外，随季节的变化，营养的摄入也应适当变化。

（三）营养膳食与篮球运动

篮球运动深受广大青少年的喜爱，是一项复杂多变的、非周期性的、强度大、速度快的运动，也是一项攻守双方不断变化的运动。力量、耐力、速度、弹跳力是篮球运动的基础。根据篮球运动规则的要求，进攻、防守、传球、运球、突破、投篮等都需要动作速度。在这样的大强度肌肉运动中，人体的摄氧量是不能完全满足这些运动的需氧量的。ATP-CP此时的供能系统可以维持 $8 \sim 15$ s，可以使肌肉在强烈吸收时运动 $50 \sim 100$ m。而篮球运动特有的节奏决定了即使在连续的攻防转换中，也有相当一部分时间是要靠ATP-CP供能系统来供能的，它需要的能量是非常大的，而人体内ATP的含量极少，必须边分解边合成才能保证ATP的含量，才能让肌肉活动持久。人体内ATP-CP系统中的CP可以转换成ATP，但是人体内CP的含量也只是ATP的3倍，要单靠CP来完成一场篮球运动是根本不可能的。事实上，在篮球运动中，有强度很大的攻守转换，但全场紧逼盯人也有较慢的放松跑，较慢的攻守转换。有报道分析：篮球运动能量供应中无氧代谢占90％，有氧代谢占10％。在无氧代谢能量供应中，又分为磷酸原系统供能和糖酵解供能。篮球运动特别是竞赛时，动用更多的是磷酸原系统供能。

篮球运动时间较长，因大量出汗，水分、矿物质丢失较多，应及时补充，在休息时间应迅速补充一些运动饮料（一般为 150 ml）。运动锻炼者膳食中的热量应是糖类占 55％～65％，脂肪占 25％～30％，蛋白质占 12％～15％。举例，若一名篮球锻炼者每天需要230～ 251 kcal/kg 的热量，那么，他每天每公斤体重需要补充 8.5～10 g 的糖类，1～1.2 g 的蛋白质，少量的脂肪。矿物质中钙 1000～1500 mg/d，铁 20 mg/d（大运动量锻炼为 25 mg/d）；钾 3～4 g/d 等。维生素是维生素 A 500 μg（视力活动紧张项目增加为 1800 μg），维生素 B_1 3～5 mg，维生素 B_2 2～2.5 mg，维生素 C 140 mg，维生素 E 30 mg 等。

所以，篮球运动的营养供给应较全面，食物的热量应当充分。运动的比赛间歇中，一般不必进食，可服用含少量水果酸及维生素 C 的饮料。如果运动员感到饥饿时，可在饮料中加葡萄糖。

（四）运动的赛前、赛中和赛后的营养调节

1．赛前营养

赛前的营养安排，对篮球运动员比赛时体内的营养状况和机能状况都有很大影响。一般比赛前10天为训练调整期，营养也应该随之调整。此时的营养任务主要是使运动员保持

适宜体重，增加体内糖原储备、碱储备以及维生素储备，以适应比赛饮食。

1）具体要求

（1）保持适宜体脂和体重。随运动量减少应相应减少热量摄入，如果热量过多会使体脂和体重增加，多余的体脂会使运动员的运动能力下降。

（2）增加碱储备。增加碱储备可以多吃蔬菜和水果，同时应该减少脂肪和蛋白质的摄入。因为脂肪和蛋白质的代谢产物是酸性的，会使体液偏酸，使疲劳提前发生。

（3）增加糖原储备。增加碳水化合物来提高糖原的储备，耐力项目可以用糖原填充法。

（4）增加维生素供给量。除膳食以外可补充维生素制剂，达到每天维生素 A 2mg。维生素 $B_1$15～10 mg。赛前 10 天至两周开始服用，维生素 C 200～250 mg。

2）集体调整饮食的方法

按比赛情况调整进餐时间与食物组成，可以使篮球运动员逐渐适应比赛时的膳食。

（1）赛前一餐在比赛 3 h 以前完成。食物的体积要小，重量轻，能提供 2.09～4.18 MJ（500～1000 kcal）的能量。若赛前 30 min 进餐，不论是固体还是液体均会产生胃肠部胀满感，影响比赛成绩。

（2）比赛当日不应该换食新的食物或改变习惯饮食的时间。换食新食物有发生过敏、胃肠道不适或腹泻的可能，运动员宜食用适口并富含营养的食品，勿强迫食用不爱吃的食物。

（3）大量出汗的比赛项目及在高温环境下比赛时，运动员应在赛前补液 500～700 ml，赛前一般不适宜服用咖啡或浓茶，以免引起赛中的利尿作用。赛前不可以服用含酒精的饮料，因为酒精会加速反应时间，会产生乳酸从而影响细微的协调能力。

（4）耐力性项目比赛应进行赛前补糖。为避免胰岛素效应，补糖时间应该在赛前15～30 min 进行。目前国外不强调赛前补糖的时间，因为运动一开始，除胰岛素以外的多种激素，如生长激素、去甲肾上腺素、胰高血糖素、肾上腺素等的分泌都会增加，使血糖升高。常用的补糖种类有低聚糖、蔗糖、果糖和葡萄糖。虽然不同的糖对比赛能力和赛前水平无明显差异，但是还是以低聚糖效果为好，低聚糖的渗透压约为葡萄糖的 1/4，吸收的速度较快。通过补充低聚糖从而使运动员获得较多的糖，低聚糖甜度小、口感好，但个体对该糖的吸收效率却差异非常大，建议运动员应在赛前试用。补糖量应控制在 50.0 g/h，或不大于 1 g/kg BW。

赛前 2～3 h，运动员应该完成最后一餐饮食，以确保比赛时的胃排空时间，食物质量的调配应随比赛项目、任务以及时间拟定。膳食内容包括米饭、面包、果汁、水果、鱼肉、熟玉米、含糖运动饮料等。

进食少量糖加能量棒、新鲜水果、果汁（稀释为 1 杯果汁加 3 杯水），如芒果、香蕉或其他时令水果，赛前 15～30 min 应饮至少 1 杯含渗透压低的低聚。

2. 赛中营养

当运动员进行持续时间很长的比赛时，体力消耗会很大，会使肌糖原和血糖水平下降，容易产生疲劳。为了及时补充机体消耗的能量物质和水分，可以在比赛途中食用以含碳水化合物为主、容易消化吸收的液体型或含各种营养素的流质膳食为好。

3. 赛后营养

运动员在进行紧张剧烈的比赛后，及时并且合理地补充营养，有助于恢复体力和消除疲劳。在大强度比赛后即刻服用 100～150 g 葡萄糖，或 2～3 片蛋氨酸与 50～100 g 葡萄糖，对促进肝糖原的储备，预防肝的脂肪浸润，以及对恢复血糖水平和减少乳酸含量，均有良好作用。赛后肌糖原的恢复率约为 5%，完全恢复是需要 20 h 的。运动后前 2/h 的糖原恢复率为 7%，运动后前 6/h 的糖原合成酶活性最高。因此，运动后的补糖时间越早越好。采用含电解质的运动饮料进行赛后补液极其重要。比赛一结束即可给运动员饮用 100～150 g 的低聚糖，及时补充运动员所消耗的热能，对促进肝糖原储备，预防肝的脂肪浸润有良好的作用。运动后的补液总流量由体重恢复的情况来估计。应以少量多次为原则，不可暴饮。运动后体液的恢复以摄取含糖电解质饮料效果最佳；恢复用饮料的钠盐含量可为 30～40 mmol/L，获得糖浓度可以是 5%～10%，以促进体内快速复水。有效地恢复比赛中丢失的体液应包括液体的总量和电解质两部分，液体中的电解质量、液体的平衡与补液量以及含糖量都有关系。补液时，钠离子的浓度升高时，尿量会减少，机体储水能力会增加，从而有助于体液的恢复，应减少补液量；但补充液体中的钠盐不宜过多，钠浓度过高会影响口感，减少液体的摄入量。

　　一次 60 min 的大强度运动，能量消耗可以达到 1000～1400 kcal。如果想要在一日内恢复肌糖原含量，那么就需要摄入 500 g 糖。一次大量摄入糖并不比少量多次更为有效，如运动后即刻补充糖 50 g，以后每隔 2 h 摄取糖 50～100 g，在 20 h 内可摄取 500～1000 g 糖，不论是单糖或双糖、液体型糖，还是复合糖均有效；也可采用含糖的饮料或果汁。

　　运动员赛后的第一餐应安排在赛后结束 30 min 以后进行。赛后的饮食仍应是含高糖、低脂肪、适量蛋白质和容易消化的食物以及维生素和无机盐丰富的平衡膳食。赛后少则 2～3 d，多则 5～7 d 仍应加速体内水分、电解质、酶、激素和能量的恢复。为促进关键酶浓度的恢复，应补充电解质、维生素、微量元素和碱性食物，同时可恢复酸碱平衡；为加速抗氧化酶的恢复，可补充具有抗氧化性质的天然食物，如大量的水果和蔬菜或含有抗氧化性质的植物化合物。

　　赛后 2～3 d 的摄食应该维持高热量，需要含易吸收的碳水化合物和蛋白质的食物，脂肪的含量一定要低，补充维生素 B_1、维生素 B_2、维生素 B_3 和维生素 C，无机盐（特别是钾）和充分的水。

第八章　篮球运动健身理论与方法

第一节　篮球运动健身概述

随着社会的进步和人们生活水平的不断提高，体育运动健身的理念越来越深入人心。世界卫生组织提出了"使体育成为健康生活方式的基石"。体育生活化成为人们的共识，人们越来越关注自身的健康，对健康投资的意识也越来越强，人们把如何增进健康，使自己获得一个健康的身体视为最重要的一件事。当然，增进健康的方式有很多，而进行体育运动仅是众多方法中的一种，同时也是最积极的方式，人们在健康意识的支配下，会积极地尝试各种体育运动的健身方法。但是，如果把竞技运动完全照搬到大众健身活动中去，人们往往会因对运动技术要求太高或运动竞争太激烈等无法做到或完成，因而竞技运动难以普及，所以，必须先要将竞技运动健身娱乐化，再提供给大众，让广大群众结合自己的情况选择适合自己的健身项目。

实际上，任何一项竞技运动都有健身娱乐的可能，关键是如何在保持该运动项目特有的运动形式特点的前提下，做到简化要求、降低难度，从而使之趣味化、普及化，从而发掘它的大众化的健身与娱乐的功能。

以人为本的健身体育的兴起，是由人的根本需要所决定的。篮球运动以其自身的特点和优势以及普及率极高的基础作为龙头，从而带动着全民健身运动的开展，这充分说明了篮球运动在全民健身中的重要性。与其他运动项目相比，篮球运动具有简单易行，趣味性很强，运动量可随意调节，可以因人、因地、因时、因需而异等种种优点；篮球运动活动形式多样，因此适宜各类人群的广泛参与。通过变换各种活动方式，来满足不同人群的多种需求，各类不同的参与者都能在运动场上找到展示自我的方式，满足自己不同层次的需求，以达到活跃身心、健身强体的目的，进而提高社会的文明氛围，充实人们业余文化娱乐生活。另外，篮球运动深受广大群众的喜爱，通过比赛的相互往来，还可以增进彼此之间的了解和友谊。

一、篮球运动在体育健身中的价值

篮球运动是体育健身中的一个重要项目，它可以带给人们身心素质的提升，磨炼人的意志品质，提高人们的团队意识。它几乎集合了运动项目所有的优点，具备极强的可参与性和可操作性，值得每一个人参与其中。据统计，我国有篮球爱好者 3.7 亿，人数在我国三大球类运动中占据首位。

（一）篮球运动可以提高人们的身体素质

篮球运动是一种可以在激烈的对抗中大幅度提高人们身体素质的容易操作的运动项目之一。篮球运动可以让人们在跑、跳、投、传、挤等具体的细节过程中激发体内热度，排除汗水和毒素，同时加快运动者肌肉的运动频率，扩大其心肌的适应能力，提升心肺的活动能力等。篮球运动会在适度的情况给予人们排泄的渠道，让参与篮球运动的人自然而然体会到运动的快感，带给身体实实在在的提升。例如，人们花上一下午的时间参与到篮球运动中去，可以调节身体积累的工作压力，排遣身体的疲劳，带给一天的精力和活力。可见，篮球运动是直接帮助提高身体素质水平的，参与篮球运动，将大幅度增强人的抵抗力和免疫能力，减少发病几率。

（二）篮球运动可以锻炼人的心理素质，健全人的意志品质

众所周知，篮球是一项竞争激烈的竞技体育运动，它强调人们的运动能力和心理素质的综合水平，对人的心智水平也有着很高的要求。从事篮球运动，不仅可以锻炼人的身体素质，也会对人们的心理素质有着很好的磨炼。比如，在一场竞争激烈、比分焦灼的篮球比赛中，双方队员在技术水平和临场发挥基本差不多的情况下，谁的心理素质更过硬，往往可以赢得最后的比赛。由此可见，从事和开展篮球运动，不仅可以锻炼身体，也是磨炼心智、提升心理承受力的重要手段。篮球运动可以让人的意志变得更加坚强，可以提高人们的思想品质，带给人们更高级的"软实力"锻炼。

（三）篮球运动可以体现出体育健身的全面性价值

体育健身的目的就是追求身体健康和心理健康的平衡，在运动中达到身心全面发展的境界，带给人们更高的身心追求。篮球运动可以着力体现出体育健身的全面价值，带给参与篮球运动的人以更均衡的发展。所有这一切，都可以通过篮球运动找到踪迹。篮球运动本质上是一种游戏，一种具备趣味性、娱乐性的健身游戏，其宗旨就是通过游戏的形式达到强身健体的目的，使人们既可以体会到运动的快乐，同时也完成对身心素质的打磨，为自己的工作、生活和学习提供体力与智力支持。从某种意义上来说，篮球运动与人们生活是一种良性循环，二者相互促进，共同提高。

另外，篮球运动是一项强调集体性和团队协作的运动项目，它对于参与者能否融入集体有着很高的要求。在强调配合、传接和交流的篮球运动中，对于锻炼人的集体意识和全局观念都是大有帮助的。经常参与篮球运动，可以很好地帮助人们提升集体荣誉感，磨炼团队理念，从而带给工作和生活更多的益处。篮球运动着重体现出体育健身的综合性素质，让人们在自娱自乐中打磨意识水平，提高克服苦难和吃苦耐劳的素质，带给人们团队合作的快乐体验。这些优秀的素质和品质一旦带到生活中，往往可以给人们更有利的帮助。

（四）篮球运动带给参与者更多的能力提升

作为一种理想的集体项目，篮球运动给人们的日常交往提供了一个良好的平台，可以帮助人们在集体活动中获得身心素质的提升，同时带来更多的乐趣和娱乐，给生活带去情趣和快乐。在运动的过程中达到愉悦身心的目的，这既是篮球运动的好处，也是人们参与体育健身的目标。全面性的综合能力不仅仅应用于篮球运动中，还在人的实际生活中有着明显的体现。篮球运动有时就是生活的一面镜子，打球过程中人们总会遇到这样那样的不顺和坎坷，要通过自己的努力和付出才能克服这些困难。人的生活、工作和学习才是人们的主要任务，而篮球运动作为业余生活的调剂，既可以解除身心的疲乏，为接下来的工作提供更多的精力和能量，也能对接下来的生活提供有益的帮助，带给人们意想不到的收获。

二、篮球健身运动的现状和发展趋势

（一）篮球健身运动的现状

篮球运动长期以来始终是作为健身强体的游戏项目和挑战人体极限的竞技运动项目存在和发展的。篮球运动以其自身的特点和优势以及普及率极高的基础作为龙头，带动着全民健身运动的开展。

篮球运动是广大城乡居民最适宜开展和最容易接受的群众性体育项目，篮球运动所需要的场地和器材都是比较简单的，便于开展篮球运动。我国（不包含港澳台地区）各系统、各行业、各种所有制形式共有符合第五次全国体育场地普查要求的各类体育场地 850 080 个，其中标准体育场地 547 178 个，非标准体育场地 302 902 个，占地面积共为 22.5 亿平方米，建筑面积为 7527.2 万平方米，场地面积为 13.3 亿平方米。篮球场地有室内篮球场 19 279 块，室外篮球场 337 519 块，几乎占到室内外运动场总数的 42%，篮球场地多也非常有利于群众性篮球运动的开展。

篮球健身运动的开展状况也是非常令人欣慰的，国际篮联宣称，全世界有 2.5 亿以上的人经常打篮球。这充分说明了篮球运动在全民健身中的重要性。篮球运动在我国也有着广泛的群众基础，一直深受人们喜爱。国内外的篮球赛事，如 NBA、CBA、CUBA、大超等，广受媒体的关注，人们通过网络、电视、报纸等对篮球运动有了更加深刻的认识，他们不仅仅喜欢球星，如美国球星乔丹、勒布朗·詹姆斯、科比、德怀特·霍华德，我国球星姚明、易建联、孙悦等，更多的是喜爱上了篮球这项运动。

（二）篮球健身运动的发展趋势

1. 在形式和内容上将与竞技篮球运动分道扬镳

从事物发展的规律看，事物越发展，其复杂性越强，事物间呈现差异的可能性也就越大。系统论也认为，系统越复杂，系统间存在的差异性也就越大。随着竞技篮球运动和健身篮球运动的发展，两者间的差异会不断地凸显出来。随着竞技篮球运动的发展，专业化或职业化的篮球运动已发展成为采取市场化运作的具有高度组织性、具备常人难以达到的运动水平、极具观赏性的运动项目，而篮球健身运动却必然向大众化的方向发展。篮球健身运动将不可能与竞技篮球运动同步发展，其多样化的运动形式与竞技篮球运动有着巨大的差异；专业化或职业化的篮球运动员以从事篮球运动为生，而篮球健身运动却是人们闲暇时的游戏，其运动内容也与竞技篮球运动有着本质上的区别。目前，有关研究已经发现，某些运动项目的竞技水平与其普及程度并非呈现正相关关系。这一结论印证了健身运动与竞技运动间存在的逐渐明显的本质区别。

2. 多元化趋势

篮球健身运动是在形式和内容上表现出来的与竞技篮球运动相异的一种篮球运动，多元化趋势是由篮球健身运动的特点所决定的。正是因为这种多元化的存在，才使篮球健身运动充满魅力而又使普通大众可以参与其中。

作为竞技篮球运动，唯一的比赛形式是全场 5 人间的攻守对抗。而在健身运动中，全场、半场的对抗，二人制、三人制、四人制比赛的日趋流行，使比赛的形式呈现多样化的趋势；运动者之间的对抗有时候甚至可以不用攻守的形式进行，类似练习的运动形式在篮球健身中屡见不鲜：在街头篮球游戏中，许多的"耍球"动作成为了运动技能的主体。篮球健身运动本属游戏性质，游戏本身的特点决定了其活动形式、内容和方法上的多元性。这种多元性的存在为篮球健身运动的开展提供了广阔的空间。随着进行篮球健身娱乐的人数的增加，可以断定，未来一定会出现更多的新形式。

3. 促进人的现代化

我们现在生存的社会已经成为了高度发展的现代社会（现代社会是指以工业发展为标志，经济、政治、科学技术、文化生活高度发展的社会）。要适应现代社会，就要实现人的现代化。社会现代化很大程度上取决于人的现代化。社会的现代化与人的现代化必须要同时实现，否则这种"现代化"就是不能持久的、脆弱的。现代社会要求人在行为上要重视技术技能、精于计算、讲求实效，办事有计划性，信息广而灵，有竞争意识；要求人在人际关系上要善于互相尊重，既多发表意见，又习惯听取他人意见，具有乐观的生活态度。人们都说体育是社会的缩影，篮球运动也可以这样说，在篮球运动健身中所形成的价值观念，既反映了社会的现实生活，又反作用于现实生活。篮球运动健身能促使人成为现代人，适应现代社会的要求。

第二节　篮球健身运动的特点与功能

一、篮球运动健身的特点

（一）个体投身于群体

由于健身体育具有社会性，因此常被列入社会体育的范畴进行讨论。健身体育的社会性表明，从事健身运动能够在一定程度上培养人的合作精神，摆脱人的自我孤立状态，使个体在群体中找到自己的位置。集体性是篮球运动的特点之一，也就是说从事篮球运动必有一定群体，这就为人与人之间的正常交往提供了良机。篮球运动以集体对抗的形式出现，要求篮球运动的参与者要具备较强的集体意识、合作精神和组织协调能力。任何个人技术的发挥都以全队的攻守需要为前提，任何个人战术行动都是全队战术的组成部分，从事篮球运动的过程就是不断提高自身修养、陶冶情操的过程。运动群体内的人际关系很少具有功利性，日常在人与人之间时时表现出的知识、能力、地位的差异，在运动中往往是忽略不计的。这就可以在一定程度上保证在篮球运动过程中参与者具有积极的心理状态，促进运动者之间认同感的产生。在健身运动的群体中往往可以找到人们在社会大背景下失去或未能得到的良好的人际关系。由此看来，在篮球运动中所获得的积极的情绪体验无疑具有社会意义。

（二）运动者运用不同规则进行运动

篮球运动发明之初就明确提出该运动是一项文明的运动，规则的改变（如对身体接触程度的界定）即是在不断规范着人们的运动行为，以更加符合文明运动的需要。作为健身运动的篮球运动，必须适宜于不同人群进行运动，故其规则可能与国际篮球规则有较大的不同，但它也必须对于一个群体来说是统一的，或为运动者所公认的、约定俗成的、符合篮球运动规律的某些基本规则。比如在篮球半场三人制比赛中，攻守转换后如何进行比赛，由守转攻后，可规定球至3分线外方可进攻，也可要求将球传（运）至限制区外方进行攻击，抑或是至中圈发球继续比赛；此外，带球走、运球、投篮得分规则等也需统一规定，以保持篮球运动的基本公平。在此前提下，可不受国际篮球规则的制约，在比赛的时间、场地的大小、篮圈的高低、球的重量、休息的次数和时间、计分方法等方面，均可根据自身的需要作些改变。规则具有可变异性使篮球健身运动具备了更强的可操作性，篮球运动的发展必然带来规则的某些变化。但在高水平的篮球竞赛中，裁判员在执行规则的尺度上要求极其严格，统一的裁判尺度永远是公平竞争的基本条件之一。

（三）运动行为规范与随意相结合

行为规范首先是指运动者要在一定的、为参与者所认可的规则制约下进行运动。公平竞争是体育运动的灵魂，运动者只有遵守一定的行为准则，才能使参与者在相对公平的、统一的条件下进行比赛。作为健身运动，篮球比赛的规则可能与国际篮球规则有较大的不同，但是它也必须有对于一个群体来说是统一的，或者为运动者约定俗成的、所公认的、符合篮球运动规律的规则，用于规范篮球比赛中的各种行为。行为规范的另一层含义指的是技术动作的规范化，主要表现为篮球的各种基础技术有明确的动作标准，它是人们在长期篮球实践中总结出来的，是对最为高效的动作方法的描述。在肯定一个人的技术风格的前提下，规范化的技术动作为运动技术水平的提高指明了一定的方向。

在运动训练过程中，扎实地掌握基础技术，形成正确的动作规范是运动员的技术向高水平发展的基本条件。但在健身运动中，参与者并非都有机会进行如此专项化的训练，这就使得运动者的技术动作具有较强的随意性。由于篮球运动本身并不是以技术动作是否规范来衡量技术价值的，因此只要能够在运动中获得乐趣，在符合规则的前提下，运动者可以自由地发挥技术。但是，重要的是人们要在运动中寻求并发挥自身的优势，技能作为运动的基础也十分重要，它决定着运动的乐趣和从事某一运动项目的稳定性。在健身运动中，运动技能与运动训练和教学过程相比，健身者运动技能水平的提高大多都需要一个更长的磨炼过程，其水平的提高大多是在运动实践过程中通过观察、模仿和动作的体验实现的。健身运动中运动行为的规范与随意始终是相互矛盾的，需要运动群体自身不断地进行协调。重要的是最终对于健身者来说，运动本身即是目的。

（四）多种比赛形式的存在

作为竞技运动，篮球的比赛形式有严格和统一的标准。人们对篮球运动的认识，大多是通过这种比赛来获得的。作为健身项目则不然，运动者只是要求通过运动达到身心两健的目的，那么，运动者完全可以根据自身的需要和客观条件派生出多种不同的运动形式。这是大众参与篮球健身运动的结果，首先是多种比赛形式的出现，表现在比赛人数和攻守区域方面，常见的半场三人制篮球比赛就是在"街头篮球赛"中出现的。从五人制的全场比赛到1对1、2对2、3对3、4对4的半场对抗，带来了运动行为的深刻变化。

篮球比赛的一般规律是参与攻守的人数越少，攻守区域越大，越有利于进攻。在健身运动中，大凡比赛人数和攻守区域的改变都是减少比赛人数、扩大攻守区域的原因。比赛人数的减少和攻守区域的扩大及其带来的一系列变化，包括技战术运用的简单化，都是在降低比赛的难度，实质上，以上诸例都是简化了的篮球比赛。从运动负荷的角度看，半场比赛较之全场攻守，缩短了移动的距离，减小了运动负荷。进攻难度的降低可在一定程度上抵消攻守面积的扩大带来的更高的体能消耗。攻守转换时间的延长，使运动者有了更多的休息机会，保证了参与者可以在较长时间内进行运动。多种运动形式的出现，为健身运动的参与者提供了可以选择的运动形式，运动者可以根据自身的需要选择适宜的形式进行运动，客观上扩大了篮球运动的适用面，增添了篮球运动的魅力。

二、篮球运动的健身功能

篮球运动本身的特点决定了其具备很大的健身和运动价值，是很适合提升人们身心素质的活动。

1. 源于游戏的健身功能

篮球运动的健身功能源于游戏，其健身目标为发展体能和愉悦身心。人们参与篮球运动的动机产生于克服现代社会的生活环境和生活方式所带来的一系列负面影响的需要。要实现健身目的，必须要自己参与运动。促使人们投身篮球健身运动的基本原因是篮球具有独特的趣味性和可操作性，只有自身参与篮球运动，才能实现健身功能。鉴于篮球运动的集体性，从事篮球运动可以培养运动者的集体意识、合作精神和组织协调能力，起到调整人际关系的作用。篮球健身运动的特点决定了形式和内容上所表现出来的与竞技篮球运动相异的多元化趋势。正是这种多元化的存在，才使篮球健身运动充满魅力而又使普通大众可以参与其中。

据研究，篮球运动的发明者在发明篮球运动的时候，目的就是要发明一项学生们喜爱的新的室内运动项目，让学生更多地参与活动，通过身体锻炼使青年人的身体、心理和精神达到最佳的水平。这一目标所体现的实质，是使参与篮球运动的学生们在身体上和精神上得到健康的发展。在篮球运动产生前的 19 世纪，就有多种球类游戏（如棒球、冰球、曲棍球、足球、水球、网球、羽毛球、垒球、乒乓球、橄榄球等）出现。为篮球运动的诞生提供借鉴的就是这些球类游戏。正是这些球类游戏，以及更为早期的玛雅人的球类游戏为奈史密斯提供了发明篮球运动的形象思维。从游戏的角度看，所有的球类游戏均是以身体运动的形式出现的，并具有很强的趣味性，从而吸引人们参与其中。实际上，球类游戏是通过一定形式的身体活动，达到健身强体的目的，其健身功能是在游戏中体现出来的。在人类的原始时期，由于生产力水平低下，游戏作为一种顺应教育后代的需要的娱乐活动，仅仅是简单的身体活动。随着生产力水平的提高，人们在游戏中不仅要进行身体运动，同时要满足精神和心理方面的追求。篮球运动的发明者最初提出的身体、心理和精神达到最佳水平的目标，反映了当时人们对篮球运动健身功能的认识，即发展体能和愉悦身心。

2. 发展体能

篮球运动是一种可以在激烈的对抗中大幅度提高人们的身体素质的容易操作的运动项目之一。篮球运动能够提高人体感受器官的功能，提高分配和集中注意力的能力及时间、空间的感觉能力和定向能力，提高中枢神经的灵活性，以及协调、支配各器官的能力。在当今社会生活中，诸如电脑操作、车辆驾驶等对人们技能的要求越来越高，上述能力的发展日显重要，发展体能的目的是通过对人体施加一定的运动负荷来实现的。篮球运动会在适度的情况给予人们排泄的渠道，让参与篮球运动的人自然而然地体会到运动的快感，带给身体实实在在的提升。作为健身运动，必定要有较大的适应面，这就要求篮球运动的负荷具有可调节性，采用不同的运动形式，可以对运动负荷进行一定的调节。例如，一对一的"斗牛"、半场三对三比赛、全场五对五的比赛，运动者都可根据自身的需要进行运动。

篮球比赛中，攻守双方都有一定的主动权，以对比赛的节奏进行控制，来调节运动负荷。篮球比赛的特点，是在若干大强度的比赛之后，均有短暂的休息时间，人体可得到相应的恢复。

3. 愉悦身心

健身体育的社会性表明，从事健身运动能够在一定程度上摆脱人的自我孤立状态，培养人的合作精神，使个体在群体中找到自己的位置。因而，健身体育具有社会性，它常被列入社会体育的范畴进行讨论。篮球运动的特点之一是集体性。篮球运动以集体对抗的形式出现，任何个人技术的发挥都以全队的攻守需要为前提，任何个人战术行动都是全队战术的组成部分，这就要求篮球运动的参与者具备较强的集体意识、合作精神和组织协调能力，从事篮球运动的过程就是不断提高自身修养、陶冶情操的过程。这个过程与人们日常的待人接物、工作状态等有所不同。篮球运动过程提供了在规则允许的范围内尽情发挥个人智慧而不与人们公认的道德标准相悖的机会，如虚实结合、相互制约等。在篮球运动中，运动者表现出富有创造性的、机智灵活的运动行为被认为是运动智慧。从本质上看，每个人都有一种在日常状态下往往难以实现的发挥个人智慧的自我实现的欲望，从事篮球运动可以满足人的这方面的心理需求。结果的不确定性使运动者全身心地投入到篮球运动之中。篮球比赛的过程受多因素的影响，使得比赛的进程和结果都具有不确定性。我国学者卢元镇认为："结果的不确定性允许了偶然性的存在，促进了竞争性，使运动过程具有文学性、情节性。"篮球运动的过程就是一个不断变化和创新的过程，在多次运动中，不会出现运动行为和结果的简单重复，运动者在篮球运动中可以不断体验创新的乐趣。

第三节　篮球健身运动的步骤与方法

一、篮球运动健身的步骤

（一）做好充分的准备工作

（1）运动前安排好饮食。篮球属于有氧运动，至少饭后一小时以后才能进行篮球运动。

（2）运动时带点淡盐水。尤其是夏天，打球会出很多汗，释放大量的汗液，导致人体缺乏电解质，因此在运动中适当补充淡盐水是最好的，既能解渴，又保证了人体的电解质平衡。

（3）提前准备要换的衣服，以免因为大量出汗后身上潮湿难受，甚至感冒。

（二）做好充分的准备活动

（1）拉伸运动很重要。拉伸运动包括压压腿、活动身体各部分关节、原地运球等。

（2）充分热身。充分的热身能有效地防止腿脚抽筋，减少运动伤害的发生。由于打篮球比较激烈，在打球前要充分热身，从缓和、轻松的运动开始，不要太快增加强度，让身体微微出汗。

（三）参与训练

（1）结合个人情况进行练习。通过体能测试，获知个人的体能数据，根据个人体能和技术水平确定训练目标，选择练习方法，从简单的技术练起，要循序渐进，不要操之过急。

（2）合理安排运动量。成年人初学者强度不要太大，一般来说，每次运动量控制在

1～2 h左右为宜。长时间的大运动量不但会造成身体机能下降和抵抗力下降，而且会妨碍到正常休息。

（四）做好运动后的休整运动

运动后的休整运动就是运动后放松，是运动过程的一部分。运动结束后做一些简单的整理运动，能有效地减轻疲劳感，减轻运动后的不适。

（1）进行原地伸展、拉伸练习。伸展动作的速度要比较缓慢，幅度要适当。在持续牵张的过程中，如已感到肌肉放松，可逐步加大牵张幅度直到让肌肉完全绷紧，达到可能的最大幅度为止，保持15～30 s，使运动后的肌肉舒展，增加血流量，以带走堆积在局部肌肉内的乳酸，有助于缓解身体的僵硬和疼痛感。

（2）抖动练习。首先是抖动四肢，可以甩动胳膊、转腰、抖腿等，主要是放松肘、膝关节以及四肢肌肉群。抖动练习可以促进血液的回流，改善血液的供给，使肌肉主动放松，让身体逐步恢复到安静状态。

（3）拍打按摩练习。一般在运动结束后20～30 min或者晚上睡觉时进行，可先拍打臂、腿、腰、背等局部肌肉，从远心端向近心端进行拍打。同时配以局部轻推摩、揉捏、按压活动。

（4）捶腿。如果感觉某天运动时运动量有点大，尤其腿部运动量较大，可多轻轻捶打腿部肌肉，会使酸痛感更快地消失。

二、篮球运动健身者参与对抗的方法

与其他体育运动相比，篮球运动最根本的特征就是：参与者在场上走、跑、跳的同时，利用运、传、投等各种技战术，将篮球投入篮圈。可以认为，只要在运动中保留上述特征就是在进行篮球运动。因此，我们可以在保留上述特征的前提下，参与"健身娱乐化"篮球运动的游戏方法，充分发挥它的健身和娱乐作用，让篮球运动被大众接受，使其更普及。

篮球运动健身参与的方法具有自身的特点，主要表现为可用简化的形式进行篮球比赛，或用类似于练习的形式进行运动，运动行为须有运动者共同遵守的准则规范，在规则和技术动作方面既追求一定的规范性要求，又允许一定的随意性存在。

（一）篮球健身运动中存在多种比赛形式

篮球运动诞生之初，就是在全场范围内以双方攻守对抗的形式进行比赛，时至今日，篮球运动的规则经过了多次修改，但从五人制篮球比赛诞生，也就是1897年，这种双方各5人在篮球场内以投中对方球篮为得分，以得分多少决定胜负的比赛形式从未改变。人们对篮球运动的认识，大多通过篮球比赛来获得。而作为竞技运动，必须有严格和统一的标准，有唯一的比赛形式。作为健身项目则不同，运动者只是要通过运动达到锻炼身体，放松心情的目的，完全可以根据自身的需要和客观条件派生出多种不同的运动形式。

大众参与篮球运动促进了多种比赛形式的出现。首先表现在比赛人数和攻守区域方面。从五人制的全场比赛到1对1、2对2、3对3、4对4的半场对抗。其中最常见的半场三人制篮球比赛就是在"街头篮球赛"中出现的，在校园盛行的小场地6人、4人制足球赛及2人制沙滩排球赛都与之相似。这些竞技体育比赛的变式都是保留了该项目的基本游戏特点，简化了规则，从而被越来越多的非专业运动者所接受和喜爱。

（二）篮球健身运动中对抗方式的变化

运动形式的变化还表现在对抗方式上。并非所有的对抗都必须在攻守间进行，对抗还可能是多方的对抗，这种运动形式与双方比赛有本质的区别。它类似于练习的形式，如常见的两人或多人间的投篮比赛。这种运动形式灵活多变，对主客观条件的要求较低，易于实施。

这种练习形式的派生，大多数都有循序渐进的特点，即通过形式的变化，不断增加练习的难度和对抗的激烈程度，练习的层次随着练习的重复次数和运动者水平的提高递进，同时还可以保持练习的趣味性。

第九章　篮球运动损伤与处理

第一节　篮球运动损伤机理分析

一、篮球运动损伤的分类

按有无创口与外界相通分类，受伤部位皮肤或黏膜破裂，创口与外界相通，有组织液渗出或血液自创口流出，称为开放性损伤，如擦伤，刺伤等；受伤部位皮肤或黏膜完整，无创口与外界相通，损伤后有出血堆积，称为闭合性损伤，如关节韧带扭伤肌肉拉伤。按与运动训练技术的关系分类，分为运动技术伤和非运动技术伤。根据损伤的组织部位分类，体育运动不仅包括一般的田径、球类、体操等项目，而且还有军事体育项目，如摩托车、滑翔跳伞等。按发病的缓急分类，瞬间遭受直接或间接暴力而造成的称为急性损伤，发病急，病程短，症状骤起；因局部长期负担过度，由于反复微细损伤积累而成的称慢性损伤，症状缓慢，发病缓慢，病程较长。因此，运动损伤常根据受伤的不同组织部位来进行分类，如肌肉损伤、韧带损伤、滑囊损伤、腱鞘损伤、软骨损伤等。

按损伤的程度分类，根据创伤发生后组织器官的破坏程度，以及对运动能力和全身机能影响的大小，分为轻、中、重度损伤。丧失运动能力，完全不能训练的为重度损伤；伤后24小时以上不能运动者，丧失部分运动能力，不能完成大部分训练内容的为中度损伤；伤后仍能按照教学训练计划进行体育锻炼的为轻伤。按损伤性质分类，分为拉伤、扭伤、擦伤、挫伤、骨折与脱位。

就运动损伤的性质来看，运动损伤主要是以骨膜炎以及关节扭伤和肌肉拉伤为主，占71.74%；而骨折、脱臼等伤病则较少出现，仅占伤病的2.17%。导致骨膜炎发生率较高的原因是运动时身体重力和支撑面反作用力相互作用于小腿骨，使小腿骨产生应力性改变而受损。转体的动作不当很容易引起肌肉拉伤。尽管主要损伤不是骨伤病那种表现急重和危及人生命的，但如此高发的发生率，严重地影响运动成绩及身心健康。发生损伤的性质主要是骨膜炎，这是因为运动量和运动强度过大，训练方法、组织手段不当，未遵守循序渐进原则或局部运动量负担过大。

二、篮球运动员的运动损伤分析

篮球运动员运动损伤的部位主要发生在手指、腕关节、大腿、腰背部、踝关节、膝关节、手臂等。其常见的损伤有膝关节挫伤及踝关节损伤、半月板损伤、跟腱周围炎及疲劳性骨折、掌指及指间关节损伤、髌骨软骨病（主要症状是膝部疼痛、酸软、上下楼梯疼痛，起跳、滑步和急停等半蹲姿势疼痛加剧，猛力跳起上篮和落地时刺痛）等。其中最影响技术发挥和运动能力的就是髌骨软骨病。在篮球运动常见的损伤中，11.72%在腰背部，6.59%

在手臂，4.4％在肘部，8.42％在腕部，1.47％发生在头颈部，2.93％发生在肩部，15.02％在手指，10.62％在大腿，16.12％在膝部，3.66％在小腿，16.85％在踝部，其他部位为2.20％。

　　篮球是一项集技巧、身体素质、智力为一体的运动项目。篮球运动在三大球中，运动员身体接触最为频繁，攻守变换快、对抗性强、高空争夺激烈（调整语序），如跳起投篮、"盖帽"、抢篮板球、抢断球等动作都要求运动员不断起跳，不断改变身体姿势。因此，篮球运动员发生的损伤与篮球运动的技术特点是密不可分的。人体在腾空后踝关节因解剖学特点而处于"J"字形的自然屈内翻位，如果落地时稍有不慎便会造成踝关节的扭伤，重者还常伴有肌腱断裂和骨折。在篮球运动员的损伤中，踝关节韧带的损伤占首位。在篮球运动中，因踩在他人脚上或落地缓冲动作不正确而失去重心，急起急停和反复改变方向跑，足在踝关节处于屈内翻或外翻活动状态下，常因踝部不稳造成距腓前韧带（踝外侧）和三角韧带（踝内侧）的损伤。

第二节　常见篮球运动损伤及产生原因

一、篮球运动中常见运动损伤种类

（一）挫伤

　　挫伤是篮球比赛中外部暴力致伤的主要运动性创伤之一。此类伤病可致肢体皮下脂肪、筋膜或肌肉、肌腱等软组织受到不同程度的损害。尤其是随着比赛激烈程度的提高和对抗性的增强，双方队员频繁的身体接触、冲撞，或接球时手指动作不正确和来自对方队员的伤害性行为（如用膝、肘部顶撞），使发病率明显增高，挫伤最常发生在大腿的肱四头肌和小腿前部的骨膜和后部的小腿三头肌、腓肠肌。股四头肌挫伤经常是进攻队员持球交叉跨步突破时，其大腿前外侧部受到防守队员的膝部顶撞而最易发生的运动创伤。此外，头部、上肢、腹部也时常会发生挫伤。主要症状表现为疼痛、肿胀、皮下出血和功能障碍，严重者还会休克。

　　受伤后应马上进行局部冷敷、外敷新伤药等，适当加压包扎，并抬高患肢，以减少出血和肿胀。肱四头肌和小腿后群肌肉的严重挫伤多伴有部分肌纤维的损伤或断裂，组织内出血形成血肿，应将肢体包扎固定后，迅速送医院诊治。头部、躯干部的严重挫伤可能会伴有休克症状，应认真观察呼吸、脉搏等情况，如果出现休克则应首先进行抗休克处理，使伤员平卧休息、保温、止痛、止血，如果疼痛比较厉害，可口服可卡因，或肌肉注射杜冷丁，并立即送医院进行诊治。

（二）擦伤

　　在进行跑、跳或者其他全身性运动的时候，容易摔倒，与粗糙的物质摩擦后引起的损伤，就是擦伤，常伴有损伤创面的渗血或者肿胀。

　　如果擦伤面积较大，则伤口易受污染，需用碘酒或酒精在伤口周围消毒，如果创面中嵌入沙粒、炭渣、碎石等，应用生理盐水棉球轻轻刷洗，消除异物，消毒后撒上云南白药或纯三七粉，盖上凡士林纱布，适当包扎。若未发生感染，两周左右即可痊愈。关节周围的擦伤，在清洗、消毒后，为不影响活动，避免重复损伤，最好用青霉素软膏或磺胺软膏等涂敷。对于一般较轻较小的擦伤，可以用生理盐水或其他药水冲洗伤部，涂抹红药水或紫药水，不需包扎，一周左右就可痊愈。如果是面部擦伤，则宜涂抹 0.1% 新洁尔溶液。

（三）撕裂伤

受物体打击而引起的皮肤和皮上组织均出现裂口称为撕裂伤。撕裂伤后会疼痛、肿胀、皮下组织出血，伤口规则或不规则。

伤口较大、较深、污染较严重时，应立即送医院进行清创缝合手术，并口服或注射抗生素药物预防感染，并按常规注射破伤风抗霉素。轻者可先用碘酒或酒精消毒，然后用云南白药或其他药物和方法止血，再用消毒纱布覆盖，并适当加压包扎。如果出血量过大，不能制止出血，应尽量在靠近伤口处按规定缚以止血带，立即送医院治疗。

（四）拉伤

拉伤是运动员在训练或比赛中，由于技术动作不合理、肌群协调性差、准备活动不充分等自身原因所致的主要运动性创伤之一。当运动员突然发力，在肌肉强烈收缩或被动牵拉，加载于肌肉（肌瞻）上的牵拉引力或牵拉幅度超过其能承受的范围时，所引起的肌肉微细损伤、部分撕裂或完全断裂称为拉伤。拉伤可造成肌肉、肌腱突然撕（断）裂，或肌腱附着处的撕脱的创伤，如常见的股二头肌拉伤、跟腱断裂等。

拉伤后会出现压痛、痉挛、疼痛、肌肉发硬、局部肿胀、功能障碍。如果肌肉断裂，伤员受伤时多有撕裂感，随之失去控制相应关节的能力，并可在断裂处摸到凹陷，在凹陷附近可摸到异常隆起的肌肉断端。

用针刺疗法对肌纤维轻度拉伤及肌肉痉挛者进行治疗，能取得良好的效果。对于拉伤较严重的受伤者，比如肌肉、肌腱部分或完全断裂者应在局部加压包扎，固定患肢后，马上送医院诊治，必要时还要接受手术治疗。拉伤时应立即采用氯乙烷镇痛喷雾剂等进行局部冷敷，加压包扎，并把患肢放在使受伤肌肉松弛的位置，可以减轻疼痛。通常拉伤 48 h后才能开始按摩，注意手法一定要轻缓。

（五）关节扭伤

扭伤，是篮球运动中发病率最高的一种运动创伤，轻者关节囊、韧带撕裂，重者可致断裂。常因运动员猛然转身时，技术不够娴熟而动作太过复杂或对方队员的冲撞等因素，致关节活动超出其生理范围而引起关节周围软组织损伤，如急性腰扭伤、膝关节内侧韧带扭伤、踝关节韧带扭伤等。调查研究显示，我国运动员关节囊、韧带扭伤占各种运动创伤发病率的首位。

发生关节损伤后，要立即停止活动。急救处理时，应仔细检查韧带是否部分撕裂或完全断裂，关节是否失去功能，受伤部位的制动、加压包扎和冷敷可有效地减少韧带断裂部位的出血，缩短愈合时间，减少日后因血肿而形成疤痕修复。受伤严重时马上送医院作进一步的诊治。

关节发生异常扭转时会引起关节囊、关节周围韧带和关节附近的其他组织结构损伤。关节扭伤后，关节及周围出现疼痛、肿胀，有明显的压痛感觉，关节活动障碍。

（六）关节脱位

关节脱位是指关节面失去正常的联系，也称脱臼。根据脱位的程度可分为半脱位和完全脱位。前者关节面部分错位，后者是关节面完全脱离原来位置。

肩关节脱位时，取三角巾两条，分别折成宽带，一条悬挂前臂，另一条绕过伤肢上臂，于肩侧腋下缚结，这样可以起到固定的作用。肘关节脱位时，用铁丝夹板，弯成合适的角度，置于肘后，用绷带缠稳，再用小悬臂带挂起前臂，也可直接用大悬臂带包扎固定。严重者及时固定伤肢后，要立即送医院进行治疗。

关节脱位时，通常伴有关节囊撕裂，关节周围的软组织损伤或破裂。关节脱位后，受伤关节疼痛，有压痛和肿胀，关节功能丧失，受伤的关节完全不能活动，出现畸形，关节内发生血肿。

（七）骨折

骨折的骨组织多为肢体受应力作用较集中部位的异形骨和短骨，如腕舟骨、掌骨、趾骨等。当发现受伤局部出现明显畸形、剧烈锐痛时，切忌在未弄清楚伤病的情况下擅自实施手法复位等治疗。骨折是因剧烈运动或强力挤压而导致骨的完整性遭到破坏。骨折类创伤常发生在篮球比赛和训练过程中，如运动员移动中突然蹬地跳起做抢篮板球或投篮等腾空动作后，因落地发生意外（踩在他人脚上或被踩）或落地自我保护动作不合理（失去平衡，落地前臂后撑所致的肘关节脱位）等情况下，发生韧带断裂、肌肉拉伤。

骨折的分类：

（1）闭合性骨折：骨折处皮肤完整，骨折端不与外界相通。

（2）复杂性骨折：骨折断端刺伤了血管、神经等主要的组织与器官，发生严重的并发症，引发危及生命的一些症状。

（3）开放性骨折：骨椎端穿破皮肤，直接与外界相通，这种骨折容易感染，发生骨髓炎与败血症。

骨折的固定方法应以简单，迅速，有效为原则。更要消除骨折端对皮肤的威胁，减少污染扩散，便于重要软组织（血管、神经、肌腱）修复，利于伤口闭合。治疗开放性骨折不同于闭合性骨折，应用消毒纱布对伤口作初步包扎、止血，止血多采用止血带法和压迫法。然后找木板、塑料板等将肢体骨折部位的上下两个关节固定起来。怀疑颈椎骨折时，需在头颈两侧置枕头或扶持患者头颈部，避免运输途中发生晃动，再用平木板固定立即送医院进行处理。骨折固定前最好不要移动伤肢，以免增加伤员的痛苦和伤情，应尽快固定伤肢，限制骨折断端的活动。对开放性骨折来说，它容易发生感染和坏死。因此处理开放性骨折要求迅速，尽量减少对组织的再损伤。对已暴露在伤口外的骨折断端不要放回伤口内，以免引起感染，也不可任意去除。怀疑脊柱有骨折者，需早卧在门板或担架上，躯干四周用衣服、被单等垫好，不致移动，不能抬伤者头部，以免引起伤者脊髓损伤，严重者还可能会导致截瘫。如有休克和大出血等危及生命的并发症时，可先采取简单的致休克措施，立即抢救休克和止血，给予伤员较强的止痛药物，平卧保暖，针刺人中等，然后送医院进行诊治。

二、篮球运动损伤的常见部位

（一）躯干部位

运动员的腰部运动是篮球运动完成一切技、战术的枢纽。现代篮球比赛中近身攻守对抗都以腰部用力来完成，因此，腰部伤病在篮球运动损伤中占第二位，是影响运动员正常训练、比赛和技术发挥的主要伤病部位之一。正由于腰部是人体活动的枢纽，具有负重大、活动多、应力集中等生物学特点，在急转身、跨步过人和个人防守、跳起空中拼抢等技术动作中运用十分频繁，所以极易受伤，最常见的腰部损伤有急性腰扭伤和腰肌劳损。另外，在训练比赛年限较长的高水平运动员群体中，普遍存在不同程度的腰部疾患，有些运动员甚至因腰伤而不得不退役。腰部的陈旧性损伤是困扰篮球运动员的最主要腰部伤病。

篮球运动员腰部伤病的原因很多，其中大多数为间接暴力所引起的。具有急、慢性损伤同时存在的综合性特点，且因受伤部位较深而不易治疗，训练与治疗又必须兼顾，因而常表现出难治愈性特点。

（二）上肢部位

现代篮球技术动作很多都有"以肩作轴，带动上肢"的技术特点，从而加大了上肢的活动范围，对肩、肘和腕指关节的作用提出了更高的要求，同时也增加了肩、肘、腕和指部的负荷和受伤的概率。由于篮球比赛具有高空争夺的特点，要求运动员在投篮和拼抢篮板球时尽可能伸展上肢，故伤患多为因外力过度牵拉所致的肩袖损伤和肘关节内侧部韧带受伤以及手指关节的挫伤。据统计分析，篮球运动员的肩肘部损伤仅次于膝、腰部，是篮球运动中常见的损伤之一。

（三）下肢部位

膝关节是人体最复杂的关节，构成此关节的肌肉、韧带等附件最多，受伤时累及的部件也就较多，加之受伤机制极为复杂，故其伤病具有多发性（多个附件同时受伤）、复合性（扭伤、拉伤等多种损伤类型同时发生）、综合性（急、慢性损伤同时存在）以及难治愈性的特点。

膝关节的伤患在篮球运动损伤中高居第一位，是影响运动员正常训练比赛和技术发挥的最主要伤病部位之一。由于现代篮球运动具有快速、争夺激烈等特点，要求运动员降低身体重心，经常处于屈膝化，以便有效地完成突然起动、急停、迅速转身、移动中突破跨跳等各种技、战术动作，从而使膝关节局部受到很大的瞬时冲击力、持续应力和剪切应力作用，其受伤的概率也就很高。

由于篮球运动制空拼抢技术向凶悍性发展，运动员在篮板球争夺日趋激烈、很多技术动作都是在空中或激烈对抗的情况下完成，在人体腾空后，踝关节因其解剖学特点而处于一种"J"字形的自然跖屈内翻位，如果落地时稍有不慎，极易造成踝关节韧带的扭伤，重者还可伴其他肌腱的断裂或骨折。踝关节损伤的类型多为韧带扭伤，受伤具体部位以关节的外侧韧带为主。踝关节是韧带扭伤的易发部位，尤其是运动员在抢篮板球或跳起投篮动作使身体腾空后，因落地时踩在他人脚上或落地缓冲动作不正确而失去重心控制时最易发生此类创伤。踝关节病案在篮球运动损伤中居第三位。

三、篮球运动损伤的产生原因

（一）篮球运动损伤产生的内部原因

1. 身体机能欠佳

由于过度训练、疾病、生物节律性低潮期、女运动员经期等因素使运动员的生理机能处于不良状态，运动员在训练时往往注意力不够集中，并没有做好充分的热身运动，竞技状态低下，此时对抗能力和运动能力减弱，在激烈的拼抢过程中极易受伤。另一方面，在大强度、大运动量的训练中也容易造成心血管、呼吸等系统的"内伤"，如过度疲劳综合征。

心肺耐力不佳，就会使运动者失去专注力及身体的协调性，感到力不从心，从而便比较容易发生损伤。肌肉收缩力引发的损伤在年轻运动员的伤病中较为常见，受伤原因往往是队员技术动作僵硬不合理，主动肌群和被动肌群收缩不协调，或身体大、小肌群力量的不匹配。柔韧性的缺乏也会导致肌肉、肌腱及韧带受伤。

（1）关节的不稳定性。踝关节的稳定性取决于运动员跑跳时，踝关节内、外侧副韧带的平衡力，因为运动员在做跑跳运动时，踝关节处于内旋和内翻位的状态，当运动员有受伤史或伤后未痊愈时，容易发生踝关节扭伤。生理机制和功能的不稳定性都容易使运动员的膝关节和踝关节受伤。因为膝关节在屈曲135o(或45o)时，灵活性最强，因此，膝关节周围附着的肌肉、韧带稳定性一般的运动员比稳定性强的运动员更容易受伤。

（2）肌力不均衡。肌力不均衡是引起运动员受伤的一个危险因素。受过伤的运动员的伤侧肌肉和肌腱力量明显小于没有受过伤的运动员。例如，一个腿部受过伤的运动员，会造成肌力不均衡，在做变向跑、急停、急转以及在双方争抢时腿部、脚部更容易发生损伤。

2. 心理因素

思想上麻痹大意、不重视也是造成运动损伤的一个重要原因。除此之外，其他的一些心理状态，比如过度高估自己能力、过度热衷、好胜心等，也会造成不同程度的运动损伤。过高估计自己的运动能力，锻炼时超负荷，容易引致劳损；过度热衷于某项运动，常常会乐此不疲地长时间进行此项运动，以至体力透支，导致过度疲劳，引致受伤。除此之外，焦虑、恐惧、争强好胜，缺乏专注力及疲劳的心态都会导致行为失常，继而引致受伤。因此，要注意保持一个健康的心理状态。

随着运动竞技水平的不断提高，运动员因心理因素导致运动损伤的问题越来越受到重视。心理因素主要体现在运动员的个体特性方面，这些特性包括敌视的感觉、胆怯、注意力不集中、易激动等，这些原因都可以诱发运动损伤。另外，被观众嘲笑导致的高度紧张与焦虑，均有较深的损伤程度和较多的损伤次数，愤怒与敌意、负心境效应、情绪的压抑与低落、竞赛焦虑等，都会增加运动损伤次数和加大损伤严重程度。所以说，应激、焦虑等心理因素对损伤的次数和损伤的严重程度都有一定的影响。

因此，如何识别与运动损伤有关的心理因素，对于教练员来说显得尤为重要。

3. 缺乏充分的准备活动和整理活动

运动员在比赛和训练前充分做好准备活动，是预防外伤和内伤的一个关键环节。在训练或比赛开始后，随着双方的激烈拼抢，生理负荷强度在很短的时间里急剧升高，运动员的内脏机能跟不上运动系统的需要，从而也出现"极点"现象，这样会急剧影响队员技、战术水平的正常发挥。充分做好准备活动，在心血管机能中留下一个"强度痕迹"，能十分有效地克服内脏机能的生理惰性，将"极点"现象造成的不良影响降低到最小程度。在篮球比赛(训练)的开始阶段，由非对手因素所致的扭伤、拉伤病例中，绝大多数属运动员自己没有充分做好准备活动。特别是在环境温度较低、停训时间较长的情况下，肌肉的黏滞性大，动作僵硬，肌肉及其纤维结缔组织更易被拉伤。因此，高度重视训练后的整理活动，是获取训练效果，防止肌肉僵硬，消除体内运动性代谢产物，促进心血管、呼吸系统机能的快速恢复，预防运动性疾病的重要途径之一。

4. 技术动作不合理

在训练与比赛中，由于运动员在做技术动作时缺乏合理的注意分配，当对手接近或紧逼时不能将球控制在比较合理的位置，做出一些违反自然规律和运动常识的动作，极易造成扭伤。因训练科学化水平低，技术的规范性不是太强，便会直接造成运动员训练程度不高而受伤。尤其是初学者或者比较年轻的运动员，他们的具体表现有完成技术动作时存在不合理、不规范，主动肌与对抗肌收缩不协调，以及自我保护能力较差等因素。肌肉收缩力引发的创伤在年轻运动员中较为普遍，受伤过程往往是队员技术动作僵硬和不合理、主动和被动肌群收缩不协调，或身体大、小肌群力量的不匹配而造成。受伤较多为撕裂（拉）伤，累及部位多为肌腹、肌肉与肌腱过渡部，以及肌腱附着处。

5. 陈旧损伤和不完全康复

这两个因素是造成再次损伤的最危险的因素。慢性劳损是运动员身体局部过度活动、长期负重，或某部位受到持续、反复的外力作用而造成慢性积累性损伤的病因，它在老队员的伤病因素中十分常见。慢性劳损致病多发于人体活动枢纽的腰部和反复受到牵拉、应力作用的髌骨，具有病因较难祛除、伤病不易治愈和队员不能停训的特点。根据有关报道，在被调查的受伤运动员中，有 49% 的运动员从前曾有过相同类型或相同部位的损伤。慢性分损伤还与不科学的运动训练、新伤的不彻底治疗，以及重复受伤有关。

（二）篮球运动损伤产生的外部原因

1. 环境因素

运动环境与运动损伤有较大的联系。例如，在气温高的地方或季节，运动员在长时间、大负荷的运动后，会失去大量的体液和电解质，容易引起肌肉痉挛、脱水、注意力涣散，从而增加受伤次数。同样，严寒的天气、雨天场地湿滑等都会增加受伤的几率，辅助器具的安全与否、场地的质量、救护人员是否到位，也与运动损伤有很大的关系。

2. 训练负荷和训练标准

在研究过程中发现，长期坚持系统训练和在训练中根据身体伤病状况区别对待、分组训练的球队，在整个赛季中受伤人次较少。训练时，采用与比赛接近的强度训练对减少运动员受伤是有利的。此外，训练和赛前、赛间的热身不充分也是导致运动损伤的重要因素之一。有关专家指出，是否热身与肌肉拉伤直接有着必然的联系。

在训练方面，主要存在训练缺乏科学性的问题。安排的训练量过大，过于集中；疲劳训练，带伤训练等，这些都增加了运动损伤发生的可能。比如，教练员、运动员缺乏对运动损伤防治的知识，因而在正式训练前的准备活动做得不充分或者对训练的安排不合理。另外，还表现在对速度、力量、灵敏度及柔韧性等一般身体素质的训练不足及专项技术训练的水平低下的问题。例如，以股二头肌为代表的膝外侧肌主要有伸屈、固定半月板及稳定膝关节的作用，而以缝匠肌为代表的膝内侧肌主要起掌管小腿内旋和防止膝外旋不稳的作用。因此，肌肉力量、肌肉柔韧性较差的运动员在运动时受伤的机会很大，专项技术训练不到位，动作要领掌握不好也是造成篮球运动员损伤的因素之一。

3. 人为因素

篮球运动由于对抗激烈，双方队员的身体接触频繁，冲撞在所难免，这也造成了损伤的发生。运动员因间接作用力而受伤，是外部因素的最主要原因之一，是队员缺乏自我保护意识和行之有效的自我保护专门训练所致。而运动后进行及时的整理活动，能使运动员的机体得到放松，大大降低运动损伤的发生几率。运动员在比赛和训练前做好准备活动，使身体完全活动开，并适应训练和比赛的强度，这是预防外伤和内伤的一个重要环节。

（三）常见损伤的其他影响因素

1. 医务监督

调查研究资料表明，医务监督工作较为薄弱的球队，其新队员出现过度训练综合征和意外受伤及老队员出现慢性积累性损伤的病案，不仅数量增加，而且在该队运动性伤病总数中所占的比例，也明显比伤病监测工作较好的球队高。因此，提高教练员和运动员的医务监督意识，使其主动配合医学科技人员开展运动性伤、病的监测工作，将有助于及时了解队员的身体状况，合理安排运动量，教练员准确掌握运动员的生物机能变化规律，从而有效地防止运动性伤病的出现。

2. 场地、器材条件

篮球运动中，光照昏暗、场地太光滑是造成运动员摔伤和扭、拉伤的重要影响因素。地面过硬则极易诱发队员出现胫腓骨疲劳性骨膜炎和跟（底）痛症，也会间接地加重损伤的程度。灯光暗淡，影响运动员视力判断，会造成移位、完成技术和战术动作出现身体失控而受伤。运动员服装与运动鞋袜不合适，也会导致意外伤害事故，必须予以重视。篮架未用软物包裹、球场边线外障碍物过分靠近，以及灯光照度不够，也是运动场所的不安全因素，有时也会引发意外伤害。对于教练员和运动员而言，养成在训练和比赛前有意识地检查灯光、场地、器材的安全性的良好习惯，排除场地、器材条件中存在的隐患，对于预防运动创伤的发生有着积极意义。

第三节　常见篮球运动损伤的预防与处理

在篮球运动训练过程中，由于训练不当或运动负荷超过了运动员所能承受的生理、心理限度，从而引起机能紊乱和病理变化，最后将导致各种疾病的产生。因此，要根据疾病的产生原因，有针对性地预防和采取相应措施进行处理。

一、篮球运动损伤的预防

（一）充分做好准备活动和整理活动

在进行运动训练和比赛前，必须做足热身运动和伸展动作，使肌肉松弛。每次剧烈运动之后，应做一些整理活动，这样不仅能让心脏血管系统恢复正常，还能帮助排除肌肉内的代谢废物。一般的热身运动应从头开始逐渐运动到腿部，或由身体躯干开始直至四肢部分，一直到全身得到充分的热身和活动。

（二）广泛开展预防运动损伤的宣传教育工作

要积极宣传运动项目发生损伤的规律及保健知识，使得运动员产生有伤者积极治疗，无伤者在平时训练中要注意自我保护(可以适当佩戴护具)，形成积极预防运动伤害的思想。

（三）不断提高运动技术水平

身体素质的发展，尤其是膝关节及大腿、踝关节、小腿肌群的力量和柔韧性的发展，能有效避免运动损伤的发生。加强技术练习，正确掌握各种技术并熟练运用，使动作训练规范化和科学化；合理安排运动负荷，避免过度疲劳，也能防止运动损伤的出现。不管做哪方面的训练和练习，自我保护的意识是必不可少的。

(四) 做好训练和比赛期间的保护工作

比赛及训练中注意场地及器材要符合比赛和训练的要求。在不同的运动场合，应穿合适的运动服装，还要注意是否有足够的安全装备。另外，也可以利用一些保护性辅助用品，有效减低运动损伤的严重程度。

(五) 科学安排训练，以全面提高身体素质训练和专项技术训练的水平

尤其要针对运动员易伤部位(膝、踝等)及相对薄弱部位的训练，提高它们的机体功能，是预防运动损伤的一种积极手段。另外，还要有针对性地进行心理训练、心理辅导，调整运动员的心理状态。要根据运动员的个体差异，制定具有针对性的训练计划。根据不同部位进行针对性训练。例如，为了预防膝关节损伤，应主要加强股四头肌的力量训练，并对膝关节周围韧带进行静力对抗性训练，增强其协调性和对抗的平衡性。

(六) 加强医务监督，防止过度训练

不能忽视医务监督在防止运动损伤中的作用。医生要密切关注运动员的状态，建立运动员个人伤病档案，定期检查，并提出营养方案。这样做对损伤的预防是有积极作用的。

(七) 在思想上足够重视起来

在参与运动训练之前，必须首先对该项运动有充分的了解，明白技巧的掌握，并且作好充分的心理准备，这样可以提高注意力，增强自信心。此外，运动员还要学会面对压力时进行自我调节的方法，以减低和松弛紧张情绪。

二、篮球运动员损伤的处理方法

(一) 闭合性软组织损伤

运动员一旦发生损伤，伴随着受伤部位软组织的断裂，该处毛细血管也会大量破裂，于是造成局部淤血、肿胀，因此必须做好相应的处理工作，努力把损伤减小到最小。

肢体急性闭合性软组织损伤在篮球运动中经常发生，正确的现场处理不仅可以防止受伤局部的进一步出血，减缓疼痛，而且有利于伤病的后期恢复。现场急救处理的总体原则为冰疗(Ice)、局部制动休息(Rest)、压迫包扎(Compress)，以及抬高患肢(Elevation)，又称 RICE 原则。

1. 压迫包扎

在冰疗后最好用弹性绷带对受伤部位进行包扎，包扎所用的绷带的宽度宜宽一些，松紧也应适度。在包扎后 5 min，应检查一次伤部远端肢体(或甲床颜色)有无发红、发麻、发胀的现象。如果不易分辨，可与对侧健肢进行比较，以便确认有无包扎过紧而出现的肢体远端缺血症状。这是伤病现场处理措施中最关键的一步。加压包扎不仅是伤病急性期中减少组织出血、防止伤部组织过度肿胀的有效方法，而且也是防止在恢复期中伤患组织内的结缔组织过度增生、受伤关节在恢复后明显比对侧健(肢)部肿大的疗法之一。一般在受伤急性期内，局部均有不同程度的进行性肿胀。因此，运动员自己也应注意观察远端肢体的颜色，如果出现肢体麻木、皮肤发紫、疼痛加剧的症状，应立即报告，以便及时调整包扎带的松紧度。

2. 抬高伤肢

抬高伤肢的措施，充分利用了血液的重力作用，弥补了肌肉收缩"挤压泵"功能的不

足，在一定程度上消除了血液回流不畅的因素，促进了滞留于伤肢局部和远端肢体皮下疏松结缔组织中的液体回流入血循环的过程，因而具有防止进一步肿胀和消肿的功效。适当抬高伤肢能有效地改善血液循环，有利于淋巴液回流，促进肿胀的消退。肢体受伤后，由于疼痛保护性反射或软组织本身的伤病，使肌肉收缩对血（淋巴）液回流的推挤（压）功能暂时不能发挥作用，致使大量的血液因重力作用而滞留在受伤部位和四肢远端的静脉中，从而加重了局部出血和肿胀的病理过程。一般而言，运动员下肢受伤后，身体宜取半躺位或坐位，足踝部垫（抬）起的高度应超过大腿部水平；取躺位时，下肢垫高应超过心脏水平。上肢远端受伤后，手腕部应抬高，并超过心脏水平。

3. 局部制动休息

当队员受伤时，必然产生一种保护性自我制动的条件反射，此时切忌为了急于诊断而采取手法治疗，如按压、揉捏转动、牵拉等方法，否则将加剧伤肢疼痛、局部出血和炎症。伤肢制动是急性损伤现场处理的重要措施，是有效地减轻伤病疼痛和组织出血、防止再次活动加重损伤程度的重要措施。分析过去一些伤患部肿胀严重、愈后关节周围软组织增生明显的病例，其中一个重要的原因就是受伤早期的制动处理不当所致。为了加强制动休息的疗效，患者有必要时可以绑钢板以制动。受伤后 48 h 内应连续执行制动休息的原则，禁止使用转动、牵拉等可能导致重新出血的治疗方法。

4. 冰疗

有专家指出："冷冻疗法适用于急性闭合性软组织损伤，如挫伤、关节韧带扭伤、早期肌肉拉伤等。受伤后 24 小时以内，采用这一方法比较有效，可如果超出了这一时间，就应该采取热敷的治疗方法。"冷冻疗法也就是"冷敷"。方法是将毛巾浸透冷水后放在伤部，2 min 左右换一次；或者将冰块装入塑料袋内进行外敷，在比赛现场，受伤急救时的冰疗常采用氯乙烷配制的雾化降温剂作局部喷涂，旨在降低局部组织的温度和痛觉感受器的敏感性，促使受伤血管收缩，以产生明显的止痛、减轻伤部出血，以及阻止液体渗出的作用。同时也能降低局部组织的代谢率，缓解受伤部位的缺氧状况，有利于受伤组织的后期恢复。在条件较差的情况下，可先用凉水冲洗 15～20 min，但离开球场后，需继续使用冰袋作半小时的冷敷。伤后 48 h 内，禁用温度较高的热水冲洗（或热敷）患部。

5. 热敷疗法

热敷促使局部血管扩张，改善血液和淋巴循环，促进淤血和渗出液的吸收，具有消肿、镇痛、散淤、解疼、减少粘连和促进损伤愈合的作用。热敷法适用于急性闭合性软组织损伤的中期、后期和慢性损伤。热敷疗法能够较好地对付早期运动损伤，但对于一些陈旧性损伤或者严重的开放性损伤，就必须要求助于专科医生，及时进行专业、系统的对症治疗及后期的康复治疗才能治愈。常用方法是将毛巾浸透热水或热醋后放于伤部，每次敷 30 min 左右。

6. 物理疗法

对于伤筋而断裂者，忌用屈、伸、旋、转等手法，只可进行轻擦轻摩手法。一般运动队都配备有专科医院或队医，受伤后队员的康复应积极接受物理疗法的治疗，这样有利于加速损伤的愈合与康复。常用的物理疗法主要有：按摩、牵引、针灸、理疗等，其中，以按摩、红外线灯烤为主。按摩的主要手法为：捏、按压、拍打、切击、揉、推、摩、分经、理经、顺经等，通过按摩者手臂与运动员皮肤间的摩擦产生热量使运动员的皮肤与肌肉的温度升高，达到舒经活血、迅速散淤和防止粘连的作用。

7. 心理疗法

另外，还需要对运动员进行心理训练（如念动训练、表象训练、自我放松训练等）。总之，成功有效的心理康复方法能够在很大程度上使处于受伤状态的运动员更好、更快地痊愈。在对运动员的躯体进行康复治疗的同时，也不能忽视对他们在心理上的康复治疗。篮球运动属于集体运动项目，团队的概念、集体的概念早已在这些项目的运动员的心里扎下根来。运动员受伤之后会产生一系列的情感反应（如孤独、恐惧、抑郁等），此时亲人朋友，特别是教练员和队友对他们进行心理上的安慰和精神上的支持鼓励，会增强他们的自信心，帮助他们树立战胜伤病、度过难关的决心。当然，上述治疗方法主要针对运动中急性损伤，且受伤的程度非十分严重，严重者须上医院进行手术缝合，切勿耽误病情。

8. 运动疗法

运动员下肢受伤后，倘若长期不运动，则可能会造成肌肉的萎缩、钙盐的丢失和关节等功能的退化，因此适当地安排一些体育锻炼，进行肢体功能训练，对损伤的恢复是十分有利的。运用运动疗法进行康复训练时，训练的方式和运动负荷、运动量的控制是制定运动处方的关键，因为刚愈合的组织比较娇嫩，强度小，更易受伤。

（二）开放性软组织损伤

开放性软组织损伤是指伴有皮肤、黏膜的完整性受到破坏，伤口直接与外界相通的软组织损伤。篮球运动中最常见的有挫裂伤、擦伤等。此类损伤的现场处理原则是有效止血，保护创面和防止感染。

1. 保护创面，防止感染

在运动队员经常在远离医务室的训练场地（赛场）进行训练（比赛），但又无随队医务人员的情况下，建议助理教练员随身准备一个常规外伤小急救包，以便应急。在基地训练时，若场地离医务室不远，原则上不要用任何未经严格消毒的物品覆盖在创面上，应快速到医务室进行清创等处理。若创面上有异物时，绝对不能用一般的水冲洗，以防进一步感染。急救包至少应有碘酒和酒精各一小瓶、消毒橡胶手套、棉签、绷带、止血带、纱布、胶布、三角巾、棉垫、上肢小夹板（一副）等。局部消毒操作时应特别注意由创面中心逐步（画圆圈式地）向外周消毒。

2. 止血

结扎了止血带的时间要注意，一般上肢每 20～30 min 必须缓慢解除止血带一次约 5 min，下肢每 45～60 min 必须解除止血带一次约 5 min，使伤肢间断恢复血液循环一次，并随时观察结扎止血后肢体远端的状况（参见"压迫包扎"），防止因结扎过紧或止血时间过长，引发神经损伤或远端肢体缺血性坏死。采用有效方法止血，如手指受伤可用另一侧拇指和食指压住出血手指的两侧动脉。当出血严重，一般压迫止血方法效果不佳而必须使用橡皮筋、胶布条等带状物实施止血时，一定要注意不能太过紧。当伤口不再继续出血、创（口）面血液已凝固时，可缓慢松弛压脉带，密切观察有无继续出血现象。

参 考 文 献

[1]　孙民治. 篮球运动高级教程[M]. 北京：人民体育出版社，2000.

[2]　张瑞林. 篮球运动[M]. 北京：高等教育出版社，2009.

[3]　江茹莉，吴美玉，胡朝文. 篮排足三大球类教学及实践研究[M]. 北京：中国商务出版社，2014.

[4]　中国篮球协会审定. 篮球竞赛规则（2013 年）[S]. 北京：北京大学出版社，2013.

[5]　现代运动训练[M]. 北京：北京体育大学出版社，1994.

[6]　杨志龙. 高校篮球教学探索与实践[M]. 北京：人民体育出版社，2011.

[7]　刘胜，张先松，贾鹏. 健身原理与方法[M]. 武汉：中国地质大学出版社，2010.

[8]　向玉山. 普通高校体育与健康教程[M]. 北京：中国商务出版社，2007.

[9]　徐国富. 全场区域紧逼防守与反击意识训练新法[J]. 中国体育科技，1994：46 - 47.

[10]　毕仲春，郭永波，陈丽珠. 篮球技术的理论研究[J]. 北京体育大学学报，2004(27)：1125 - 1127.

[11]　薛岚. 篮球运动理论中若干基本概念阐析[J]. 体育科学，2000(20)：38 - 40.

[12]　薛岚. 论篮球战术系统[J]. 中国体育科技，2001(37)：15 - 17.

[13]　王晓东，对篮球技战术分类体系演进与重构的思考[J]. 中国体育科技，2005(41)：50 - 52.

[14]　温继怀. 高校篮球教学的理性思考[J]. 吉林体育学院学报，2008(24)：111 - 112.

[15]　周兴伟. 对高校篮球教学几个重要问题的思考[J]. 北京体育大学学报，2007(30)：389 - 391.

[16]　王保成，匡鲁彬，谭朕斌. 篮球运动员体能训练的基本理论与内容[J]. 首都体育大学学报，2001，13(3)：38 - 46.